111 GRÜNDE, SYLT ZU LIEBEN

Claudia Welkisch

111 GRÜNDE, SYLT ZU LIEBEN

Eine Liebeserklärung an die schönste Insel der Welt

SCHWARZKOPF & SCHWARZKOPF

INHALT

Weil es eben doch eine zweite Chance für den ersten Eindruck gibt – Weil hier Fahrradfahren trotz Gegenwind Spaß macht – Weil man (ich) gar nicht anders kann – Weil Gelb auf der Insel die Modefarbe schlechthin ist – Weil Sylt nicht nur teuer kann – Weil hier jeder findet, was er sucht – Weil man hier auch im Sommer nicht schwitzt – Weil die Zahlen für sich sprechen – und genug Stoff für Small Talks bieten – Weil Sylt das schönste Fotomotiv der Welt ist – Weil es auf Sylt wirklich kein schlechtes Wetter, sondern nur falsche Kleidung gibt – Weil man, sollte es tatsächlich doch einmal schlechtes Wetter geben, trotzdem tolle Sachen machen kann – Weil man auf Sylt so schön Geld ausgeben kann – Weil Sylt die perfekte Mischung aus Gewohnheit und Neuem ist – Weil der Sylt-Urlaub schon auf dem Autozug beginnt – Weil Sylt polarisiert – Weil es nur wenige Regeln gibt, an die man sich auf Sylt halten muss – Weil man hier außerhalb der Saison in einer anderen Welt ist – Weil Sylt in der Nordsee liegt – Weil Rømø ganz nah ist – Weil es 10 Dinge gibt, die man auf Sylt unbedingt getan haben sollte

Weil in Archsum Ruhe und Natur der größte Luxus sind – Weil in Braderup die Gegensätzlichkeit der Insel deutlich wird – Weil Hörnum eine bewegte Vergangenheit hat – Weil Kampen mehr als das teuerste Dorf Deutschlands ist – Weil ein Besuch in Keitum wie eine kleine Zeitreise ist – Weil es (mindestens) fünf Dinge gibt, die Sie noch nicht über List wussten – Weil es mehr als fünf Gründe gibt, Morsum zu lieben – Weil das beschauliche Munkmarsch einst das Herz der Insel war – Weil in Rantum Handwerkstradition großgeschrieben wird – Weil es Orte wie Tinnum gibt – Weil es (fast) nirgends so friesisch ist wie in Wenningstedt – Weil Westerland eine Stadt mit allem Drum und Dran ist

Weil auf Sylt nicht alles schön ist – Weil man hier im Urlaub eine Fremdsprache lernen kann – Weil es gleich fünf Leuchttürme gibt – Weil Silvester auf der Insel eine Reise in die Vergangenheit ist – Weil man echte Sylter Strandkörbe zu Schnäppchenpreisen bekommt – Weil man sich auf Sylt über tote Tanten freut – Weil Sylter Straßennamen unaussprechlich und ebenso ungewöhnlich sind – Weil Kinder hier jeden Tag ein Abenteuer erleben können – Weil es auf Sylt noch echte Handarbeit gibt – Weil der 21. Februar der heimliche Nationaltag der Friesen ist – Weil hier Rosen nicht nur Dekoration, sondern eine Spezialität sind – Weil auf Sylt sogar die Gesetze friesisch sind – Weil Langeweile auf Sylt ein Fremdwort ist – Weil Sie dank mir jetzt endlich mitreden können – Weil Kinder in einem zweiwöchigen Sylt-Urlaub jeden Tag etwas Neues erleben können

Weil es auf der Insel auch Berge gibt (na ja, einen zumindest) – Weil hier jeder gerne Maut zahlt – Weil die Insel vergänglich ist – Weil der Sonnenuntergang auf Capri einpacken kann – Weil die Natur hier wirklich phänomenal ist – Weil man auf Sylt mit Walen schwimmen kann – Weil man für lange Mittsommernächte nicht extra nach Schweden fahren muss – Weil ein Aufenthalt auf Sylt gesund ist – Weil sogar Kindern Wandern hier Spaß macht – Weil man sich auf Sylt fast wie in der Sahara fühlt – Weil hier jedes Kliff eine andere Farbe hat – Weil hier zwar keine Wasserflugzeuge, dafür aber Seevögel landen können

*Weil man auf Sylt in fast 50 Metern Höhe »Ja« sagen kann – Weil
die Insel unsere Verbindung nach Übersee ist – Weil eine der berühmtesten Sylterinnen über 200 Kilo wiegt und einen Männernamen
hat – Weil es auf Sylt die kleinste Molkerei Deutschlands gibt – Weil
man fürs Übernachten in List einen Stempel bekommt – Weil das
teuerste Privathaus der Welt nicht größer als eine Studentenbude ist
und (natürlich) auf Sylt steht – Weil auch Punker die Insel lieben –
Weil die Sylter Friedhöfe stumme Zeitzeugen sind – Weil Australien
ohne Sylt um eine Touristenattraktion ärmer wäre – Weil Champagner und Dosenbier hervorragend zusammenpassen – Weil die Insel
Golferherzen höherschlagen lässt – Weil Sylt ausgezeichnet ist – Weil
auf Sylt sogar Schlangestehen Spaß macht – Weil die Weihnachtsdekoration der Sansibar ihresgleichen sucht – Weil man an Sylter Stränden
nicht nur Muscheln und Quallen findet – Weil auf Sylt die kleinen
Abenteuer die schönsten sind – Weil Sylter Kirchen außergewöhnliche
Geschichten erzählen*

*Weil es keinen besseren Ort für einen Kaffeeklatsch gibt – Weil es hier
nicht nur Watt, sondern auch Wein gibt – Weil die Insel nicht nur
schön ist, sondern auch schön macht – Weil man hier den Eis-Himmel
findet – Weil man auch bei Regen und Schnee mit den Füßen im Sand
essen kann – Weil es auf Sylt die leckerste Rote Grütze der Welt gibt –
Weil es im Watt nicht nur Würmer, sondern auch Whisky gibt – Weil
Algen hier nicht so unbeliebt sind wie auf anderen Inseln – Weil das
leckerste Salz aus der Nordsee kommt – Weil die Sterne hier nicht
nur am Himmel leuchten – Weil hier nicht nur der Champagner in
Strömen fließt – Weil man hier mit Meerblick schwitzen kann*

*Weil man hier nicht nur als Polizist, Pastor oder Parkplatzwächter
arbeiten kann – Weil die Menschen hier so nett sind – Weil hier das*

»Vom Tellerwäscher zum Millionär«-Märchen wahr werden kann – Weil ein Sylter das Windsurfen nach Europa gebracht hat – Weil Promis hier auch nur Menschen sind – Weil es Butler nicht nur in England gibt – Weil man an den Hansens nicht vorbeikommt – Weil der Fischer hier nicht Fritz, sondern Paul heißt und keine frischen Fische fischt

Weil man auf Sylt keinen Fernseher braucht – Weil auf Sylt Atlantis untergegangen ist – Weil es hier Häuser mit Geschichte(n) gibt – Weil es auf Sylt eine Luxusversion des Ballermanns gibt – Weil ein Wahl-Sylter nicht auf seinen Chef gehört und damit Luftfahrtgeschichte geschrieben hat – Weil die Strände so schöne Namen haben – Weil Sylt auch ein bisschen Dänemark ist – Weil Tourismus hier Tradition hat – Weil Sylt auch Amerika sein kann – Weil auf Sylt sogar FKK-Strände Kultstatus haben – Weil alle auf Sylt fliegen – Weil das Sylter Nachtleben einst legendär war – Weil man sich ganz einfach ein wenig Sylt-Feeling in den Alltag holen kann – Weil man in Sylts Museen nicht nur etwas lernen, sondern auch heiraten kann

Weil es noch sehr viel mehr als 111 Gründe gibt, Sylt zu lieben

DIE SCHÖNSTE INSEL DER WELT

Ich liebe Sylt. Und Sie tun das auch. Denn sonst hätten Sie jetzt wohl kaum mein Buch in der Hand. Oder gehören Sie etwa zu denjenigen, die noch nie verstanden haben, was an Sylt so besonders sein soll, und die nun hoffen, in diesem Buch Antworten zu finden? Ich verspreche Ihnen, das werden Sie! Nach der Lektüre werden Sie verstehen, was den »Mythos Sylt« ausmacht und warum ich diese Insel liebe, seit ich vor vielen Jahren das erste Mal in Westerland aus dem Zug gestiegen bin. Und Sie werden feststellen, dass Sie ganz schnell (wieder) nach Sylt müssen, um einen 112. Grund zu entdecken – oder noch viele weitere. Denn Gründe, Sylt zu lieben, gibt es wie Sand am Meer.

Für dieses Buch habe ich diejenigen ausgewählt, die meiner Meinung nach den Charme und die Besonderheiten der Insel am besten beschreiben und die mir persönlich am Herzen liegen. So wie meine Hochzeit auf dem Hörnumer Leuchtturm in rund 50 Metern Höhe: Mein Sylt-Highlight – im wahrsten Sinne des Wortes – und der wundervollste Tag in meinem Leben, den ich in Grund 60 gerne mit Ihnen teile.

Auf den folgenden Seiten nehme ich Sie mit auf eine abwechslungsreiche, unterhaltsame Reise über die berühmteste Insel Deutschlands – und die schönste der Welt. Ich stelle Ihnen außergewöhnliche Inselmenschen vor, erzähle Ihnen von teils skurrilen Bräuchen und kulinarischen Köstlichkeiten und zeige Ihnen das wahre Sylt abseits der altbekannten Klischees. Außerdem verrate ich Ihnen, was Sie unbedingt tun sollten, bevor Sie meine Lieblingsinsel wieder verlassen.

Ich wünsche Ihnen viel Spaß auf Sylt und natürlich mit meinem Buch – einem Buch für alle, die Sylt nicht nur mit den Augen, sondern auch mit dem Herzen entdecken wollen.

Herzlichst,
Ihre Claudia Welkisch

PS: Damit Sie nicht nur darüber lesen, wie blau (oder manchmal auch grau) der Himmel über Sylt, wie weiß der Strand am Ellenbogen und wie rot das Kliff in Kampen ist, enthält diese zweite Auflage zwei farbige Bildteile mit Fotos aus unseren zahlreichen Sylt-Urlauben.

Und noch mehr Geschichten und Informationen rund um Sylt finden Sie auf meinem Blog *www.lieblingsplaetze-blog.de*

von oben nach unten: Sylter Seemöwe (Grund 16)
Radweg am Rantumbecken (Grund 2) / Autozug auf dem
Hindenburgdamm (Grund 14) / großes Bild: Das perfekte
Schuhwerk für Sylt (Grund 10)

KAPITEL 1

SYLT FÜR EINSTEIGER

Weil es eben doch eine zweite Chance für den ersten Eindruck gibt

Man mag es kaum glauben, aber zwischen Sylt und mir war es definitiv keine Liebe auf den ersten Blick. Vielmehr fühlte ich mich bei meiner ersten Ankunft auf der Insel wie bei einem vielversprechenden Blind Date, bei dem man feststellt, dass Wunschvorstellung und Realität nicht viel miteinander zu tun haben.

Und ich wette, nein ich weiß, dass es so wie mir dem Großteil der Inselbesucher geht, die zum ersten Mal mit der Bahn oder dem Autozug in Westerland ankommen. Denn der erste Eindruck, den die Insel hier macht, ist kein besonders guter und weit entfernt von schwärmerischen Reiseführertexten und wunderschönen Hochglanzfotos. Vielmehr präsentiert sich die Insel den Touristen hier von einer ziemlich trostlosen Seite. Und die lässt einen stark daran zweifeln, dass man sich auf Deutschlands angeblich schönster Insel befindet. So sitzt man dann im Zug oder in seinem Auto auf dem Sylt-Shuttle und schaut aus dem Fenster. Rechts versperren Plakatwände mit Werbung für Discounter und Billigmodeläden den Blick, was aber vielleicht gar nicht so schlecht ist angesichts der Aussicht nach links. Denn da blickt man auf den Güterbahnhof von Westerland und die Fahrzeugverladestation Richtung Festland mit ihren endlosen Autoschlangen, dahinter die Leuchtschilder von Supermärkten und Tankstellen. Ein Stück weiter die Bahnsteige. Menschen mit Gettoblastern, Bierdosen und Schalke-Trikots.

Der Blick wandert in die Richtung, in der sich laut Navi das Meer befindet. Doch statt endloser Weite sieht man dort am Horizont nur Baukräne, den alten Funkturm, der mal wieder einen neuen Anstrich gebrauchen könnte, und die viel zu hohen Hochhäuser an der Kurpromenade. Wenn es dann noch regnet, was es auf der Insel ja nicht allzu selten tut, ist für viele Neuankömmlinge der

Autozug Richtung Festland sicher eine verlockende Option. Einzig das Geschrei der Möwen, die über dem Güterbahnhof kreisen, gibt einem ein klein wenig Hoffnung, dass es irgendwo ganz in der Nähe ist – das Meer, auf das man sich so lange gefreut hat –, und dass man die Sylter Inselidylle doch noch findet. Ganz bald.

Runter vom Autozug steht man dann aber erst einmal bis zur Tinnumer Landstraße im Stau. Wer jetzt rechts abbiegt Richtung Keitum oder geradeaus nach Kampen fährt, der hat es geschafft und wird bald wissen, dass er sich tatsächlich auf der schönsten aller Inseln befindet. Allen, die nach links Richtung Westerland fahren, möchte man zurufen: Haltet durch! Es ist nicht so, wie es aussieht! Denn auch Westerland ist dank Hochhäuser und Platten-bauten nicht unbedingt das, was man sich vorgestellt hat, als man beschloss, seinen Urlaub dieses Jahr auf Sylt zu verbringen. Und das Verkehrschaos, das eher zum 4. Adventssonntag in die Kölner In-nenstadt als auf eine Nordseeinsel passt, macht es auch nicht besser. Aber Durchhalten lohnt sich wirklich! Versprochen!

Denn sobald man das erste Mal durch die Dünen ans Meer läuft, ist all das vergessen und ganz weit weg: Die Bausünden, der Verkehrslärm, die Menschenmassen und die endlosen Autokolon-nen. Man atmet tief durch, schmeckt die salzige Luft, spürt den Wind, blickt hinaus aufs Meer und weiß plötzlich, wo man ist – auf Deutschlands schönster Insel. Die hat zwar ein paar Makel, und man verliebt sich vielleicht nicht auf den ersten Blick in sie, aber dafür umso heftiger. Und für immer.

PS: Eine Freundin stand kürzlich vor der Entscheidung, eine Mutter-Kind-Kur wahlweise auf Sylt oder auf Rügen zu machen. Da sie noch auf keiner der beiden Inseln war, suchte sie im Internet nach Bildern, um sich einen ersten Eindruck zu verschaffen. Was sie fand waren Fotos von Rügen: Schneeweißer Strand vor blauem Himmel und noch viel blauerem Meer, in das eine entzückende Seebrücke hineinführt – und Hochhausfotos von Westerland. Wie viel Überzeugungsarbeit es mich gekostet hat, sie dann doch noch für Sylt zu begeistern, braucht an dieser Stelle wohl nicht erwähnt zu werden.

PPS: Wer sich diesen ersten Eindruck ersparen möchte, sollte seinen Sylt-Urlaub statt auf dem (Auto-)Zug lieber auf der Fähre starten und von der dänischen Insel Rømø nach List übersetzen.

2. GRUND

Weil hier Fahrradfahren trotz Gegenwind Spaß macht

Wenn man auf Sylt ist, gibt es ein paar Dinge, die man unbedingt getan haben sollte, bevor man die Insel wieder verlässt. Dazu gehört auf jeden Fall, einmal auf einem gelben Hollandrad durch die Dünen zu fahren und einen Teil der rund 200 Kilometer Radwege zu entdecken. Danach hat man definitiv nicht nur tierischen Muskelkater, sondern auch keine Erklärung dafür, warum man *immer* Gegenwind hat. Egal, an welchem Tag und in welche Richtung man fährt, der Wind kommt immer aus der falschen Richtung und sorgt dafür, dass einem die sanft ansteigenden Sylter Dünen wie unbezwingbare Berge vorkommen. Auf keiner einzigen unserer Radtouren hatten wir jemals Rückenwind. Wir hatten starken Wind von vorne, schwachen Wind von der Seite, leichten Wind mit Nieselregen, stürmischen Wind mit heftigem Regen und Wind von überall. Aber Rückenwind? Kannste vergessen! Allen, die sich jetzt immer noch aufs Rad trauen, empfehle ich eine meiner Lieblingstouren von Westerland nach List – und notfalls ein Elektrobike. Die einfache Strecke ist etwa 17 Kilometer lang, aber da sich sicher niemand von Ihnen die Blöße geben möchte, mit dem Bus zurück nach Westerland zu fahren, muss Ihre Kondition bei dieser Tour für rund 34 Kilometer reichen. Klingt viel – ist es auch. Aber: Die Mühe und die schmerzenden Muskeln am Tag danach lohnen sich auf jeden Fall. Ehrenwort!

Zunächst geht es von Westerland durch Wenningstedt, vorbei am Dorfteich, entlang des Radwegs parallel zur Schnellstraße nach Kampen und von dort aus weiter auf der Trasse der alten Sylter Inselbahn. Die Schmalspurbahn verband zwischen 1888 und 1970 die Inselorte und wurde liebevoll »Rasende Emma« genannt. Die Trasse wurde zu einem Rad- und Wanderweg umgebaut, der größtenteils asphaltiert ist und durch wunderschöne Naturschutzgebiete, vorbei an Deutschlands einziger Wanderdüne bis nach List führt. Dort angekommen, gibt es verschiedene Möglichkeiten: ein hausgemachtes Bio-Eis bei der Sylter Eismanufaktur, ein Fischbrötchen beim Gosch-Imperium im Hafen, ein kleiner Bummel durch die Alte Tonnenhalle oder ein Besuch im Erlebniszentrum Naturgewalten. Wer genug gegessen, gebummelt und geschaut hat, der muss sich nun entscheiden, wie er zurück nach Westerland kommt: Entweder doch klammheimlich mit dem Inselbus, der auch Fahrräder mitnimmt, oder aber die 17 Kilometer per pedales zurück. Dabei aber nicht vergessen: Rückenwind is' nicht!

Wer nach dieser Tour glaubt, den Rest des Urlaubs weder laufen, noch sitzen und schon gar nicht Fahrrad fahren zu können, dem sei gesagt: Erfahrungsgemäß ist am nächsten Morgen (fast) alles wieder gut, und spätestens nach einer heißen Dusche und einem ausgiebigen Frühstück kehrt die Lust auf eine tolle neue Radtour langsam wieder zurück. Wie wäre es diesmal mit einer Tour durch die Braderuper Heide auf der Wattseite der Insel? Drei schlagende Argumente – neben der wahnsinnig schönen Natur, die man dabei durchradelt – dafür sind: die wenigen und im Vergleich zur List-Tour geringen Steigungen, der deutlich schwächere Wind auf dieser Inselseite und natürlich der sensationelle Kuchen in der Kupferkanne, für den ich persönlich sogar noch einmal bis nach List und zurück fahren würde – Gegenwind hin oder her.

PS: Tolle, hochwertige E-Bikes, denen kein Gegenwind der Welt etwas anhaben kann, können Sie übrigens bei der »Sturmflotte« (www.ebikesturmflotte.com) am Westerländer Rathaus mieten und kaufen.

Weil man (ich) gar nicht anders kann

Haben Sie schon einmal versucht, eine große Liebe zu vergessen? Oder auf etwas zu verzichten, was Sie sehr gerne mögen und was Sie einfach glücklich macht? Schokolade vielleicht … Oder Golfspielen … Oder Ihre Lieblingsschuhe. Ziemlich schwierig, oder? In manchen Fällen sogar unmöglich. So wie bei mir und Sylt. Nicht, dass ich die Insel vergessen oder auf sie verzichten wollte – warum auch?

Aber ich gebe zu, dass ich zumindest schon einmal versucht habe, herauszufinden, ob es irgendwo auf der Welt einen Platz gibt, der mich genauso glücklich macht wie diese 99 Quadratkilometer mitten in der Nordsee. Die Antwort können Sie sich sicherlich schon denken: Nein! Es gibt keinen Platz wie Sylt, und wer die Insel so wie ich ins Herz geschlossen hat, der versteht, dass ich gar nicht anders kann, als sie immer weiter zu lieben. Warum das so ist? Gute Frage. Viele sprechen vom »Sylt-Virus«, der einen erfasst, sobald man das erste Mal in Westerland aus dem Zug steigt. Oder dem ganz besonderen »Sylt-Flair«, das jeder spürt, aber niemand so richtig beschreiben kann – auch ich nicht. Ich weiß nur, dass ich immer wieder zurück auf diese Insel muss, nach der ich Sehnsucht habe, noch bevor ich die Autoverladung Richtung Festland erreicht habe.

Kein noch so aufregender Städtetrip nach New York, Stockholm oder Rom und keine Insel im Mittelmeer, auf der die Sonne so viel öfter scheint als auf Sylt, konnte dieses Gefühl in mir auslösen, das ich habe, wenn ich an diese Insel denke.

Diese Insel, die mich jedes Mal empfängt wie ein guter alter Freund, den man lange nicht gesehen hat, der einem aber direkt wieder so vertraut ist, als hätte man sich nie aus den Augen verloren. Sylt ist für mich wie ein dickes Paar Strümpfe, wenn man nicht einschlafen kann, weil man mal wieder kalte Füße hat. Wie ein lauwarmer Schokopudding nach einem Tag, an dem alles schiefgelaufen ist. Sylt ist dieses ganz besondere Alles-wird-gut-Gefühl, mit dem ich die Insel jedes Mal verlasse. Woher dieses Gefühl kommt? Ich kann es nicht erklären … Vielleicht liegt es am Wind, der einem beim Strandspaziergang die Gedanken durch den Kopf wirbelt und völlig neu sortiert. Vielleicht liegt es aber auch am Meer, das nirgendwo sonst so sehr nach Salz und Freiheit riecht wie hier. Oder an der Sonne, die zwar selten, dafür dann aber umso herzerwärmender scheint. Was auch immer es ist, feststeht: Diese Insel macht mich einfach wahnsinnig glücklich, und ich kann definitiv nicht anders, als sie immer weiter zu lieben. Und zu lieben … Und zu lieben …

4. GRUND

Weil Gelb auf der Insel die Modefarbe schlechthin ist

Neulich habe ich einen Mann gesehen, der frühmorgens im Nieselregen mit seinem Hund Gassi gegangen ist. Im gelben Friesennerz. In Köln. Mein erster Gedanke: »Ach du liebe Zeit!« Mein zweiter: »Dass dem das nicht unangenehm ist!« Mein dritter: »Warum eigentlich unangenehm?« Ja, warum sollte es einem erwachsenen Mann unangenehm sein, wenn er im gelben Friesennerz mit seinem Hund Gassi geht? Ganz einfach: weil er es am Rhein und nicht am Nordseestrand tut und weil er in Köln mit einem gelben Friesennerz wie ein Fremdkörper wirkt. In etwa so wie ich, als ich an meiner ersten Weiberfastnacht in der Domstadt als Einzige unverkleidet zur Arbeit kam. Nach Männern im gelben Friesennerz dreht man sich in Köln um, und man wundert sich über sie. Männer (und natürlich auch Frauen) im Friesennerz auf Sylt hingegen sind so selbstverständlich, dass man sie schon gar nicht mehr wahrnimmt.

Auf Sylt (und anderen Inseln) geht das, was in deutschen Großstädten schon fast ein modisches No-Go ist: Man trägt Gelb! Und zwar nicht nur oben-, sondern auch untenrum, also an den Füßen.

Denn gelbe Gummistiefel gehören auf Sylt zur modischen Grundausstattung. Klar, dass auch ich welche besitze, die ich aber tatsächlich noch nie außerhalb der Insel getragen habe. Ganz im Gegensatz zu meinem Friesennerz, knallgelb natürlich, und ein Relikt aus meiner Jugendzeit, das mir überraschenderweise immer noch passt. An einem verregneten Samstag machte ich mich auf den Weg zum Einkaufen und überlegte, welche Jacke ich anziehen könnte. Mein Blick fiel auf meinen knallgelben Regenmantel, der sich bei vielen Sylter Strandspaziergängen als absolut wasserdicht erwiesen und damit mehr als bewährt hat. Und was dem Sylter Regen standhält, ist ja wohl für den Kölner Regen mehr als geeignet.

Also ging ich einkaufen. Im gelben Friesennerz. In Köln. So wie neulich der Mann mit seinem Hund. Und schon auf dem Supermarktparkplatz wusste ich, dass es ein Fehler war. Denn so wie ich mich über den Mann mit dem Hund gewundert habe, so ging es wohl den anderen Kölner Einkäufern an diesem Samstagnachmittag mit mir. Sie, die sich das halbe Jahr über in die verrücktesten Kostüme werfen und die sich auch als Männer in weißen Leggings und mit Zopfperücken nicht blöd vorkommen, ausgerechnet sie schauten mich an, als sei ich von einem anderen Stern. Hallo? Noch nie einen Friesennerz gesehen? Gut, vielleicht lag es auch daran, dass ich zum gelben Friesennerz pinke Flip-Flops trug. Da es an diesem Tag zwar regnerisch, aber trotzdem schön warm war, hatte ich mich zu Hause für Flip-Flops und (zum Glück) gegen meine gelben Gummistiefel entschieden. Nicht auszudenken, welche Blicke mir dann zwischen Kühltruhe und Käsetheke zugeworfen worden wären. Es war mir so schon mehr als unangenehm, und ich schwor mir, meinen geliebten gelben Gummimantel ab sofort nur noch auf der Insel zu tragen. Da falle ich wenigstens nicht auf. Im Gegenteil! Mein Outfit kommt auf Sylt super an, und ich habe sogar schon von der netten Westerländer Kurkartenkontrolleurin am Strandübergang beim Miramar ein Kompliment dafür bekommen, als ich mich – von Kopf bis Fuß in Gelb gekleidet – trotz Sturm und Regen an den Strand traute. Im Kölner Supermarkt hingegen bekam ich statt Komplimente einen Schweißausbruch. Kaum zu glauben, wie heiß es einem in einem solchen Gummiteil werden kann, wenn die steife Nordseebrise fehlt. Noch ein Grund mehr, nur noch auf der Insel Gelb zu tragen.

Mein Friesennerz hängt seitdem unbenutzt an der Garderobe und wartet wie ich sehnsüchtig auf den nächsten Sylt-Urlaub. Vielleicht treffe ich dort den Kölner Mann mit dem Hund? Sicher ist er auch ein großer Sylt-Fan und hat sich seinen Friesennerz auf der Insel gekauft. Oder vielleicht doch im Kölner Kaufhaus? Vielleicht extra und ausschließlich für seine Gassi-Runden am Rhein? Ich weiß es nicht … Ich weiß nur, dass es keinen anderen Ort auf der Welt gibt, an dem man so entspannt und selbstverständlich Gelb tragen kann wie auf Sylt – egal ob Groß oder Klein, Mann oder Frau. Auf Sylt steht Gelb jedem!

5. GRUND

Weil Sylt nicht nur teuer kann

Wenn es nach den Klatsch-Magazinen und der landläufigen Meinung geht, dann ist der typische Sylt-Urlauber reich, schön oder berühmt. Oder alles auf einmal. Die Geschäfte sind allesamt Luxusboutiquen, die Restaurants Sternetempel, und es gibt keine bezahlbaren Hotels, sondern ausschließlich überteuerte Edelherbergen, in denen eine Nacht so viel kostet wie eine ganze Woche Pauschalurlaub auf Malle. Klischee? Oder vielleicht doch ein Fünkchen Wahrheit? Beides! Denn es kann nicht verleugnet werden, dass Sylt definitiv keine Schnäppcheninsel ist. Und natürlich gibt es hier sehr viele sehr teure Geschäfte, Restaurants und Hotels. Aber nicht nur. Denn Sylt liebt jeden: die Manager, Models und Millionäre, die Stars und Sternchen, aber auch die Studenten und Familien,

19

die Camper und Rentner und die Normalos. Sylt kann für jeden erschwinglich sein, und mit ein wenig Planung muss auf den Inselurlaub auch nicht zwangsläufig die Privatinsolvenz folgen.

Am meisten Sparpotenzial steckt natürlich in der Wahl der richtigen Saison. Die Saisonzeiten sind je nach Vermieter oder Hotel immer ein wenig unterschiedlich, wobei die Hauptsaison aber meist von Mitte Juni bis Mitte September geht. Mietet man sich während dieser Zeit ein nettes Häuschen in Kampen, könnte es tatsächlich nicht mehr allzu lange dauern, bis der Bankberater mit besorgter Stimme anruft. Aber es muss ja nicht immer Kampen in der Hauptsaison sein, denn auch in den zwar nicht ganz so mondänen, dafür aber deutlich günstigeren Orten wie Wenningstedt oder Tinnum gibt es hübsche Unterkünfte zu mieten. Wer hingegen schon immer mal mit Meerblick und allem Drum und Dran in Kampen oder Keitum residieren wollte, der kann immer noch auf die günstigere Nebensaison ausweichen, die bei den meisten Vermietern Ende Oktober/ Anfang November beginnt.

Und da Sylt, wie wir wissen, zu jeder Jahreszeit wunderschön ist, lohnt sich ein Spätherbsturlaub auf der Insel, die dann herrlich leer und dementsprechend ruhig ist, auf jeden Fall. Weitere Vorteile: Im Herbst gibt es tolle Veranstaltungen wie den Surf-World-Cup in Westerland oder die Strandkorb-Versteigerung in List, und in den meisten Restaurants muss nicht mehr Tage oder Wochen vorher reserviert werden.

Neben der richtigen Saison ist natürlich auch die Wahl der Unterkunft entscheidend. Erfahrungsgemäß ist der Aufenthalt in einer Ferienwohnung günstiger als im Hotel. Und das nicht nur wegen der Zimmerpreise selbst, sondern auch, weil es ganz klar um einiges billiger ist, wenn man auch mal selbst kochen kann, anstatt allabendlich bei Gosch & Co. seine Urlaubskasse zu erleichtern.

Wer mehr Wert auf Natur als auf Komfort legt, der kann seine Reisekasse noch mehr schonen und statt in einem Appartement auch auf einem der Sylter Campingplätze einchecken. Besonders schön ist der Westerländer Platz mitten in den Dünen. Ein Zelt-platz in der Hauptsaison ist hier bereits für sechs Euro am Tag zu haben, ein Wohnwagen-Stellplatz für 14,50 Euro. Wer keinen eigenen Wohnwagen hat, das Caravan-Leben aber gerne mal aus-probieren möchte, für den gibt es bereits ab 49 Euro pro Tag einen Mietwohnwagen. Oder wie wär's mit einem Aufenthalt in Deutsch-lands nördlichster Jugendherberge in List? Die Einrichtung dort ist zwar recht spartanisch, dafür schläft man mitten in den Dünen, und das Doppelzimmer mit eigenem Bad ist mit 63 Euro unschlagbar günstig.

Bleibt noch die Sache mit der Anreise, die leider auch nicht un-bedingt etwas für Schnäppchenjäger ist. Wer mit dem Auto auf die Insel kommt, muss zwangsläufig den Autozug nehmen oder ein Stückchen weiter bis ins dänische Havneby fahren und dort mit der Fähre nach List übersetzen. Beides kein billiges Vergnügen. Für die Hin- und Rückfahrt mit der Fähre zahlt man pro Auto 79 Euro, ein wenig teurer ist der Autozug mit 90 Euro. Wer flexibel ist, kann aber auch hier sparen. Und zwar immerhin 13 Euro. Denn wer diens-tags, mittwochs oder donnerstags an- und abreist, zahlt für beide Fahrten vergünstigt 77 Euro.

Da man das Auto auf Sylt aber sowieso so gut wie gar nicht braucht und alles zu Fuß oder mit dem Rad erledigen kann, ist die Anreise mit der Bahn eine durchaus gute – und vor allem günstige – Alternative. Mit dem Sparpreis der Deutschen Bahn zahlt man deutschlandweit pro Strecke nur 29 Euro, ist dabei aber auf einige wenige Verbindungen und Abfahrtzeiten beschränkt. Wer mindestens eine Nacht auf der Insel bleibt, kann zu seiner Unterkunft direkt das günstige Sylt-Bahnticket dazubuchen. Je nach Entfernung des Heimatortes kosten die Hin- und Rückfahrt zusammen zwischen 84 Euro und 134 Euro. Und das Beste: Kinder bis 14 Jahre fahren in Begleitung eines Eltern- oder Großelternteils kostenlos mit. Wer sich für diese bezahlbare Anreise-Alternative entscheidet, der leiht sich für die Dauer seines Aufenthaltes am besten ein Fahrrad. Denn auf Sylt ist Fahrradfahren ein Muss und eine der schönsten Insel-Beschäftigungen überhaupt. Für bereits sieben Euro am Tag kann man sich ein Rad leihen und damit die Insel erkunden. Wer direkt für die komplette Woche leiht, der kann auch hier wieder sparen und zahlt zum Beispiel beim Fahrradverleih Leksus (www.leksus-fahrradverleih.de) nur 37 Euro.

Noch günstiger und noch schöner als Radfahren ist auf Sylt nur eines: ein Tag am Strand. Spazierengehen, Muscheln sammeln, buddeln, sonnen, Drachen steigen lassen, schwimmen ... Und das für gerade mal 3,20 Euro am Tag, denn so viel kostet die Kurabgabe der Gemeinde Sylt, die für jeden Inselgast verpflichtend zu zahlen ist. Übrigens auch auf allen anderen Nord- und Ostseeinseln. Und die liegen mit 3,50 Euro (Wangerooge), 3,20 Euro (Borkum) oder zwei Euro (Rügen) ungefähr im selben preislichen Rahmen wie Sylt. Wem Radfahren und Strand genießen zu wenig ist, der sollte auf jeden Fall in die Veranstaltungskalender der Tourismuszentralen schauen. Dort gibt es täglich viele sportliche und kulturelle Angebote für die ganze Familie, aber auch Wanderungen und Führungen über die Insel, Workshops, Ausstellungen und vieles mehr – und zwar entweder sehr günstig oder teilweise sogar ganz umsonst.

Also: Probieren Sie es doch einfach mal aus: Fahren Sie im November mit dem Zug nach Sylt, mieten sich eine nette Unterkunft, einen Wohnwagen oder checken in der Jugendherberge ein. Fahren Sie Rad, gehen Sie am Strand spazieren oder machen Sie einen Breakdance-Workshop. Es lohnt sich! Und sollten Sie sich bei der nächsten Verkündung ihres Urlaubsziels wieder einmal bedeutungsschwere Blicke oder Kommentare wie »Na ihr habt's ja!« einfangen, dann geben Sie doch einfach mein Buch weiter und verweisen auf diesen Grund, der ja wohl auch den letzten Zweifler davon überzeugen sollte, dass man für einen Sylt-Urlaub weder Millionär noch Lottogewinner sein muss.

Weil hier jeder findet, was er sucht

Die beiden meistgehörten Reaktionen, wenn ich jemandem erzähle, dass ich meine Urlaube am liebsten auf Sylt verbringe, sind »Oh wie schön« und »Oh Gott«. Höre ich Ersteres, dann weiß ich direkt: ein Gleichgesinnter, der auch schon einmal auf der Insel war. Die zweite Reaktion hingegen kommt zu 90 Prozent immer von jemandem, der noch nie auf Sylt war, aber natürlich schon viel gehört und gelesen hat und genau deshalb da auch gar nicht hin möchte. Denn auf Sylt ist alles viel zu teuer. Und außerdem fahren da nur die Schönen, Reichen und Berühmten hin. Unsereins ist da doch gar nicht willkommen, und leisten können wir uns da sowieso nicht mal ein Bier, geschweige denn einen Champagner, der auf Sylt natürlich rund um die Uhr getrunken wird. Ach ja: Und alle Leute fahren Jaguar oder mindestens Porsche und tragen teure Handtaschen und noch teurere Uhren.

Ich höre mir das alles ganz entspannt an und fange dann an, ein wenig von Sylt zu erzählen. Von den einsamen Stränden am Ellenbogen, wo man auch in der Hochsaison viele Schafe und wenige Menschen trifft. Von der Ruhe im Winter, in dem man die Insel fast für sich alleine hat. Von unseren Fahrradtouren an der Wattseite, bei denen uns kaum eine Menschenseele begegnet ist. Und dann erzähle ich natürlich auch vom Trubel in der Hauptsaison, in der sich in Kampen die Luxuskarossen stauen und die Schönen und Reichen nichts lieber tun als sehen und gesehen werden. Ich erzähle von den Promis, die wir auf Sylt schon getroffen haben, und von den vielen Luxushotels, in denen eine Woche Urlaub so viel kostet wie ein Monat in unserer Kölner Mietwohnung. Und dann sehe ich die Verwirrung auf dem Gesicht meines Gegenübers, der noch nie auf Sylt war, aber schon so viel über die Insel gehört hat und der sich jetzt fragt: »Ja, wie genau ist Sylt denn jetzt? Remmidemmi oder Ruhe? Landschaft oder Luxus?« Meine Antwort: Sylt ist alles und von jedem ein bisschen.

Denn auf Sylt findet jeder das, was er sucht, und wer nichts Bestimmtes sucht, der findet eben einfach Sylt – eine 99 Quadratkilometer große Insel, die vielfältiger und abwechslungsreicher nicht sein könnte. Nehmen wir das Rantumer Vogelbecken als Beispiel. Hier tummeln sich vor allem im Frühjahr und Herbst vogelbegeisterte Fotografen und Ornithologen aus ganz Deutschland, die finden, was sie suchen: Säbelschnäbler, Alpenstrandläufer und andere seltene Vogelarten. Ein paar Kilometer weiter in Keitum landet ein Helikopter auf einem Feld. Ein Mann und eine Frau mit einem kleinen Hund in einer Handtasche steigen aus. Ich wette, sie haben noch nie etwas vom Rantumbecken, geschweige denn vom Säbelschnäbler gehört. Müssen sie auch gar nicht, denn sie suchen – und finden – auf Sylt ganz andere Tiere: die millionenschweren Polo-Pferde, die sie beim Turnier in Keitum anfeuern, bevor sie in den Luxusboutiquen im Dorf noch ein wenig shoppen gehen und dabei gerne gesehen werden. Im Gegensatz zu den Vogelbeobachtern am Rantumbecken, die am liebsten unentdeckt bleiben und deshalb von Kopf bis Fuß Tarnkleidung tragen. Ganz anders als die in knallige Poloshirts und karierte Hosen Gekleideten, die auf Sylt nichts anderes wollen, als stundenlang bepackt mit Schlägern und kleinen weißen Bällen durch die Landschaft zu laufen. Und dann gibt es die, die ebenfalls stundenlang laufen wollen, allerdings nicht bepackt mit einer Golfausrüstung, sondern mit nichts als ihren Gedanken, die sie bei einem Strandspaziergang ganz alleine und ganz in Ruhe neu sortieren möchten. Auch sie finden genau das, was sie suchen und was sie glücklich macht.

Deshalb mein Tipp für alle, die auf meine Urlaubspläne bisher so negativ reagiert haben: Einfach mal ein paar Tage nach Sylt fahren und die Insel selbst erleben. Ich wette, danach wird aus »Oh Gott!« blitzschnell ein entzücktes »Oh wie schön!«.

Weil man hier auch im Sommer nicht schwitzt

Ja, ich weiß, Schwitzen ist gesund, und viele Menschen schwitzen freiwillig und regelmäßig und sogar für Geld in Saunen. Ich aber nicht. Denn ich bin der Meinung, Schwitzen wird völlig überbewertet und ist einfach nur lästig und unangenehm. Deshalb bin ich auch im Sommer so gerne auf Sylt, wo es so herrlich un-schwitzig ist. Keine Klamotten, die an schweißnassen Körpern kleben, kein verlaufenes Make-up, kein versagendes Deo und keine Nächte, die einen vor lauter Hitze nicht schlafen lassen.

Die einen finden die Sommer auf Sylt viel zu kalt, ich finde sie genau richtig. Ich weiß, was mich erwartet und dass ich, wenn ich es richtig heiß haben will, auf Sardinien besser aufgehoben bin als auf Sylt. Denn hier gab es laut Deutschem Wetterdienst, dem der *Sylter Spiegel*[1] eine Anfrage zu diesem Thema gestellt hat, im Sommer 2015 nur fünf Tage, an denen es wärmer als 25 Grad war. Dafür schien rund 637 Stunden die Sonne, was am Stück gesehen etwa 26,5 Tage sind – und das klingt doch gar nicht mal so schlecht, oder? Die durchschnittliche Tagestemperatur in den drei Sommermonaten Juni, Juli und August 2015 betrug 15,8 Grad, wobei sie während unseres Urlaubs Mitte August gefühlt noch ein wenig niedriger war, was mir als bekennender Hitze-Hasserin aber total egal war. Statt Flip-Flops hieß es dann eben Gummistiefel und statt Bikini Fleecejacke.

Sylt kann aber auch anders, und das merkten all diejenigen, die am 4. Juli 2015, dem mit 28,6 Grad wärmsten Tag des Jahres, auf der Insel waren. Genau einen Monat zuvor, am kältesten Tag des Sylter Sommers, wurden nur 9,2 Grad gemessen. Sylt ist eben in jeder Hinsicht eine äußerst abwechslungsreiche Insel voller Gegensätze – warum sollte das beim Wetter anders sein. Einen der heißesten Sommer gab es übrigens 1975 mit immerhin fünf Tagen, an denen das Thermometer auf über 30 Grad kletterte. 40 Jahre später waren es fünf Tage weniger, also genau … null! Wer hoch oben in Deutschlands Norden trotzdem nicht aufs Schwitzen verzichten möchte, der hat in den Sylter Strandsaunen (siehe Grund 88) ausreichend Gelegenheit dazu, und zwar ganz egal, ob gerade Bikini- oder Fleecejacken-Sommer ist.

8. GRUND

Weil die Zahlen für sich sprechen – und genug Stoff für Small Talks bieten

Mit Zahlen konnte ich noch nie etwas anfangen. Wenn ich in der Schule mit einer 4 haarscharf an einem Mangelhaft vorbeigeschlittert bin, haben die Lehrer mich beglückwünscht und meine Eltern mich gefeiert, als hätte ich die beste Note des ganzen Jahrgangs geschrieben. Ich vergesse PINs und Telefonnummern, brauche für jede noch so einfachste Aufgabe einen Taschenrechner und kann mir keine Geburtstage merken. Zahlen sind einfach nicht meine Welt, und ich finde viele Zahlen einfach überflüssig. Die, die meine Waage mir anzeigt zum Beispiel. Braucht kein Mensch.

Aber: Ich gebe gerne zu, dass sich manche Zahlen auch ganz hervorragend für einen netten Small Talk – und zum Angeben – eignen. Oder wussten Sie zum Beispiel, dass ein Mensch im Laufe seines Lebens rund 121 Liter Tränen vergießt? Oder dass man, wenn man bei der Google-Bildersuche die Zahl 241543903 eingibt, Fotos von Menschen findet, die ihren Kopf – warum auch immer – in den Kühlschrank stecken? Genauso interessante Zahlen und Daten gibt es natürlich auch rund um unsere Lieblingsinsel. Und wenn Sie dort mal wieder bei Ihrem Lieblingsbäcker in der allmorgendlichen Schlange stehen und gerne mit Ihren Mitwartenden ins Gespräch kommen möchten, dann habe ich hier ein paar Zahlen über Sylt für

Sie, die sich super für einen Small Talk nach dem Motto »Wussten Sie eigentlich, dass ...« eignen:

Sylt ...

- ist 38,5 Kilometer lang und zwischen 0,3 Kilometer und 12,5 Kilometern breit
- hat einen Umfang von 107 Kilometern
- ist das Zuhause von rund 2.500 verschiedenen Tierarten, darunter etwa 3.000 Schafen, 300 Vogelarten, 600 Schmetterlingsarten und 70.000 Wattschnecken
- freut sich über mehr als 1.700 Sonnenstunden pro Jahr
- hat 40 Kilometer Strände, an die 84 Strandübergänge führen
- bekam 1954 seinen ersten öffentlichen FKK-Strand. Bereits 1927 erhielt das »Freideutsche Jugendlager Klappholttal« eine landespolizeiliche Ausnahmegenehmigung zum Nacktbaden
- wurde vor circa 8.000 Jahren vom Festland abgetrennt und so zur Insel
- hat die Koordinaten 54° 55' N, 8° 20' O und liegt damit auf gleicher geografischer Höhe wie die sibirische Stadt Omsk und der Südzipfel Alaskas
- steht zu 40 Prozent unter Naturschutz
- bietet etwa 150 Pflanzenarten optimale Bedingungen, davon stehen 45 auf der Roten Liste
- ist, je nach Standort, vom Festland zwischen acht und 28 Kilometern entfernt
- hat rund 50 Kilometer Wander- und 200 Kilometer Fahrradwege, sowie 220 Kilometer Nordic-Walking-Strecken
- ist auf etwa einem Drittel seiner Fläche von Dünen bedeckt
- wird 1141 erstmals urkundlich erwähnt
- hat etwa 55.000 Betten für seine Gäste
- verzeichnet etwa 12.000 Zweitwohnungsbesitzer
- hat 1668 den Hering zu seinem Wappentier erklärt
- begrüßte 1855 die ersten Badegäste

Ich hoffe, Sie konnten sich einige Zahlen und Daten merken. Denn sollten wir jemals nebeneinander in der Brötchenschlange vorm Inselbäcker stehen und Sie sich mir als Leser/-in meines Buches outen, dann werde ich Sie testen! Also lieber noch einmal lesen und schön einprägen – auch, wenn Sie es wie ich sonst nicht so mit Zahlen haben.

9. GRUND

Weil Sylt das schönste Fotomotiv der Welt ist

Mein Mann und ich fahren mittlerweile seit über 15 Jahren nach Sylt. Wir waren dort bei Schietwetter im Herbst, im menschenleeren November, in der überfüllten Hochsaison und beim ersten Frühlingserwachen – und das alles jeweils mehrmals. Und trotzdem machen wir bei jedem Sylt-Urlaub immer und immer wieder die gleichen Fotos: Das Rote Kliff im Sonnenuntergang, ein Selfie vorm Hörnumer Leuchtturm, auf dem wir geheiratet haben, mein Mann mit dem Fahrrad in den Dünen, ich mit einem Eis in der Friedrichstraße, die Tetrapoden an der Südspitze, die lila Heide bei Braderup und das blaue Meer bei Rantum … Unsere Sylt-Fotos verdoppeln, nein verfünfzehnfachen sich mittlerweile und füllen unzählige Foto-Bücher und mindestens genauso viele Festplatten.

Und jedes Mal, wenn wir wieder vor einem tollen – uns natürlich bereits bestens bekannten – Motiv stehen, sagen wir uns »Davon haben wir doch schon genug Fotos in den letzten Jahren gemacht. Eigentlich brauchen wir das nicht mehr zu fotografieren«, nur um kurz danach wie wild draufloszuknipsen. Der Grund, warum wir Jahr für Jahr Hunderte Fotos auf Sylt und von Sylt machen, ist einfach: Die Insel sieht und wirkt zu jeder Tages- und Jahreszeit völlig anders, und genau das macht sie für mich zum schönsten Motiv der Welt, von dem man nie genug Fotos haben kann.

Eine, die das ganz genauso sieht wie ich, ist die bekannte Fotografin Beate Zoellner (www.beatezoellner.de), deren wunderschöne Sylt-Fotos zahlreiche Kalender, Bücher und Sylter Geschäfte zieren. Mit ihr habe ich über das schönste Fotomotiv der Welt gesprochen:

Ohne welche Fotos sollte man die Insel auf keinen Fall verlassen?
Tolle Motive sind vor allem Muscheln, Wellen, Dünengrashalme, die Sylter Leuchttürme und Friesenhäuser und natürlich die Sonnenuntergänge.

Was ist Ihr persönliches Lieblingsmotiv und warum?
Die Nordsee – ihre Wellen sind bei Sturm wild aufbrausend, bei Ostwind glatt wie ein Seidentuch, mal bleigrau, dann blau, oder auch mal grünlich. Sie sieht immer anders aus, ist aber dennoch so vertraut …

Was macht Sylt als Motiv so besonders?
Da kann ich nur einen Grund nennen: ihre Vielfalt! Also der gleiche Grund, den viele Sylt-Urlauber angeben, wenn sie gefragt werden, warum sie nach Sylt reisen. Man kann hier alles haben: endlose, weite Strände am ruhigen Watt und an der manchmal wilden Westseite, scheinbar unberührte Natur, in der man auf einem Spaziergang mit Glück nicht mal einen einzigen Menschen trifft, Party-Leben, sehr gute Restaurants, Sport-Events, Großstadt-ähnliche Shoppingmöglichkeiten und und und … Ebenso vielfältig sind die Sylter Fotomotive.

Was ist für Sie als professionelle Fotografin das Spannende an Sylt?
Das ständig wechselnde Licht! Wenn es morgens nach einem verregneten Tag aussieht, dann gegen Mittag die Sonne rauskommt, um sich dann abends mit einem grandiosen Finale über der Nordsee zu verabschieden.

Welche Tipps haben Sie für alle, die auf der Suche nach dem perfekten Sylt-Foto sind?

Oberste Prämisse: Halten Sie sich an die Spielregeln und nehmen Sie Rücksicht auf die Besonderheiten der Sylter Natur. Achten Sie zur Brut- und Setzzeit die Sperrzonen und schützen Sie die Dünen, indem Sie nicht querfeldein laufen, sondern nur die mit dem umgedrehten »Besen« gekennzeichneten offiziellen Übergänge zum Strand nutzen. Denn: Dünenschutz ist Inselschutz!

Als technischen Tipp empfehle ich, immer ausreichend Microfasertücher und eventuell ein kleines Pumpspray (möglichst ohne Alkohol, gibt's beim Optiker) zum Putzen Ihrer Objektive in der Fototasche zu haben. Die Sylter Luft ist auch abseits vom Strand sehr salz- und jodhaltig. Und das führt dann leicht zu schmierigem Niederschlag auf den empfindlichen Linsen der Objektive. Deshalb empfehle ich auch immer einen preiswerten Filter zum Schutz der Linse, denn bei stärkerem Wind können die herumfliegenden Sandkörner schnell Schaden anrichten.

10. GRUND

Weil es auf Sylt wirklich kein schlechtes Wetter, sondern nur falsche Kleidung gibt

Geben Sie es zu! Sie haben beim Lesen dieser Überschrift genervt die Augen verdreht. Oder zumindest leise aufgestöhnt. Denn Sie können diesen altklugen, abgedroschenen Spruch einfach nicht mehr hören! Ich auch nicht! Also eigentlich nicht. Zum Beispiel dann nicht, wenn wir mit Freunden zum Wandern verabredet sind und ich mit einem dezenten Hinweis auf Nieselregen, einstellige Temperaturen und Nebel leise Bedenken am geplanten Vorhaben äußere. In so einer Situation kann ich diesen Spruch einfach nicht mehr hören. Und ich will ihn auch nicht hören. Denn was bitte schön wäre die richtige Kleidung für ein derart schlechtes Wetter, das förmlich nach einer dicken Erkältung schreit und bei dem man das Haus am besten gar nicht erst verlässt – vom Wanderngehen ganz zu schweigen. Aber: Ich sagte ja eben »eigentlich«, da ich diesen Satz nur »eigentlich« nicht mehr hören kann, weil an ihm so gut wie nie etwas Wahres dran ist. Denn natürlich gibt es schlechtes Wetter. Und zwar überall – außer natürlich auf meiner Lieblingsinsel.

Dort ist das Wetter nie schlecht, sondern höchstens »wenig sommerlich« oder »etwas zu kühl für die Jahreszeit« – und auch dann ist es auf Sylt wunderschön. Und genau deshalb darf dort auch jeder, wann er will und so oft er will, diesen Satz zu mir sagen, ohne dass ich wie Sie gerade eben genervt die Augen verdrehe. Warum ich auf Sylt so gelassen und gar nicht genervt auf diesen Satz reagiere? Ganz einfach! Ich weiß, dass ich nach Sylt und nicht nach Sardinien fahre, und ich weiß, was mich dort wettertechnisch erwartet. Und genau deshalb habe ich nie die falsche Kleidung dabei und bin für jedes Wetter – egal ob gut oder schlecht – bestens gerüstet. Wer jedoch meint, er müsse, nur weil August ist, ausschließlich Shorts, Kleidchen und Flip-Flops einpacken (böser Anfängerfehler), der wird garantiert nach seiner Rückkehr über das schlechte Wetter auf Sylt schimpfen und im nächsten Sommer tatsächlich lieber wieder nach Sardinien fliegen. Damit es Ihnen nicht auch so geht und Sie sich auch bei vermeintlich schlechtem Wetter (das es ja, wie Sie jetzt wissen, eigentlich gar nicht gibt) auf der Insel wohlfühlen, kommen hier meine mehrfach erprobten Richtige-Kleidung-für-Sylt-Tipps: Das Allerwichtigste, egal zu welcher Jahreszeit Sie nach Sylt reisen, ist und bleibt die Regenjacke. Denn laut meinem Reiseführer regnet es im August durchschnittlich genauso viele Tage wie im Januar – nämlich zwölf. Und wer die während seines Urlaubs zufällig alle erwischt, der hat ohne Regenjacke ein echtes Problem. Okay, mit Regenjacke sind zwölf verregnete Urlaubstage auch nicht unbedingt toll, aber besser als ohne. Die Regenjacke sollte übrigens idealerweise eine sein, die man ganz klein zusammenfalten kann, damit Sie sie immer in der Handtasche oder im Rucksack haben, auch wenn es gerade nicht nach Regen aussieht. Auf Sylt weiß man nie … Das Gute: So schnell wie der Regen kommt, verschwindet er auch oftmals wieder – dem Wind, der die Regenwolken wegpustet, sei Dank.

Apropos Wind: Eine Wollmütze sollten Sie ebenfalls bei jedem Sylt-Aufenthalt im Gepäck haben. Ja, auch im Sommer. Denn auch im Juni, Juli oder August kann der Wind dort mächtig pfeifen und nach einem schönen Strandspaziergang für unschöne Ohrenschmerzen sorgen. Wenn Sie dann noch einen dicken Pulli, warme Strümpfe und – ganz wichtig – Gummistiefel mitnehmen, dann kann Ihnen das Sylter Wetter wenig bis gar nichts anhaben. Und ich bin mir sicher, dann wird es auch nicht allzu lange dauern, bis Sie dem ersten fluchenden Touristen, der mit kurzen Hosen und Sandalen missmutig im Regen am Strand entlangstapft, fröhlich zurufen: »Es gibt kein schlechtes Wetter, sondern nur falsche Kleidung.« Dabei ziehen Sie die Kapuze Ihrer Regenjacke noch ein wenig tiefer ins Gesicht, betrachten zufrieden Ihre neuen gelben Gummistiefel und hoffen, dass der fluchende Tourist nicht genervt die Augen verdreht oder zumindest leise aufstöhnt, weil er diesen altklugen, abgedroschenen Satz einfach nicht mehr hören kann.

PS: Ihren Regenschirm können Sie übrigens getrost zu Hause lassen. Bringt nix! Stichwort: Wind! Aber dafür haben Sie ja Ihre tolle ganz klein zusammenfaltbare Regenjacke!

11. GRUND

Weil man, sollte es tatsächlich doch einmal schlechtes Wetter geben, trotzdem tolle Sachen machen kann

Ich verrate Ihnen jetzt mal eine blöde Angewohnheit von mir: Ich checke Wochen vor einer geplanten Reise mehrmals täglich die Wettervorhersage für unseren Urlaubsort. Je nachdem, wie die Vorhersage ausfällt, ist es dann auch um meine Laune für den Rest des Tages bestellt. Meist jammere ich dann meinem Mann stundenlang vor, dass unser Italien-Urlaub (der noch über zwei Wochen hin ist) völlig verregnet sein wird, oder dass in unserem Skiort in den nächsten 14 Tagen nicht ein Millimeter Schnee fallen wird und wir deshalb unsere Skier genauso gut zu Hause lassen können. Während ich also jammere und kurz davor bin, den Urlaub zu stornieren, erklärt mir mein Mann jedes Mal aufs Neue, dass man auf Wettervorhersagen so weit im Voraus wenig geben kann und ich es deshalb auch eigentlich gleich bleiben lassen kann, mehrmals täglich die einschlägigen Wetterseiten im Internet zu besuchen. Was ich aber natürlich nicht tue. Außer – Achtung, große Ausnahme – vor unserem jährlichen Sylt-Urlaub. Denn da ist mir das Wetter tatsächlich piepegal. Hauptsache Sylt! Denn ich liebe die Insel bei wirklich jedem Wetter.

Egal, ob es stürmt, schneit oder die Sonne scheint. Und wie Sie dank des vorherigen Grundes ja nun wissen, ist das Wetter auf Sylt sowieso niemals schlecht – sofern man die richtige Kleidung eingepackt hat. Was aber unternehmen, wenn man sich in seine klein zusammenfaltbare Regenjacke und die gelben Gummistiefel geschmissen hat und einem Sturm und Regen nichts mehr anhaben können? Ich empfehle bei diesem Wetter unbedingt einen Spaziergang am Strand, den man dann so gut wie für sich alleine hat. Für mich gibt es (fast) nichts Schöneres, als mir vom Wind den Kopf frei pusten zu lassen und zuzusehen, wie er die dunklen Wolken aufs Meer und meterhohe Wellen an den Strand treibt. Ist Ihnen zu ungemütlich? Wie wäre es dann mit etwas Entspannung im Syltness Center oder der Sylter Welle? Oder ein wenig Schwitzen in einer der zahlreichen Strandsaunen? Zu langweilig? Sie wollen Action? Dann empfehle ich Ihnen die Norddörfer Halle in Wenningstedt. Dort können Sie an einer Boulder-Wand Ihre Kletterkünste testen, kickern, verschiedene Ballspiele ausprobieren, oder sich mit dem Skateboard auf einem 72 Meter langen Parcours austoben.

Oder Sie setzen sich mit (m)einem Buch in eines der vielen schönen Insel-Cafés und verbringen den Tag mit Lesen, Teetrinken und Kuchenessen. Und wenn es mehr Regentage gibt, als Sie Bücher dabeihaben – auch kein Problem: Auf dem Gelände der Sylt Quelle in Rantum steht ein Automat, an dem Sie für kleines Geld verschiedene Reclam-Hefte ziehen können. Alternativ können Sie sich Bücher (und auch verschiedene Brettspiele) in der Inselbibliothek in Westerland ausleihen oder in einem der zahlreichen Sylter Buchläden kaufen. Apropos Kaufen: Shopping ist natürlich auch eine gute Beschäftigung, wenn die Sonne mal nicht scheint. Entweder Outdoor (kein Problem dank klein zusammenfaltbarer Regenjacke und Gummistiefeln) in der Westerländer Strand- und Friedrichstraße oder aber Indoor in der Alten Tonnenhalle in List, wo man wunderbar in den kleinen Geschäften und an verschiedenen Ständen stöbern kann, ohne dabei nass zu werden.

Und wenn Sie schon mal in List sind, dann machen Sie doch gleich auch noch einen Abstecher ins Erlebniszentrum Naturgewalten, in dem Sie – wie der Name schon sagt – Wissenswertes über die Naturgewalten erfahren, mit denen die Insel zu kämpfen hat und im Windkanal einen echten Orkan erleben können. Ich verspreche Ihnen, wenn Sie das Erlebniszentrum verlassen, wird Ihnen das bisschen Wind, vor dem Sie geflüchtet sind, wie ein Kindergeburtstag vorkommen, und vielleicht wagen Sie dann doch noch den von mir empfohlenen Schietwetter-Strandspaziergang.

PS: Auf Wunsch lasse ich Ihnen gerne meine ultimative »Unterstellmöglichkeiten-bei-Regen-auf-Sylt-Liste« zukommen, die Ihnen sicher sehr helfen wird, sollte das Wetter doch mal schlecht werden. Meine Highlights: das Dusch-Haus auf dem Rantumer Campingplatz, in dem wir während einer Radtour fast zweieinhalb Stunden gewartet haben, bis der Regen aufhört, diverse Bushaltestellen in verschiedenen Inselorten und eine Telefonzelle in Westerland, in die wir uns vor einem Herbststurm inklusive Gewitter geflüchtet haben.

Weil man auf Sylt so schön Geld ausgeben kann

Nachdem Sie in Grund 5 erfahren haben, wie Sie einen Urlaub auf Sylt verbringen können, ohne hinterher Ärger mit Ihrem Bankberater zu bekommen oder Privatinsolvenz anmelden zu müssen, soll es in diesem Grund um genau das Gegenteil gehen. Ums Geldausgeben. Denn mal ehrlich: Sparen können wir das ganze Jahr über, und deshalb sollten wir uns im Urlaub auch mal etwas gönnen und nicht bei jedem Euro überlegen, ob er gut angelegt ist. Denn Investitionsmöglichkeiten, die sich wirklich lohnen, gibt es auf Sylt mehr als genug: schöne Hotels, kuschelige Cafés und schicke Restaurants, tolle Geschäfte, zahlreiche Sport- und Wellnessmöglichkeiten und und und.

Ich persönlich investiere, wenn ich auf Sylt bin, am liebsten in Maritimes, also in Dinge, die entweder blau-weiß gestreift sind oder auf denen Leuchttürme, Anker oder Schiffe sind: Tassen, Geschirrtücher, Notizblöcke, Servietten, Dosen, Kühlschrankmagnete, Tücher, Schals, Taschen, Bleistifte … Eine gute Adresse dafür sind die zahlreichen Souvenir-Läden (oder wie mein Mann sie nennt: Schnickschnack-Läden) in der Westerländer Friedrichstraße, allen voran Wegst, H.B. Jensen oder die Drogerie Schmidt. Außerdem stöbere ich in meiner Lieblings-Inselbuchhandlung Voss gerne in der Sylt-Ecke, wo es spannende Inselkrimis, sowie tolle Bildbände und Kalender gibt. Sie sehen schon: Geld ausgeben fällt mir auf Sylt (leider) nicht schwer. Sie bräuchten noch ein paar mehr Investitions-Inspirationen? Bitte sehr, hier meine Top Five, wofür man auf Sylt Geld ausgeben kann – und sollte:

1.) Urlaubsunterkunft: Gerade im Herbst und Winter sollte man bei der Unterkunft nicht sparsamer sein als der Finanzminister, denn das Wetter zwingt einen in den nasskalten Jahreszeiten leider doch öfter einmal dazu, im Appartement oder dem Hotel zu bleiben. Ersteres sollte also ausreichend groß und gemütlich sein, und in Zweiterem sollte es am besten ein paar Sport- und Wellnessangeboten für Schietwettertage geben. Aus Erfahrung kann ich sagen: Nichts ist schlimmer, als eine verregnete Urlaubswoche in einem zwar sehr günstigen, aber dafür sehr engen und wenig komfortablen Appartement zu verbringen, in dem einem die Mitreisenden schon nach wenigen Stunden auf den Geist gehen. Und umgekehrt.

2.) Apropos Wellnessangebote: Investieren Sie in Ihrem nächsten Urlaub doch einmal in Ihr Wohlbefinden. Das geht nirgends besser als in der Sylter Welle oder dem Syltness Center. Ob Fitnessstudio mit Meerblick, Blockhaussauna in den Dünen oder eine entspannende Massage mit anschließendem Bahnenziehen im Hallenbad – in den beiden Westerländer Einrichtungen können Sie wunderbar abschalten und abtauchen.

3.) Wem das zu langweilig ist, der sollte, nein, der muss sich unbedingt *ein Fahrrad leihen.* Für mich gibt es nichts Schöneres, als durch die Dünen oder ums Rantumbecken zu radeln. Von oben die Sonne, von vorne der Wind und von allen Seiten die wunderschöne Natur – die Investition in ein Leihfahrrad lohnt wie keine zweite!

4.) Für kulinarische Genüsse kann man auf Sylt ebenfalls eine Menge ausgeben. Während viele ihr Geld in Sternerestaurant-Menüs investieren, fließt meines allerdings in Kaffee, Kuchen und Kakao. Und zwar täglich. Kaffeeklatsch auf Sylt ist ein Muss, denn es gibt in jedem Ort nette Cafés und Teestuben, die hervorragenden Kuchen und eine große Auswahl an Tee anbieten (siehe Grund 77). Und was gibt es Gemütlicheres, als bei Sonnenschein im Strandkorb oder bei Schietwetter in einer gemütlichen Stube zu sitzen, Friesentee zu trinken, Menschen zu beobachten, zu lesen, zu quatschen und zu schlemmen? Außerdem sollten Sie auf Sylt unbedingt in Eis investieren. Meine Lieblingsadresse dafür ist die Eismanufaktur in List (Dünenstraße 3). Leckeres Eis (und Rote Grütze) gibt es aber auch bei Leysiffer in der Westerländer Friedrichstraße. Kein billiges Vergnügen, aber wie gesagt: Sparen können wir das ganze Jahr über.

5.) *Sylter Souvenirs:* Investieren sollten Sie auch in alles, was »typisch Sylt« ist und was Sie bei sich zu Hause in Bamberg oder Berlin nicht bekommen. Neben oben genannten Anker-Schiff-Leuchtturm-Accessoires ist das vor allem Tee, den Sie auf der Insel in diversen Fachgeschäften und Manufakturen bekommen, aber auch Süßes wie Friesenkekse, Friesen-Butterwaffeln und Sanddorn-Produkte wie Marmelade oder Likör. Ich kaufe übrigens am liebsten dosenweise die echten Sylter Brisen-Klömbjes. Die leckeren (Husten-) Bonbons gibt es auf Sylt an jeder Ecke, außerhalb der Insel nur in ausgewählten Apotheken. Meine Lieblingssorten: der würzige Klassiker und Rote Grütze. Für die ausgefalleneren Sorten wie Waldmeister-Vanille und Blutorange-Banane war ich bisher noch nicht experimentierfreudig genug. Ein weiterer Tipp zum Geldausgeben sind die vielen wunderschönen Einrichtungsläden, die Möbel und Wohnaccessoires im typischen Sylt-Style verkaufen und so ein wenig Insel-Feeling in die eigenen vier Wände bringen. Meine Lieblingsläden: »Sylter WohnLust« in Tinnum (Silwai 5) und »Das Strandhaus« (Maybachstraße 28) in Westerland.

Und wenn Sie sich jetzt fragen, wie um alles in der Welt Sie das alles bezahlen sollen, dann lesen Sie am besten noch einmal Grund 5 dieses Buches und suchen sich aus den dort aufgeführten Spartipps die für Sie passenden raus. So bleibt Ihnen genug Urlaubsgeld für Wellness mit Meerblick, den täglichen Kaffeeklatsch und hemmungsloses Souvenir-Shopping.

Weil Sylt die perfekte Mischung aus Gewohnheit und Neuem ist

Als ich anfing, dieses Buch zu schreiben, und überlegte, welche 111 Gründe Sylt für mich so liebenswert machen, kam mir die Idee, auch andere Menschen, die die Insel lieben, zu Wort kommen zu lassen. Also sprach ich mit Freunden, Bekannten und Kollegen, aber auch mit völlig Unbekannten darüber, was Sylt für sie so besonders macht und warum sie immer wieder hierher zurückkehren. Der Grund, der dabei am häufigsten genannt wurde, war: »Weil ich mich auf Sylt zu Hause fühle.« Klingt erst einmal komisch … Denn wie können sich so viele unterschiedliche Menschen, die aus einer Großstadt im Ruhrgebiet, einem Dorf in Bayern, aus Sachsen, der Pfalz oder aus Nordrhein-Westfalen kommen, auf einer Insel fernab ihrer wahren Heimat zu Hause fühlen? Je länger ich darüber nachdachte, desto weniger komisch klang der Satz »Weil ich mich auf Sylt zu Hause fühle« für mich, und ich stellte fest, dass auch ich mich dort irgendwie zu Hause fühle. Ja, ich kann sagen, dass die Insel mit den Jahren so etwas wie meine zweite Heimat geworden ist, in die ich immer wieder gerne zurückkehre.

Ein Platz, an dem ich all das finde, was Heimat ausmacht: Altbekanntes und Liebgewonnenes, Gewohnheit und Routine, Vertrautheit und Beständigkeit. Ich weiß genau, wo ich morgens meine Brötchen kaufe, wo es die besten Leihfahrräder zum günstigsten Preis gibt, wo ich den leckersten Kaffee und das cremigste Eis bekomme, an welchem Strand man am besten Drachen steigen lassen kann, welche Spaziergänge und Radtouren wir unternehmen und wo wir an unserem ersten Insel-Abend essen gehen. Für manchen mag dies wahnsinnig langweilig klingen, für mich ist diese Gewohnheit Tiefenentspannung pur. Und wenn ich doch einmal Lust habe, etwas Neues auszuprobieren? Auch kein Problem! Auf Sylt bleibt zum Glück zwar vieles gleich, aber natürlich verändert sich auch einiges. So gibt es jedes Jahr neue Restaurants, Shops und Events zu entdecken und mehr als genug Möglichkeiten, sich auch einmal an völlig Unbekanntes zu wagen.

Im letzten Jahr habe ich zum Beispiel in der Sylter Zeitung gelesen, dass auf der Insel jetzt die neue Trendsportart Cross-Shaping, eine neue Form des Walkings, angeboten wird. Oder wie wäre es mit Yoga am Strand? Oder mit einem Parcours-Workshop? Alternativ können Sie sich in Tinnum Ihren eigenen Pfeil und Bogen bauen. Oder fastenwandern. Zu langweilig? Dann empfehle ich einen Schnupperkurs im Kitesurfen oder Stand-up-Paddling. Oder direkt einen Fallschirmsprung. Oder Sie machen es wie ich und essen einfach mal etwas, was Sie noch nie zuvor gegessen haben. In meinem Fall war das – völlig unspektakulär – das erste Fischbrötchen meines Lebens, das ich mir als bekennende Nicht-Fisch-Esserin vor ein paar Jahren bei Gosch habe schmecken lassen. Sollten Sie ein wenig experimentierfreudiger sein als ich, empfehle ich Ihnen eines der Algengerichte, die Sie auf vielen Sylter Speisekarten finden – hergestellt aus auf der Insel gezüchteten Algen (siehe Grund 84). Egal, was Sie suchen: Routine und wohliges Zuhause-Gefühl, oder Neues und Unbekanntes – auf Sylt werden Sie es finden!

PS: Viele weitere Gründe, warum andere Sylt-Fans die Insel lieben, finden Sie in Grund 111 am Ende dieses Buches.

14. GRUND

Weil der Sylt-Urlaub schon auf dem Autozug beginnt

»Moin Moin und herzlich willkommen auf dem Sylt-Shuttle« – wenn ich diesen Satz höre, weiß ich: Jetzt ist Urlaub! Jetzt ist Sylt! Wie mir geht es vielen. Ihnen auch? Beginnt für Sie der Urlaub auch mit der Auffahrt auf den Autozug? Hoffen Sie auch jedes Mal, nach oben fahren zu dürfen, wo die Aussicht am besten ist? Und öffnen Sie auch alle Autofenster, sobald der Zug durchs Wattenmeer rollt, um ganz tief die salzige Luft einzuatmen? Der schönste Moment für mich ist, wenn Sylt das erste Mal am Horizont auftaucht. Dann beginnt mein Herz ein wenig schneller zu schlagen, und die Vorfreude steigt mit jedem Meter, den wir der Insel näher kommen.

Und das war schon immer so. Auch schon vor vielen Jahren, wie mir meine Schwiegermutter kürzlich erzählt hat. Noch heute denkt sie oft und gerne daran, wie sie an Ostern 1978 mit meinem Schwiegervater das erste Mal nach Sylt fuhr. Frisch verliebt im weinroten Käfer-Cabrio, aus dem Kofferradio auf dem Rücksitz sangen Elvis und Barry White. Eine ihrer schönsten Sylt-Erinnerungen ... Die Erinnerung an meine erste Zugfahrt nach Sylt ist leider nicht ganz so romantisch. Im Jahr 2000 fuhr ich mit meinem Mann, der damals noch mein Freund war, das erste Mal auf die Insel. Genauso frisch verliebt wie meine Schwiegereltern vor über 20 Jahren – allerdings nicht im weinroten Käfer-Cabrio, sondern in der weiß-blau-gelben Nord-Ostsee-Bahn. Als der Zug auf die Insel rollte, riss ich das Fenster im Zugabteil auf und hielt meinen Kopf in den Fahrtwind, um den typischen Sylt-Geruch einzuatmen. Meine Nase freute sich, meine Augen nicht. Vielmehr waren sie durch den Wind so gereizt und gerötet, dass ich direkt nach unserer Ankunft in Westerland zu einem Augenarzt ging, dessen Augentropfen-Rezept ich in der Insel-Apotheke in der Friedrichstraße einlöste. Dort hat Mitte der 90er-Jahre übrigens mal Ina Müller gearbeitet. Das nur für Sie zur Info ...

Doch zurück zum Zug. Beziehungsweise zum Hindenburgdamm, ohne den es keinen Zugverkehr auf die Insel gäbe. Der neun Kilometer lange Damm, dessen Bau 25 Millionen Reichsmark gekostet haben soll, wurde am 1. Juni 1927 eingeweiht. Zuvor haben rund 1.500 Arbeiter in Tag- und Nachtschichten vier Jahre an ihm gebaut. Und zwar unter schwersten Bedingungen, denn bereits fünf

Monate nach Baubeginn zerstörte im August 1923 eine schwere Sturmflut alles bis dahin Gebaute und Geleistete. Die Arbeiter mussten von vorne beginnen. Ihr Material bekamen sie dabei von einem Zug geliefert, der täglich 70 Wagen Material vom Festland brachte, sowie von mehreren Seglern und Schleppern, die von der Sylter Seite aus die Arbeiter mit Baustoffen aus Husum bedienten. Am Tag seiner Einweihung war die Verbindung zum Festland noch namenlos. Spontan beschlossen die Sylter, ihren Damm nach dem ersten offiziellen Passagier, dem damaligen Reichspräsidenten Paul von Hindenburg, zu benennen. Zunächst inoffiziell, später setzte sich der Name auch offiziell durch. Bleibt zu hoffen, dass Hindenburg, der an diesem Tag zum ersten und letzten Mal auf der Insel war (und das auch nur für vier Stunden!), dies zu schätzen wusste.

Heute ist die Autozug-Strecke mit bis zu einer Million Fahrzeugen jährlich die wirtschaftlich lukrativste Strecke der Deutschen Bahn – und die schönste sowieso! Denn wo sonst kann man mit dem Zug durchs Wattenmeer fahren? Wenn Sie dabei wie ich den Kopf aus dem Fenster halten, um den typischen Sylter Geruch einzuatmen, empfehle ich Ihnen dringend, dabei eine Sonnenbrille zu tragen! Das sieht nicht nur lässiger aus, sondern bewahrt Sie auch davor, Ihren ersten Urlaubstag im Wartezimmer eines Sylter Augenarztes zu verbringen.

15. GRUND

Weil Sylt polarisiert

Kaum vorstellbar, aber tatsächlich findet nicht jeder Sylt so toll wie Sie und ich. Romy Schneider zum Beispiel kam einmal und nie wieder, denn die Insel war ihr zu kalt, zu windig – und zu nackt. Im Gegensatz zu vielen anderen Promis ihrer Zeit machte sie sich anscheinend wenig aus dem FKK-Kult, der damals vor allem an der

Buhne 16 herrschte. Und auch heute noch hat jeder, wirklich jeder, eine eigene Meinung zu Sylt. Die, die schon mal da waren, meist eine gute und die, die die Insel nur vom Hörensagen kennen, sie aber noch nie betreten haben, meist eine weniger gute. Die finden Sylt viel zu teuer, zu langweilig, zu verregnet oder zu versnobt. Das haben sie zumindest letztens in der Zeitung gelesen, und was da steht, wird ja wohl stimmen … Mit Sylt ist es wie mit Lakritze: Entweder man liebt sie heiß und innig, oder man verabscheut sie. Dazwischen gibt es wenig – Vorurteile hingegen gibt es wie Sand am Meer. Mit einer ganzen Menge davon im Gepäck reiste der deutsche Comedy-Autor Micky Beisenherz, der unter anderem Gags für Dschungel-Moderatoren schreibt, auf die Insel. Über seine Erlebnisse und darüber, dass sich – sehr zu seiner Freude – alle seine Vorurteile und alle je gehörten Klischees mehr als bestätigt haben, berichtete er im Stern[2].

Beisenherz schreibt, Sylt sei »eine Insel, für die man sich fast entschuldigen möchte, wenn man dort Urlaub macht«. Weiter lästert er über Sylt-Aufkleber auf Autos, hochgestellte Polokragen, Steppjacken und Perlenohrringe sowie über »Porsche parking only«-Schilder in Kampen. Ziemlich wenig Sinn für Ironie, der Herr Comedy-Autor … Gnade findet bei ihm nur das Sansibar-Essen, das, wie er wohl sehr ungern gesteht, »erstaunlich gut« ist. Wäre er nicht mit der Absicht nach Sylt gereist, alle seine Vorurteile bestätigt zu bekommen, hätte er sicherlich auch gemerkt, dass die Insel »erstaunlich schön« ist. Aber wer nicht will, der hat schon … Gleiches gilt für eine Reisesendung, die im Frühjahr 2015 ausgestrahlt wurde, und in der Sylt mit Rügen verglichen wurde. Dabei kam die Ostsee-Insel deutlich besser weg – den Sylt-Klischees, mit denen in der Sendung gespielt wurde, sei Dank. Die *Sylter Rundschau*[3] zitiert nach Ausstrahlung der Sendung einige Sylt-Fans, die ihrem Unmut über die Sendung im Internet Luft gemacht haben, und schreibt, diese sei wenig objektiv gewesen, vielmehr habe man versucht, die gängigen Vorurteile zu bestätigen.

Apropos objektiv: Für den unwahrscheinlichen Fall, dass Sie tatsächlich noch nie auf Sylt waren (warum lesen Sie dann dieses Buch?), möchte ich Sie bitten, sich kein Beispiel an oben genanntem Comedy-Autor zu nehmen, sondern völlig vorurteilsfrei nach Sylt zu reisen – auf die schönste Insel der Welt. Und das ist endlich mal kein Vorurteil, sondern eine Tatsache. Jawohl!

16. GRUND

Weil es nur wenige Regeln gibt, an die man sich auf Sylt halten muss

Ob wilde Partys feiern oder wilde Gänse beachten, ob Shopping- oder Nordic-Walking-Tour: Das Schöne an Sylt ist, dass dort jeder genau das machen kann, wonach ihm/ihr gerade der Sinn steht. Zumindest fast, denn ein paar (wenige) Regeln und Hinweise, wie man sich auf der Insel verhalten sollte, gibt es schon. Und an die muss sich jeder halten – egal ob friesischer Insulaner oder fränkischer Tourist, egal ob Bentley- oder Fahrradfahrer. Damit Sie beim nächsten Inselbesuch nicht unangenehm auffallen oder sogar eine saftige Geldbuße aus Ihrer Urlaubskasse abzwacken müssen, kommt hier meine Top Five der Dinge, die Sie auf Sylt keinesfalls tun sollten:

Möwen füttern
Ich weiß, es ist verlockend, den scheinbar völlig ausgehungerten, bettelnden Möwen ein Stück vom Fischbrötchen oder der Eiswaffel abzugeben – in der Hoffnung, sie so vor dem sicheren Hungertod und damit dem Aussterben ihrer Rasse zu bewahren. Aber glauben Sie mir: Die Möwen sind weder ausgehungert, noch haben sie Probleme beim Erhalt ihrer Rasse. Der Einzige, der Probleme hat, sind Sie – wenn Sie die Möwen füttern. Denn das gilt auf Sylt als

Ordnungswidrigkeit, die mit Strafen von bis zu 1.000 Euro geahndet wird. Grund dafür ist, dass Möwen mittlerweile die Scheu vorm Menschen verloren haben und diese auf der Suche nach Essbarem immer häufiger angreifen oder ihnen im Flug das Fischbrötchen aus der Hand schnappen. Mal ganz abgesehen davon, dass unschuldigen Touristen beim Möwenfüttern regelmäßig etwas auf dem Kopf landet – und damit meine ich jetzt nicht die Möwen selbst. Also immer dran denken: Bitte nicht füttern!

Sandburgen bauen

Auch aufs Sandburgenbauen müssen Touristen auf Sylt schweren Herzens verzichten, wenn sie sich keinen Ärger einhandeln wollen. Denn auch das Graben und Schaufeln am Strand ist auf der Insel eine Ordnungswidrigkeit. Dafür gibt es mehrere Gründe: Zum einen soll der teilweise teuer aufgespülte Sand nicht unnötig aufgelockert werden, da er so leichter wieder zurück ins Meer gespült würde. Zum anderen ist schon so manch teurer Strandkorb einer Burgenkonstruktion zum Opfer gefallen, die um ihn herum errichtet wurde. Bei Flut werden die Körbe nämlich förmlich in die Sandwälle, in deren Mitte sie stehen, eingespült und können nicht mehr unbeschadet geborgen werden. Somit sind vor allem diese Burgen und Wälle, die um die Strandkörbe geschaufelt werden, bei der Kurverwaltung nicht gerne gesehen.

Hunde mit an den Strand nehmen

Kommen Sie mit Hund nach Sylt, so dürfen Sie ihn nur an einen der 16 ausgewiesenen Hundestränden mitnehmen. Zumindest während der Saison. In der Zeit von Anfang November bis Mitte März können Fiffi, Bello & Co. auch gerne mit an die übrigen Strände – in List aufgrund der vielen freilaufenden Schafe allerdings nur angeleint, ebenso natürlich in der Nähe von Vogelbrutgebieten. Wenn Sie während Ihres Urlaubs gerne einmal einen Strand besuchen möchten, an dem Hunde nicht erlaubt sind, dann können Sie Ihren

Vierbeiner bei freien Kapazitäten vorübergehend im Tinnumer Tierheim betreuen lassen.

Durch die Dünen spazieren

Ein absolutes No-Go ist ein Spaziergang durch die Dünen. Da verstehen die Sylter keinen Spaß! Die Dünen stehen unter Naturschutz und dürfen nur auf gekennzeichneten befestigten Wegen betreten werden. Dies gilt auch auf der Wattseite, wo viele seltene Vogelarten brüten, die durch unangekündigte Besucher nur unnötig verschreckt würden. Außerdem dienen die Dünen dem natürlichen Küstenschutz – und von dem haben wir ja alle was, oder wollen Sie, dass in ein paar Jahren von Sylt nichts mehr übrig ist? Sehen Sie! Deshalb: Betreten unbedingt verboten!

Heuler anfassen

Sollten Sie bei einer Strandwanderung einmal nicht nur Muscheln und Treibholz, sondern tatsächlich ein kleines einsames Robbenbaby finden, dann widerstehen Sie unbedingt der Versuchung, es zu streicheln – auch wenn es noch so herzzerreißend jammert und Sie aus großen Knopfaugen traurig anschaut. Seehundemütter erkennen ihr Junges am Geruch und nehmen es nicht mehr an, wenn es anders, also zum Beispiel nach Menschen, riecht. Entfernen Sie sich stattdessen möglichst schnell wieder von ihm, damit die Mutter die Chance hat, zu ihm zurückzukommen. Meist werden Heuler nämlich nur für kurze Zeit vom Muttertier alleine gelassen. Finden Sie ein Robbenbaby allerdings an einer Stelle, an die die Mutter sicher nicht mehr freiwillig zurückkommt, wie zum Beispiel an einem belebten Badestrand, dann verständigen Sie umgehend die »Schutzstation Wattenmeer« oder die Polizei, die sich dann professionell um den kleinen Heuler mit den großen traurigen Knopfaugen kümmert.

***Und wenn Ihnen diese fünf Tipps noch nicht reichen,
dann bekommen Sie noch eine kleine Zugabe:***

- Reisen Sie in der Saison nie an, ohne vorher eine Unterkunft gebucht zu haben.
- Nehmen Sie immer eine Regenjacke und eine Mütze mit. Ja, auch im Hochsommer!
- Fahren Sie an Weihnachten, Ostern und Pfingsten nur mit dem Autozug, wenn Sie ganz viel Zeit und noch mehr Geduld haben.
- Versuchen Sie nie, während der Saison ohne eine Reservierung einen Tisch im Restaurant zu bekommen. Schlechte Laune und ein knurrender Magen sind hier vorprogrammiert.
- Und last but not least: Verwechseln Sie nie »in« und »auf«. Sylt ist – trotz Verbindung mit dem Festland durch den Hindenburgdamm – eine Insel, *auf* der man Urlaub macht, allerdings *in* Westerland, Kampen oder sonst wo. Wenn Sie von den Insulanern (und von mir) ernst genommen werden möchten, sollten Sie sich das merken – auch wenn Sie dafür, anders als beim Möwenfüttern, kein Bußgeld bezahlen müssen.

17. GRUND

Weil man hier außerhalb der Saison in einer anderen Welt ist

Wenn Sie das erste Mal außerhalb der Saison nach Sylt kommen, werden Sie die Insel nicht wiedererkennen – und das meine ich nicht (nur) im übertragenen Sinne, sondern durchaus wörtlich. Zumindest ging es mir so, als ich vor einigen Jahren nach vielen Sommer-Sylt-Urlauben mit einer Freundin Anfang März nach Sylt fuhr. In den Wochen vor unserer Reise hatte ich ihr pausenlos von meiner Lieblingsinsel vorgeschwärmt und davon, dass diese nicht nur wahnsinnig schön ist, sondern dass dort auch immer wahnsinnig viel los ist. Bei unserer Ankunft: ratlose Gesichter. Zwar war immer noch alles wahnsinnig schön, aber von »wahnsinnig viel los« konnte beim besten Willen keine Rede sein – eher von »wahnsinnig tote Hose«. Egal, wir fuhren trotzdem abends mit dem Bus nach Kampen, denn ich wollte mit meiner Freundin unbedingt einen leckeren Cocktail in der »Sturmhaube« trinken, so wie in unzähligen Sommerurlauben davor. Einziges Problem: Ich fand den Weg, den ich schon so oft gegangen war, nicht wieder. Denn es war dunkel, die Straßen waren leer, die Whiskymeile ausgestorben, und in den meisten der berühmten Kneipen brannte nicht einmal Licht. Alles sah komplett anders aus, als ich es in Erinnerung hatte.

Als wir nach einer halben Ewigkeit völlig durchgefroren an der »Sturmhaube« ankamen, war auch diese dunkel. Und geschlossen. Wegen Renovierungsarbeiten. Also liefen wir (diesmal auf direktem Weg) zurück zur Whiskymeile und landeten im »Gogärtchen«, dem einzigen Laden, der geöffnet hatte – als einzige Gäste, die sich an diesem Abend dorthin verirrt hatten. In Rekordzeit schlürften wir unseren Gin Tonic, den es leider nicht zu Nachsaisonpreisen gab, und fuhren zurück in unser Hotel nach Westerland. Jeder, der schon einmal außerhalb der Saison auf Sylt war, wird wissen, dass wir trotz toter Hose eine tolle Zeit hatten. Denn Sylt in der Nachsaison hat durchaus Vorteile: viel Ruhe, einsame Strände und eine Insel fast für sich ganz alleine.

Wer allerdings echte Sylter treffen will, der wird außerhalb der Saison wenig Glück haben. Denn nach der Saison fährt der Sylter (zumindest der, der sich während der Saison aufopferungsvoll um (seine) Gäste kümmert) erst einmal in Urlaub, am liebsten auf die Kanaren oder an andere warme Orte im Süden. Allerdings nicht zu lange, denn nach der Saison ist vor der Saison, und für viele Insulaner gibt es noch einiges zu tun, bevor an Ostern die nächsten

Gäste kommen. Wer nicht auf den Kanaren weilt oder mit Saison-vorbereitungen beschäftigt ist, der hat endlich einmal Zeit für ganz alltägliche Dinge wie einen Strandspaziergang, einen Schaufenster-bummel oder einen Restaurantbesuch – für den man im Gegensatz zum Sommer jetzt nicht wochenlang im Voraus reservieren muss.

Aber so sehr die Einheimischen die Ruhe und die Muse in der Nachsaison auch genießen – auf den Beginn der Saison freuen sie sich trotzdem jedes Jahr auf Neue. Denn, seien wir mal ehrlich, ein wenig langweilig ist es auf der Insel ja schon, so ganz ohne Touristen. Wenn die dann kurz vor Ostern wieder in Scharen auf die Insel strömen und sich über die Gastfreundschaft der – vom Kanaren-Urlaub gut erholten – Einheimischen freuen, ist Schluss mit »wahnsinnig tote Hose«. Dann ist endlich wieder wahnsinnig viel los. Ganz so, wie ich es damals meiner Freundin versprochen habe.

18. GRUND

Weil Sylt in der Nordsee liegt

Zwischen der Nordsee und mir war es nicht unbedingt Liebe auf den ersten Blick, wofür die Nordsee jedoch nichts konnte. Schuld daran waren vielmehr meine Eltern, die meinen Bruder und mich vor etwa 30 Jahren mitten in der Nacht ins Auto packten, um mit uns nach St. Peter-Ording zu fahren. Mein erster Urlaub am Meer. Ich war aufgeregt und voller Vorfreude, an Schlaf war in dieser Nacht nicht zu denken. Nach einer fast zehnstündigen Fahrt kamen wir endlich an und fuhren anstatt in die Ferienwohnung erst einmal direkt ans Meer, das ich endlich sehen wollte. Was ich stattdessen sah, waren aber nur Matsch und Schlamm. Kilometerweit. Meine Vorfreude schlug in Enttäuschung um. Warum nur hatten meine Eltern mir nicht vorher gesagt, dass es so etwas wie Ebbe und Flut gibt und dass es sein kann, dass das Meer gar nicht da ist, wenn wir ankommen? Und warum hatte mich niemand vorgewarnt, dass man manchmal kilometerweit durchs Watt laufen muss, wenn man baden gehen will?

In den Jahren danach fuhren wir noch ein paar Mal nach St. Peter-Ording und aus der anfangs schwierigen Beziehung zwischen mir und der Nordsee wurde irgendwann die ganz große Liebe. Heute ist diese Liebe so groß, dass ich jedes andere Meer mit der Nordsee vergleiche. Das Mittelmeer vor der Côte d'Azur? Schön blau! Die südenglische Küste? Super Wellen! Der Strand von Miami Beach? Toller Sand! Aber das alles ist nichts gegen meine geliebte Nordsee, das schönste Meer von allen – was sich erst kürzlich wieder bestätigt hat, als mein Mann und ich beschlossen, fremdzugehen. Natürlich nur Meer-technisch gesehen, denn wir fuhren zwei Tage an die Ostsee, an der ich das letzte Mal kurz vor dem Abitur gewesen bin und an die ich so gut wie keine Erinnerung mehr hatte. Schon auf der Fahrt dorthin freuten wir uns über den immer stärker werdenden Wind, denn im Gepäck hatten wir unseren Sylt-erprobten Drachen, der auf seinen ersten Einsatz an der Ostsee wartete. Und genau wie damals vor 30 Jahren fuhren auch mein Mann und ich nicht direkt ins Hotel, sondern erst einmal ans Wasser. Im Gegensatz zu damals war das Meer auch da, als wir ankamen (wo sollte es auch sein?). Was nicht da war, war all das, was wir an Sylt so lieben: der breite menschenleere Strand, die Dünen, die Natur. Stattdessen sahen wir einen schmalen Streifen Sand, auf dem dicht an dicht ein Strandkorb neben dem anderen stand. An Drachenfliegen war hier nicht zu denken. An einen Strandspaziergang, wie wir ihn auf Sylt täglich machen, auch nicht. Statt Dünen gab es ein paar Hecken und Bäume, statt Reetdachhäusern moderne Wohnanlagen, und ein Leuchtturm war auch weit und breit nicht in Sicht.

Und so traurig wie ich als Sechsjährige darüber war, dass es an der Nordsee Ebbe und Flut gibt, so glücklich war ich in diesem Moment darüber. Denn dank der Gezeiten sind die Strände auf

Sylt und überall anders an der Nordsee genau so, wie Strände sein müssen: riesig und mit ganz viel Platz fürs Drachensteigenlassen, Spazierengehen, Muschelnsammeln, Im-Sand-Buddeln und allem, was sonst noch Spaß macht. Was für ein Glück, dass Sylt in der Nordsee liegt!

Weil Rømø ganz nah ist

Hatten Sie schon einmal genug von Sylt? Von Kampen, Keitum & Co.? Konnten Sie schon einmal keine Promis, Poloturniere und Porsches mehr ertragen? Oder wollten Sie schon einmal mehr sehen als Whiskymeile und Friedrichstraße? Kurz: Hatten Sie schon einmal einen Inselkoller? Ich nicht! Aber es soll tatsächlich Menschen geben, denen es schon einmal so ergangen ist und die sich nach einem Tapetenwechsel gesehnt haben – wenn auch natürlich nur kurzfristig. Diesen Menschen kann geholfen werden. Die Lösung für ihr Inselkollerproblem heißt Rømø und liegt etwa vier Kilometer nördlich von Sylt im dänischen Wattenmeer. Wer tatsächlich mal einen Tag Sylt-Pause braucht, der kann in etwa 40 Minuten mit der Fähre ab List auf die südlichste der dänischen Wattenmeerinseln übersetzen und findet dort vor allem eins: so gut wie keine Promis, definitiv keine Poloturniere und wenig bis keine Porsches. Denn so nah Rømø und Sylt auch beieinanderliegen, so völlig unterschiedlich sind die beiden Inseln. Auf Rømø leben knapp 600 Einwohner und damit nur etwa doppelt so viele wie in Archsum, Sylts kleinstem Dorf – also recht wenige, dabei ist die dänische Insel rund 30 Quadratkilometer größer als ihre deutsche Nachbarinsel. Dementsprechend dünn besiedelt ist Rømø, und dementsprechend viel Platz hat dort die Natur, die – und das haben beide Inseln gemein – wunderschön ist.

Auf Rømø gibt es den breitesten und längsten Sandstrand Nordeuropas, mit ganz viel Platz für diejenigen, denen es auf Sylt vorübergehend zu eng geworden ist. Aber nicht wundern: Teile der Strände auf der Süd- und Westseite der Insel dürfen mit dem Auto befahren werden, und daher sieht es dort in der Hauptsaison teilweise aus wie auf einem riesigen Parkplatz. Wer Lust auf ein ganz besonderes Naturereignis hat, der sollte sich im Frühjahr oder Herbst auf den Weg nach Rømø machen, denn dann kann man dort das Phänomen der »Schwarzen Sonne« beobachten, das die riesigen Schwärme von Staren verursachen, die auf dem Weg in ihre Überwinterungsquartiere Rast auf Rømø machen. Kurz vor Sonnenuntergang versammeln sich Tausende Vögel am Himmel, um nach einem Rastplatz für die Nacht zu suchen – und dabei teilweise die Sonne verdunkeln. Noch mehr Natur gibt es im Naturcenter Tønnisgård, wo eine ganzjährige Ausstellung über das Wattenmeer und Rømøs Natur und Kultur gezeigt wird. Zu sehen sind dort unter anderem ausgestopfte Vögel und Seehunde, Knochen von auf der Insel gestrandeten Pottwalen und ein 2,2 Kilogramm schwerer Bernsteinklumpen.

Außerdem organisiert das Naturcenter Führungen durchs Wattenmeer und durch Rømøs Bunker. Für die Kulturfreunde unter den Sylt-Koller-Geplagten hat Rømø natürlich auch einiges zu bieten: So befindet sich auf der Insel einer der Standorte des Dänischen Nationalmuseums, und am ersten Juniwochenende findet das bekannte Rømø-Jazz-Festival statt. Egal ob Sie Natur, Kultur oder einfach nur ein wenig Ruhe suchen – ein Ausflug nach Rømø lohnt sich auf jeden Fall, und es gibt viele Gründe, die dänische Insel zu lieben. Der beste Grund: weil Sylt ganz nah ist und man in nur 40 Minuten wieder mittendrin ist zwischen Porsche fahrenden Promis und Poloturnieren.

Weil es 10 Dinge gibt, die man auf Sylt unbedingt getan haben sollte

Sie haben bei 111 Gründen (verständlicherweise) ein wenig den Überblick darüber verloren, was Sie sich bei Ihrem nächsten Sylt-Urlaub unbedingt anschauen sollten? Sie waren noch nie auf der Insel und wissen deshalb nicht, was Sie dort unternehmen sollen? Kein Problem! Ihnen kann geholfen werden! Und zwar mit meiner »10-Dinge-die-Sie-auf-Sylt-getan-haben-sollten-Liste«. Alle 10 Dinge sind von mir getestet und für gut befunden worden – ich hoffe, Ihnen geht es genauso.

Ein Besuch bei den Schafen am Ellenbogen

Wer glaubt, Sylt sei nur Promis, Party und Prosecco, der sollte die Insel nicht verlassen, ohne an ihrem nördlichsten Zipfel, der Halbinsel Ellenbogen, gewesen zu sein. Die einzigen Promis dort sind die Schafe. Statt Party gibt es dort ganz viel Ruhe und Einsamkeit, und wer Wert auf Prosecco legt, muss sich diesen mitbringen.

Mit dem Rad die Insel erkunden

Ob Porsche oder Polo, ob SUV oder Smart. Wenn man nach Sylt kommt, dann ist es ganz egal, womit man auf dem Autozug steht (es sei denn, man möchte ganz oben stehen, dann ist ein SUV durchaus von Vorteil). Denn auf der Insel gibt es sowieso nur ein richtig cooles Fortbewegungsmittel: das Fahrrad, mit dem sich problemlos die ganze Insel erkunden lässt. Es gibt unendlich viele gut ausgebaute Radwege, die zum Teil mitten durch die Dünen führen, man kommt, wenn mal wieder alle am Samstagabend nach Kampen wollen, viel schneller dorthin, und es macht einfach wahnsinnigen Spaß, sich den Nordseewind um die Nase wehen zu lassen.

Die Uwe-Düne besteigen

Wer die 109 Stufen der 52,5 Meter hohen Uwe-Düne in Kampen bestiegen hat, der hat sich nicht nur den Nachmittagskuchen redlich verdient, sondern auch einen der wohl schönsten Ausblicke auf ganz Sylt. Denn auf der höchsten Erhebung der Insel liegt einem diese zu Füßen. Apropos Füße: Wem diese schon nach ein paar Stufen wehtun, der kann sich auf kleinen Bänken ausruhen, die entlang der Holztreppe angebracht sind. Oben gibt es natürlich auch welche. Und ein Fernglas – für den perfekten Rundum-Blick über die schönste Insel der Welt.

Die vielen Sylter Cafés besuchen

Verregnete Nachmittage auf Sylt – was viele hassen, sehne ich fast schon herbei (aber wirklich nur fast). Denn dann kann ich ohne schlechtes Gewissen ein paar Stunden in einem der vielen Sylter Cafés verbummeln und mir Friesentorte, Tote Tante & Co. schmecken lassen. Sollten Sie unbedingt auch einmal machen! Und wenn Sie sich nicht entscheiden können, wo Sie am liebsten kaffeeklatschen möchten – kein Problem. Verregnete Nachmittage auf Sylt gibt es erwiesenermaßen mehr als genug. Und damit für Sie reichlich Gelegenheiten, alle Cafés einmal auszuprobieren.

Ein Spaziergang um die Südspitze

Ein Spaziergang um die Hörnum Odde ist ebenfalls etwas, was man bei einem Sylt-Urlaub unbedingt tun sollte – solange man es noch kann. Denn der südlichste Inselzipfel wird Jahr für Jahr immer schmaler. Schuld daran sind die schweren Stürme, die in den letzten 50 Jahren so viel Sand abgetragen haben, dass die Südspitze um die Hälfte geschrumpft ist. Allein durch Orkan Xaver, der im Dezember 2014 tobte, wurde die Insel an dieser Stelle etwa 40 Meter schmaler. Daher: Rein in die bequemen Schuhe und los geht's! Start und Ziel der Südspitzen-Umrundung ist der Hörnumer Hafen, wo es nicht nur ausreichend Parkplätze und Imbiss-Stände gibt, sondern auch

Sylts berühmteste Robbe Willi. Vom Hafen aus geht es durch den Ort den Odde Wai hinauf, durch die Dünen an den Strand und von dort aus immer am Wasser entlang Richtung Süden, vorbei an den Tetrapoden, dem Leuchtturm und zurück zum Hafen.

Die kulinarische Vielfalt der Insel entdecken

Kulinarisch hat Sylt einiges zu bieten und kann mit so mancher Großstadt locker mithalten: Vom Gourmettempel bis zum türkischen Imbiss, vom edlen Fischrestaurant bis zur Burger-Bude. Und nicht zu vergessen die zahlreichen Strandbistros, die neben leckerem Essen auch noch einen schönen Ausblick servieren. Um bei den unzähligen Restaurants, die teilweise schneller eröffnen und wieder schließen, als man mit dem Autozug auf der Insel ist, den Überblick zu behalten, empfehle ich den kulinarischen Insel-Führer *Sylt à la carte*. Und noch ein Tipp: Verlassen Sie die Insel auf keinen Fall, ohne bei Gosch in der Alten Bootshalle in List gewesen zu sein. Dort ist es laut, trubelig und immer überfüllt, aber dafür auch wahnsinnig lecker und gemütlich. Für mich der schönste und authentischste Gosch auf der ganzen Insel.

Ein Stadtbummel durch Westerland

Wer Sylt verlässt, ohne durch Westerlands Fußgängerzonen Friedrichstraße und Strandstraße gebummelt zu sein, hat definitiv etwas verpasst. Hier gibt es für jeden Geschmack und jeden Geldbeutel das Passende. Neue Geschäfte reihen sich an alteingesessene Läden, exklusive Designer-Boutiquen wechseln sich mit Billigmodeketten ab, dazwischen schöne Buchhandlungen und Parfümerien, Dutzende Souvenirläden und originelle Geschäfte wie die Drachenhöhle oder die Tee- und die Schokoladen-Manufaktur. Und über allem schwebt der Duft der Fischbistros und der frischen Leysiffer-Waffeln. Das Allerbeste aber ist: Wem es hier zu trubelig ist (und das ist es meistens), der muss einfach nur ein paar Minuten geradeaus gehen und ist am Meer.

Ein Abstecher nach Keitum

Völlig anders als Westerland, aber trotzdem (oder gerade deswegen) auch unbedingt einen Besuch wert, ist Keitum. Für mich die schönste Ortschaft auf Sylt und deshalb bei jedem Urlaub ein absolutes Muss: Reetgedeckte Häuser, versteckte Boutiquen, kleine Cafés und moderne Galerien – und das alles mit Anschluss ans Wattenmeer. Keitum ist Freilichtmuseum-Feeling pur.

Abends nach Kampen

Ich gebe zu, mit diesem Punkt bediene ich ein totales Sylt-Klischee. Aber ein abendlicher Besuch auf Kampens Flaniermeile Strönwai gehört zu einem Inselbesuch unbedingt dazu. Nirgendwo sonst werden die Vorurteile gegenüber meiner Lieblingsinsel so sehr bestätigt wie auf der Whiskymeile an einem Samstagabend im Hochsommer – und genau das müssen Sie unbedingt einmal gesehen haben. Also kaufen Sie sich ein Eis, setzen sich auf eine der Bänke und schauen Sie den Reichen und Schönen beim Sehen und Gesehenwerden zu. Es lohnt sich!

Sonnenuntergang am Roten Kliff

Und wenn Sie schon einmal in Kampen sind, dann machen Sie doch gleich noch einen Abstecher zum Roten Kliff und haken den letzten Punkt auf meiner »10-Dinge-die-Sie-auf-Sylt-getan-haben-sollten-Liste« ab. Tipp: Vorher informieren, um welche Uhrzeit die Sonne untergeht, und rechtzeitig dort sein, damit Sie noch ein schönes Plätzchen bekommen. Denn wie Sie wissen auch (fast) alle anderen Sylt-Besucher, dass ein Sonnenuntergang am Roten Kliff etwas ist, was man unbedingt erlebt haben muss.

von oben nach unten: Eisboot in Morsum (Grund 27) /
Blick auf Westerland von der Himmelsleiter (Grund 32) /
Hafen List (Grund 26) / großes Bild: Kersig-Siedlung
Hörnum (Grund 23)

KAPITEL 2

INSELORTE

Weil in Archsum Ruhe und Natur der größte Luxus sind

Sie haben genug von Promis, Partys und Prosecco? Sie wollen Einsamkeit statt Remmidemmi? Sie haben Lust, mal wieder ein wenig in die Natur zu gehen statt immer nur in Boutiquen und Bistros? Dann machen Sie doch mal einen Ausflug nach Archsum, Sylts kleinstes und vielleicht unbekanntestes Dorf. Dort leben nicht einmal 300 Einwohner, was wirklich wenig ist. Zum Vergleich: Im höchsten Wohngebäude meiner Wahlheimat Köln, dem Uni-Center, leben über 2.000 Menschen. Die haben zwar mehr Nachbarn zum Schnacken – oder wie es in Köln heißt: zum Klaafen –, aber dafür eine nicht mal annähernd so tolle Aussicht wie die Archsumer.

Denn in deren 6,79 Quadratkilometer kleinen Dorf gibt es nichts außer Wiesen, Watt und einem sehr sehr weiten Himmel. Archsum ist der Ruhepol der Insel. Das war aber nicht immer so, denn bis 1938 ging es dort alles andere als ruhig zu – vor allem im Herbst und Winter. Erst in diesem Jahr wurde der Nössedeich fertiggestellt, der das Dorf vor Sturmflut schützt, zuvor war Archsum hilflos dem Wasser ausgeliefert. Viele Bewohner bauten daher ihre Friesenhäuser auf Erdhügeln, sogenannten Warften, die dort heute noch zu sehen sind. Doch auch der neue, sechs Meter hohe Deich konnte die Archsumer anfangs nicht schützen. Einige Sturmfluten brachen so heftig über die Insel herein, dass der Deich überspült wurde und schließlich sogar Löcher bekam. 1993 wurde der Nössedeich schließlich um zwei Meter erhöht und Archsum seitdem vom Blanken Hans verschont. Urlauber, die in den kleinsten Ort der Insel kommen, suchen und finden dort vor allem eines: Ruhe und Natur.

Was den Kampenern ihre Whiskymeile und den Westerländern ihre Friedrichstraße, das ist den Archsumern ihre wunderschöne Landschaft, die geprägt ist von den Salzwiesen, jenem grünen Übergang zwischen Land und Meer, der regelmäßig überflutet wird.

Trotzdem leben dort etwa 2.000 Tierarten, die sich den außerge-wöhnlichen Bedingungen der Salzwiesen angepasst haben, und im Sommer blühen dort Strandflieder und Strandastern.

Wenn Ihnen nur Natur zu langweilig ist und Sie neben der frischen Landluft auch gerne noch etwas Geschichte schnuppern wollen, sind Sie in Archsum ebenfalls richtig. Im Rahmen von Dorfführungen können die Reste der Archsumburg, einer etwa 2.000 Jahre alten Ringwallanlage, besichtigt werden, die aus über 60 Findlingen bestand und in deren Inneren sich die Dorfbewohner damals versammelten und Veranstaltungen abhielten. Außerdem gibt es in Archsum mehrere teils gut erhaltene steinzeitliche Gräber. Also: Schnappen Sie sich Ihr Rad und entdecken Sie Archsum – den Ort, in dem es Luxus ganz umsonst gibt!

22. GRUND

Weil in Braderup die Gegensätzlichkeit der Insel deutlich wird

Braderup ist mit nur rund 120 Einwohnern (und etwa 180 Zweit-wohnungsbesitzern) einer der kleinsten, aber auch einer der gegen-sätzlichsten Orte auf Sylt – so gegensätzlich wie die Insel selbst. Denn auf den ersten Blick wirkt Braderup, das seit 1927 zur Ge-meinde Wenningstedt gehört, wie ein kleines beschauliches Dorf mit einer Handvoll hübscher Reetdachhäuser und einigen Höfen. Wie ein Dorf, das mehr von der Landwirtschaft als vom Touris-mus zu leben scheint. Denn große Hotels, schicke Restaurants oder luxuriöse Boutiquen sucht man hier vergebens. Eingekauft wird in Naturkostläden oder direkt auf dem Bauernhof, und die größte Sehenswürdigkeit Braderups ist die wunderschöne Heidelandschaft am Wattenmeer, einer meiner Lieblingsplätze auf der Insel. So wirkt Braderup auf den ersten Blick. Schaut man genauer hin, so stellt man schnell fest, dass die Handvoll Reetdachhäuser nicht nur sehr hübsch sind, sondern auch sehr groß, sehr edel und sehr teuer.

Die Grundstückspreise liegen hier bei rund 1.000 Euro pro Quadratmeter, was die etwa 180 Zweitwohnungsbesitzer jedoch nicht davon abhält, in Braderup ihre Sommer zu verbringen. Wohlgemerkt nur die Sommer. Denn seit vielen Jahren schon sind über 80 Prozent der küstennahen Straßen im Winter verwaist, die hübschen Reetdachhäuser stehen leer, und auch auf dem edlen Golfplatz, der sich zwar direkt am Kampener Leuchtturm befindet, aber zu Braderup gehört, wird es ruhiger. Einzig in den Kiesgruben und auf den Mülldeponien im weniger attraktiven Süden des Ortes ist noch Betrieb. Denn auch die gibt es in Braderup, das unter Sylt-Kennern gerne auch mal als »Klein-Kampen« bezeichnet wird. Klein-Kampen liegt direkt über dem Weißen Kliff, an dessen Fuß sich bei Ebbe noch Reste des Anfang des Jahrhunderts erbauten schwedischen Dreimasters »Mariann« befinden. Das Schiff wurde von einer Künstlergruppe auf die Insel gebracht und sollte zu einer schwimmenden Teestube umgebaut werden, wofür die Gruppe allerdings keine Genehmigung erhielt. Daraufhin diente die »Mariann« einige Jahre als Partyschiff und fiel schließlich 1981 einem Brandstifter zum Opfer.

Ein weiteres Natur-Highlight Braderups ist neben dem Kliff die knapp 140 Hektar große Heidelandschaft, die seit den 1920er-Jahren unter Naturschutz steht und um die sich das in Braderup ansässige Naturzentrum kümmert. Im Naturzentrum (M.-T.-Buchholz-Stig 10a) können Kinder spielerisch die Tier- und Pflanzenwelt der Insel entdecken, gemeinsam mit ihren Eltern spannende naturkundliche Radtouren und Wanderungen unternehmen und Wissenswertes zu Natur- und Küstenschutzmaßnahmen erfahren. Außerdem gibt es ein rundum begehbares Meereswasseraquarium, das den Besuchern die Unterwasserwelt der Nordsee näherbringt.

Ganz in der Nähe befindet sich der »Körnerladen« (M.-T.-Buchholz-Stig 8), Deutschlands nördlichster Naturkostladen. Der kleine

Familienbetrieb führt seit 1985 ein umfangreiches Sortiment mit Ware aus ökologischer und biologischer Erzeugung. Von Schafsmilchprodukten über Kosmetik bis hin zu Reinigungsmitteln, Schreibwaren, Wein und natürlich Obst und Gemüse aus der Region. Ergänzt wird das Angebot mit frischem Brot aus der eigenen Backstube.

Den passenden Brotbelag gibt es im Hofladen Volquardsen (Terp Wai 17) etwas außerhalb des Dorfzentrums. Neben Bio-Erdbeermarmelade und hausgemachtem Holunderblütengelee kann man hier auch leckere Tomaten und essbare Blüten kaufen, die Beerenobstplantage mit Exoten wie Aroniabeeren besuchen oder aber selbst Erdbeeren pflücken. Außerdem bieten die Hofbesitzer therapeutisches Reiten an. Sie sehen, das beschauliche Braderup ist die perfekte Mischung aus Exklusivität und Nachhaltigkeit, aus Luxus und Natur. Genau wie die Insel selbst – und auf jeden Fall unbedingt einen Besuch wert!

23. GRUND

Weil Hörnum eine bewegte Vergangenheit hat

Mögen Sie Hörnum, den kleinen Ort im Insel-Süden? Ich schon! Denn zum einen habe ich dort geheiratet und verbinde deshalb nur Schönes mit Hörnum, zum anderen gefällt mir, dass es dort trotz der neuen Hotels und des Golfplatzes, der vor einigen Jahren gebaut wurde, immer noch herrlich normal und ruhig zugeht. Wer Luxusboutiquen und Edelrestaurants sucht, ist in Hörnum definitiv falsch. Stattdessen gibt es hier eine Handvoll Souvenirgeschäfte, einen Fahrradverleih, einen Supermarkt und eine Tischlerei, die die schönsten Friesenbänke zaubert, die ich je gesehen habe. Außerdem gibt es im Hafen – neben Robbe Willi – frischen Fisch und leckere Crêpes in rund 30 Variationen zu kaufen.

So idyllisch ging es in Hörnum aber nicht immer zu, denn der Ort mit den nicht einmal 900 Einwohnern blickt auf eine bewegte Vergangenheit zurück, die vor allem durch die beiden Weltkriege und das Militär geprägt war. Die Südspitze der Insel war erst verhältnismäßig spät besiedelt, da sie nicht nur von Sturmfluten, sondern auch von Wanderdünen bedroht war, die immer wieder Häuser unter ihrem feinen Sand verschwinden ließen. Erst Ende des 18. Jahrhunderts konnten sie dank der gezielten Bepflanzung mit Strandhafer weitergehend unter Kontrolle gebracht werden. Das erste Haus in Hörnum wurde 1765 in den Dünen beim Budersand errichtet und diente der Bergung und Unterbringung von Strandgut. Nachdem es einige Jahre später abgerissen wurde, blieb Hörnum bis zum Beginn des 20. Jahrhunderts unbewohnt. Mit dem Bau der Anlegebrücke für die Bäderschifflinie Hamburg–Helgoland–Hörnum und der neuen Inselbahnverbindung erwachte der Sylter Süden im Sommer 1901 schließlich zum Leben, und es entstand schnell eine kleine Siedlung auf der Landzunge Hörnum.

Während der beiden Weltkriege galt Hörnum aufgrund seiner Lage als strategisch wichtiges Ziel, das es besonders zu verteidigen galt. Daher entstanden Anfang 1914 in den Dünen nördlich und westlich des Ortes die ersten Baracken und Lager für die Soldaten der sogenannten Inselwache. Neben Sylt war die Inselwache auch auf den Nachbarinseln Amrum und Rømø stationiert. Ihre Aufgabe war es, sich untereinander telegrafisch zu verständigen, sobald feindliche Truppen am Horizont gesichtet wurden – was glücklicherweise nie geschehen ist. Auch im Zweiten Weltkrieg wurden Soldaten in Hörnum stationiert, wo zur Kriegsvorbereitung bereits 1935 ein Seefliegerhorst, Kasernen und die »Militärische Siedlung Hörnum« entstanden, in denen Hunderte von Soldaten mit ihren Familien lebten. Die Bevölkerungszahl Hörnums stieg sprunghaft auf über 1.000, und im Ort wurde ein eigenes Kraftwerk gebaut, um die Einwohner mit Strom zu versorgen. Hörnum überstand die Kriegsjahre fast völlig unversehrt. Einzig am 19. März 1940, als 50 britische Flieger über dem Ort Bomben und Brandsätze abwarfen, wurden vereinzelt Häuser beschädigt.

In den Nachkriegsjahren kamen noch einmal rund 2.000 Heimatvertriebene und Flüchtlinge nach Hörnum, die in der leer stehenden Soldatensiedlung unterkamen. Noch heute prägen viele dieser Soldatenunterkünfte, die typischerweise aus roten Backsteinen oder weiß getünchten Ziegeln bestehen, das Bild Hörnums und machen den ganz besonderen Charme des Ortes aus. Der ist zwar vielleicht nicht ganz so hübsch wie Keitum und nicht halb so exklusiv wie Kampen, dafür kann man dort umso schöner heiraten. Wie schön genau, erfahren Sie in Grund Nummer 60.

24. GRUND

Weil Kampen mehr als das teuerste Dorf Deutschlands ist

Kampen, das teuerste Dorf Deutschlands, in dem es fast mehr Designer-Boutiquen und Luxusmakler als dauerhafte Einwohner gibt, kennt jeder – auch wenn er oder sie noch nie auf Sylt war. Aber man liest ja schließlich die einschlägigen Klatschmagazine und weiß, welche Promis im letzten Sommer mal wieder im »Gogärtchen« oder im »Pony« gefeiert haben. Und dass in Kampen nur die Schönen und Reichen absteigen, weiß man auch. Wobei Ersteres nicht unbedingt immer zutrifft, Letzteres schon eher. Denn ohne reich zu sein, wird es schwierig, sich eines der Häuser am Watt leisten zu können, deren Grundstücke so groß sind, dass problemlos eine Grundschule samt Turnhalle darauf Platz finden würde.

Und das ist nicht die einzige Besonderheit dieser Häuser rund um den Hobokenweg, der mit Quadratmeterpreisen von rund 35.000 Euro als teuerste Wohnstraße Deutschlands gilt. Wie der *Stern* 2014 in seiner Titelgeschichte »Sylt, die Diva im Meer«[4] schreibt, ist vieles, was in und um die reetgedeckten Friesenhäuser passiert, mehr Schein als Sein. So kommen Morgen für Morgen kolonnenweise Hausmeister, Putzfrauen, Gärtner und andere Dienstleister in die berühmte Kampener Millionensiedlung, um dort den Rasen künstlich grün zu färben und durch vorgetäuschtes Leben abzuschrecken. Denn die Häuser stehen den Großteil des Jahres leer. Da werden aktuelle Zeitungen und Zeitschriften auf der Liege drapiert, Kinderspielzeug im Garten verstreut, und laut *Stern* werden sogar Staubsaugerbrummen, Stimmen und Schatten, die Bewegung vortäuschen, von einem Computer simuliert. Die perfekte Illusion – wie so vieles in dem kleinen teuren Ort, in dem es rund 1.000 Zweitwohnsitze, aber nicht einmal 550 feste Einwohner gibt. Aber es gibt auch das »andere Kampen«, abseits von Schickimicki, teuren Autos und noch teureren Häusern. Das ist vielleicht weniger berühmt, aber dafür umso schöner. Wenn Sie es entdecken wollen, dann empfehle ich Ihnen einen Spaziergang entlang der ruhigen Wattseite mit einem Abstecher durch Kiefernwald und Heidelandschaft zur »Kupferkanne« (Stapelhooger Wai 7). Neben einem tollen Blick aufs Wattenmeer gibt es dort wahnsinnig leckeren Kuchen, und wenn der ausverkauft ist (was in der Hochsaison ab und zu schon einmal vorkommen kann), dann hat man Pech – egal, ob man Kerner, Klopp oder einfach nur Krause heißt. Promi-Bonus: Fehlanzeige.

Ein weiterer Tipp für alle, die Kampen abseits des Trubels entdecken wollen, ist der Avenarius-Park (Hans-Hansen-Wai/Parkweg), benannt nach Ferdinand Avenarius, seines Zeichens Dichter, Gründer der Zeitschrift *Der Kunstwart* und erster Kampener Ehrenbürger. Avenarius galt zudem als Wegbereiter der Sylter FKK-Szene, und dank des von ihm mitbegründeten »Verein zum Erhalt der typischen Insellandschaft« wurde das Morsum Kliff 1923 zum ersten Naturschutzgebiet in Schleswig-Holstein erklärt. Im idyllischen Park gibt es neben einem Ententeich mit Springbrunnen und einem Hügelgrab, das als Ehrenmal an die Opfer des Ersten Weltkriegs erinnert, auch das »Boulodrome«, einen 17x32 Meter großen Bouleplatz. Dort treffen sich mehrmals wöchentlich die Spieler des Sylter Vereins »Bouletten«, die sich über Mitspieler freuen und gerne auch Anfänger in die hohe Kunst des präzisen Kugelwerfens einweihen.

Apropos Kunst: Seit 2008 ist in Kampen der Kunst- und Kulturlehrpfad entstanden. Dieser erinnert an Künstler und Kulturschaffende, die in Kampen gelebt und gewirkt haben. 32 beschriftete Bronzegussplatten informieren an verschiedenen Stellen im Ort über Schriftsteller, Verleger, Musiker und Philosophen, die auf besondere Weise mit Kampen verbunden waren und das Dorf geprägt haben (www.kampener-kunstpfad.de). Und da bei der Entdeckung des »anderen Kampens« Erinnerungsfotos natürlich nicht fehlen dürfen, sollten Sie unbedingt auch einen Abstecher zu den sogenannten »Selfie Points« machen. Rund 20 dieser Punkte kennzeichnen die schönsten Plätze in Kampen, an denen sich ein Selfie, also ein Selbstporträt mit der Kamera oder dem Handy, lohnt. Einfach auf die weiße Markierung stellen, und schon sind Kampens Sehenswürdigkeiten – und natürlich Sie selbst – perfekt in Szene gesetzt. Infos, wo sich die Selfie Points befinden, gibt es bei der Touristinformation (www.kampen.de). Und wenn Sie alle 20 Punkte abgeklappert, eine Runde Boule im Avenarius-Park gespielt und sich den Kampener Kunstpfad angeschaut haben, dann kennen Sie Kampen wirklich und wissen, dass es sehr viel mehr ist als Deutschlands teuerstes Dorf.

25. GRUND

Weil ein Besuch in Keitum wie eine kleine Zeitreise ist

Für viele ist Keitum der schönste aller Insel-Orte, vergleichbar mit einem Freilichtmuseum oder einem dieser Outletcenter, in denen sich die Boutiquen in hübschen kleinen Häuschen befinden. Mit dem Unterschied, dass man in Keitum leider keine Outletpreise bezahlt, denn das Leben, Essen und Shoppen im Dorf am Watt ist ähnlich teuer wie das in Kampen. Dafür hat Keitum aber auch eine Menge zu bieten und nimmt seine Besucher mit auf eine kleine Reise in die Sylter Vergangenheit. So lädt der historische Ortskern mit den Reetdachhäusern aus dem 18. Jahrhundert, verwinkelten Gassen, schattigen Alleen, schicken Boutiquen und versteckten Kunsthandwerksbetrieben zum Bummeln ein. Dabei stellt man schnell fest: Keitum ist beschaulich. Und romantisch. Doch das war nicht immer so. Denn was viele nicht wissen: Noch bis Mitte des 19. Jahrhunderts war Keitum der Hauptort Sylts, in dem der einzige Arzt der Insel praktizierte und von wo aus die Ländereien verwaltet wurden, die damals nicht zu Dänemark zählten. 1821 entstand in Keitum die erste Sparkasse der Insel, fünf Jahre später folgte die erste Apotheke.

Außerdem war Keitum lange Zeit das einzige Dorf, in dem ein gewisser Wohlstand herrschte, während alle anderen Dörfer verarmt waren. Dazu trugen vor allem die reichen Kapitänsfamilien bei, die sich im 17. und 18. Jahrhundert in Keitum niederließen und von hier aus auf Walfang gingen. Wie sie damals lebten und Keitum zu dem machten, was es heute ist, erfahren Sie auf der Ortsführung »Keitum – Das Kapitänsdorf erwandern«, die der Fremdenverkehrsverein Westerland (www.fvv-westerland.de) regelmäßig anbietet. Eine spannende Zeitreise auf eigene Faust können Sie hingegen im »Altfriesischen Haus« direkt über dem Grünen Kliff (Am Kliff 13) unternehmen. Das 1739 erbaute Haus zeigt die Sylter Wohnkultur des 18. Jahrhunderts mit Originaleinrichtung wie den Alkovenbetten, in denen die Insulaner halb sitzend, halb liegend geschlafen haben, den typischen gusseisernen Öfen, in denen Schafsköttel verbrannt wurden und einem historischen Webstuhl, der gerne ausprobiert werden darf.

Und wenn Sie nach dem Besuch im Altfriesischen Haus Gefallen am »Sylt von damals« gefunden haben, dann machen Sie doch gleich noch einen Abstecher ins Sylter Heimatmuseum (siehe Grund 110) oder ans Watt. Watt? Watt! Denn auch dort können Sie eine Reise in die Vergangenheit unternehmen, und zwar in die richtig lang vergangene Vergangenheit. In der Straße Am Tipkenhoog finden sich den gleichnamigen Grabhügel sowie die Überreste des Hünengrabs Harhoog – beides Relikte aus der Steinzeit, also den Jahren um bis zu 4.000 vor Christus. Vom Hügel des Tipkenhoog haben Sie übrigens eine fantastische Aussicht über die Keitumer Bucht.

Apropos Aussicht: Einen guten Überblick über den hübschen Ort bekommen Sie auch, wenn Sie sich mit Herrn Störtebecker treffen und dabei Bekanntschaft mit »Ungeduld« und »Übermut« machen. Diejenigen unter Ihnen, die jetzt nicht verwundert die Stirn runzeln und nur Bahnhof verstehen, sind scheinbar echte Keitum-Kenner und können die folgenden Sätze getrost überlesen. Alle anderen kläre ich gerne auf: Herr Störtebecker heißt mit Vornamen nicht Klaus (denn dann schriebe sich sein Nachname auch nicht »Störtebecker«, sondern »Störtebeker«), sondern Peter. Und er ist auch kein Pirat, sondern Kutscher – und stolzer Besitzer zweier Pferde mit den hübschen Namen »Ungeduld« und »Übermut«. Die drei bieten täglich Kutschfahrten durch Keitum und das benachbarte Braderup an, trockener Friesenhumor und die ein oder andere Anekdote inklusive. Informationen zu diesem und anderen Keitum-Highlights, wie beispielsweise dem jährlichen Poloturnier oder den beliebten Konzerten in St. Severin, erhalten Sie bei der Tourismuszentrale im Gurtstig 23. Dort wird man Ihnen sicher auch gerne bestätigen, dass Keitum weder ein Freilichtmuseum noch ein Outletcenter ist, dafür aber einer der schönsten Orte der Insel – wenn nicht gar der schönste!

Weil es (mindestens) fünf Dinge gibt, die Sie noch nicht über List wussten

Als ich mir beim Schreiben dieses Buches vornahm, über jeden der zwölf Inselorte einen eigenen Grund zu schreiben, war ich mir im Falle von List nicht ganz sicher, ob mir das auch tatsächlich gelingt. Denn was gibt es über List schon zu sagen, beziehungsweise zu schreiben, außer, dass es der nördlichste Ort Deutschlands ist. Nicht viel, dachte ich … Vielleicht könnte man noch erwähnen, dass man im Hafen lecker Fisch essen und am Ellenbogen schön spazieren gehen kann. Mehr gibt es tatsächlich nicht zu sagen … Dachte ich. Falsch gedacht! Denn bei meiner Recherche fand ich schnell heraus, dass es einige Dinge gibt, die ich über List noch nicht wusste. Und Sie sicher auch nicht! Hier kommen fünf davon:

In List gibt es einen Urwald

Dass man in den Wanderdünen Sahara-Feeling pur erleben kann, ist weithin bekannt. Aber wussten Sie, dass es ganz oben auf Sylt auch einen Urwald gibt? Zwar ohne Lianen und Dschungelgetier (zum Glück), dafür aber mit vielen urwüchsigen Bäumen und Pflanzen. Und mit Brombeeren und Mirabellen zum Selberpflücken. Der »Lister Urwald« wurde in den 1950er-Jahren als Kurpark angelegt und befindet sich im Dreieck der Straßen Landwehrdeich, Am Brünk und Am Buttgraben, von denen es jeweils einen Zugang gibt. Wenn Sie den Urwald vom Buttgraben aus betreten, stoßen Sie auf einen großen Steinschuppen, der bis in die 1960er-Jahre eine Freilichtbühne war. Und auch beim Zugang von der Straße Am Brünk gibt es Spannendes zu entdecken: einen ehemaligen Luftschutzbunker, der heute ohne Funktion ist, aber bis in die 1970er-Jahre ein meereskundliches Museum mit über 1.200 Exponaten war.

Warum heißt der Königshafen »Königshafen«, obwohl er gar kein Hafen ist?

Ganz einfach: Zum Zeitpunkt, als der Königshafen seinen Namen erhielt, nämlich 1644, war die 4,2 Quadratkilometer große Bucht noch nicht versandet und wurde tatsächlich noch als Hafen genutzt. Seinen Namen bekam sie vom Dänen-König Christian VI., der dort im Dreißigjährigen Krieg eine schwedische Flotte besiegte und dem Ort des grausigen Geschehens (bei der Schlacht kamen rund 800 Menschen ums Leben) den Namen »Königshafen« gab. Heute gehört die Bucht nicht mehr den Königen, sondern den Kitesurfern.

List kann man auch laufend entdecken

Wem »normales« Sightseeing zu langweilig ist, für den hat sich die Kurverwaltung List etwas ganz Besonderes ausgedacht: den »Sightseeing-Run«. Mit Laufschuhen statt Gummistiefeln und Sportdress statt Friesennerz können sportliche Sylt-Urlauber bei geführten Laufrunden Interessantes zur Ortsgeschichte und der beeindruckenden Natur im Inselnorden erfahren. Die Tour dauert etwa 90 Minuten und eignet sich für Läufer, die eine etwa zehn bis zwölf Kilometer lange Strecke gut schaffen. Informationen gibt es bei der Kurverwaltung List (www.list-sylt.de).

Die einzigen Austern Deutschlands wachsen in List

Ich muss gestehen, ich habe noch nie Austern probiert. Und das soll auch so bleiben. Denn irgendwie ist mir die Vorstellung, dieses glibberige Zeug zu schlürfen, nicht ganz geheuer – auch wenn Austern wirklich lecker sein sollen und die Auster viele Fans hat. Sollten Sie auch dazugehören, dann sollten Sie auf jeden Fall einen Abstecher zu »Dittmeyer's Austern-Compagnie« (Hafenstraße 10–12) machen, die seit 1986 die einzige Austernzucht Deutschlands betreibt. In der Blidselbucht, dem Ostküstenabschnitt zwischen Kampen und List, reifen auf 3.500 Eisentischen, gut verpackt in

Netzsäcken, pro Jahr über eine Million der Austern mit dem wohl-klingenden Namen »Sylter Royal« heran. Bis sie verzehrreif sind und die Marktreife von 70 bis 90 Gramm erreicht haben, vergehen drei Jahre. Die Austern-Compagnie bietet für Interessierte Austern-Seminare an, und im hauseigenen Bistro kann nach Herzenslust probiert werden. Mal schauen, vielleicht traue ich mich doch und mache im nächsten Urlaub einen kleinen Abstecher dorthin ...

Wieso liegt im Lister Hafen die »Palucca« neben der »Paluka«?

Haben Sie sich auch schon einmal gefragt, warum es in List ein Schiff mit dem Namen »Gret Palucca« und eines mit dem Namen »Rosa Paluka« gibt? Klingt ziemlich ähnlich, oder? Schreibfehler? Zufall? Weder noch! Die Geschichte hinter den Namen der bei-den Schiffe, die zur Adler-Reederei gehören, ist folgende: Die 1902 geborene Ausdruckstänzerin Margarete Paluka, die unter ihrem Künstlernamen Gret Palucca auftrat, war oft und gerne Gast auf Sylt. Ihr zu Ehren benannten ihre langjährigen Gastgeber in den 1960er-Jahren ein Ausflugsschiff nach ihr. Heute ist die Gret Pa-lucca immer noch ein Ausflugsschiff, auf dem man sich auch von einem Standesbeamten trauen lassen kann. Das kleine Schwester-schiff der Gret Palucca, die Rosa Paluka, wurde Jahre später nach der Mutter der Ausdruckstänzerin benannt.

Und wenn Sie im nächsten Urlaub vielleicht einen Ausflug mit der Palucca oder der Paluka planen, dann halten Sie doch, bevor Sie an Bord gehen, einmal Ausschau nach einem großen Herz aus Metall, an dem viele kleine bunte Schlösser befestigt sind – die sogenann-ten Liebesschlösser. In diese lassen (Frisch-) Verliebte ihre Namen und ihr Kennenlern- oder Hochzeitsdatum gravieren, hängen das Schloss auf – meist auf Brücken oder am Wasser – und werfen dann den Schlüssel als Zeichen ihrer ewigen Liebe gemeinsam ins Wasser. Finden Sie eine schöne Idee? Dann kommen Sie doch mal zu mir nach Köln und laufen über die Hohenzollernbrücke, die Brücke mit den wohl meisten Liebesschlössern in ganz Deutschland. Mittlerweile sind es Hunderttausende, die zusammen weit mehr als 20 Tonnen Gewicht auf die Brücke bringen. Davon ist List zwar noch weit entfernt, aber was nicht ist, kann ja noch werden. Und vielleicht kommt dank Ihnen ja schon bald ein neues Schloss hinzu …

27. GRUND

Weil es mehr als fünf Gründe gibt, Morsum zu lieben

Das Erste, was man von Sylt sieht, wenn man mit dem (Auto-)Zug anreist, ist Morsum. Und das Letzte. Viele Urlauber kennen den östlichsten Inselort, in dem rund 1.100 Menschen leben, nur vom Blick durchs Zugfenster, was ziemlich schade ist. Denn es gibt zwar keine 111 Gründe, Morsum zu lieben, aber immerhin (mindestens) fünf:

Das Morsum Kliff
Das Kliff zwischen dem Hindenburgdamm und dem Ort selbst ist nicht nur die Hauptattraktion Morsums, sondern auch eines der wichtigsten geologischen Denkmäler Deutschlands. Ein Spaziergang am rund 1.800 Meter langen und 21 Meter hohen Kliff gibt Einblick in über zehn Millionen Jahre Erdgeschichte, lohnt sich aber auch für alle Nicht-Geologie-Interessierten: Schwarze, rotbraune und weiße Gesteinsschichten vor dem Blau des Wattenmeeres, daneben die grüne Heidelandschaft, die sich im Spätsommer in einen lila-farbenen Teppich verwandeln – Farb-Freunde kommen hier voll auf ihre Kosten. Außerdem hat man von oberhalb des Kliffs einen tollen Blick auf Morsum.

Das Garten-Café Ingwersen
Brötchen kauft man in Morsum bei Ingwersen am Terpstig – und zwar schon seit 1925. Neben knusprigen Brötchen gibt es in der Tra-

ditionsbäckerei viele verschiedene Brotspezialitäten, wunderschöne Hochzeitstorten (selbst getestet!) und natürlich jede Menge Leckereien für den Nachmittagskaffee. Den trinkt man am besten direkt vor Ort im Garten-Café und hat dabei die Wahl zwischen 30 verschiedenen Kaffee- und Teesorten. Mindestens genauso groß ist die Auswahl an Kuchen, Torten, Waffeln und Gebäck, die man im Sommer im weitläufigen Obstbauerngarten genießen kann. Dort sitzt man gemütlich unter Sonnenschirmen mit ausreichend Platz zum Nebentisch und Blick auf die heranreifenden Trauben, aus denen das Ingwersen-Team leckeres Weingelee herstellt. Kaufen kann man das Gelee und andere hausgemachte Spezialitäten wie die berühmten Friesenkekse in dem kleinen Laden, der zum Café gehört.

Die Ringreit-Turniere

Tradition wird in Morsum großgeschrieben. Und einmal im Jahr sogar sehr groß, nämlich dann, wenn zwischen Juni und August die Ringreit-Turniere stattfinden, deren Tradition bis heute in Morsum gepflegt wird. Auf der Insel gibt es acht Ringreitvereine, davon drei reine Frauenvereine, mit insgesamt rund 200 Mitgliedern, die alle nur ein Ziel haben: die Ringe! Diese hängen in einer Höhe von etwas mehr als zwei Metern an einem Seil und müssen in möglichst wenigen Versuchen mit einer Lanze aufgespießt werden. Und als ob das nicht schon schwer genug wäre, sitzt man dabei nicht nur auf einem galoppierenden Pferd, sondern die Metallringe werden auch im Laufe des Wettbewerbs immer kleiner, bis sie am Ende nur noch einen Durchmesser von etwa zwölf Millimetern haben. Ringreitkönig, beziehungsweise -königin wird, wer die meisten Ringe mit dem kleinsten Durchmesser aufgespießt hat. Die Morsumer Turniere finden auf der Festwiese hinter dem Muasem Hüs in der Bahnhofsstraße statt.

Der Radweg am Wattenmeer

Einer der schönsten Radwege der ganzen Insel beginnt am Rantumbecken und führt entlang des Wattenmeers nach Morsum. Dort ist es auch in der Hochsaison nie überlaufen, und oftmals sind die einzigen Lebewesen, denen man dort begegnet, die unzähligen Schafe, die auf den Deichen grasen und mit ihren Hinterlassenschaften auf dem Radweg für eine kurvenreiche Slalomfahrt sorgen. Vom Radweg aus können Sie bei gutem Wetter übers Wattenmeer bis nach Hörnum gucken und an dessen Ende in der Spitzkehre den Spielern des Golf Club Morsum zuschauen, dem wohl exklusivsten Golfclub Deutschlands. Axel C. Springer gründete 1964 den Privatclub, der nur etwas mehr als 220 Mitglieder hat. Gastspieler sind zwar durchaus willkommen, müssen aber, so erzählt man sich, erst einmal eine »Gesichtskontrolle« bestehen und natürlich eine hohe Startgebühr zahlen.

Das Eisboot

Wenn Sie schon einmal mit dem Auto nach Morsum gekommen sind, dann kennen Sie sicher das berühmteste Denkmal des Ortes – das Eisboot mit den fünf lebensgroßen Figuren, die die Besucher begrüßen und gleichzeitig an die Zeit erinnern, als es noch keine Verbindung zum Festland gab. Damals wurde die Insel durch Schiffe mit Lebensmitteln, Medikamenten und anderen wichtigen Dingen versorgt. Im Winter war dies aufgrund des zugefrorenen Wattenmeeres nicht möglich. Deshalb mussten sich die Morsumer in Eisbooten auf den beschwerlichen – und gefährlichen – zwölf Kilometer langen Weg zum Festland machen. Dabei mussten sie ihr Boot von einem Wasserloch zum nächsten ziehen und mit durchnässter und gefrorener Kleidung gegen Wind, Schnee und Nebel ankämpfen. Entsprechend groß war die Freude, wenn sie gesund und munter mit einem Boot voll Nahrungsmitteln und der Post für die Inselbewohner zurückkehrten. Zur Erinnerung an die mutigen Morsumer stellte der Verein der Morsumer Kulturfreunde 1996 das alte Eisboot mit dem friesischen Namen »Friihair« (Freiheit) am Ortseingang auf und kümmert sich um die jahreszeitgemäße Kleidung der Insassen: Im Sommer tragen diese Fischerhemd, im Winter gelbes Ölzeug und tief ins Gesicht gezogene Hüte.

Na, überzeugt? Wenn nicht, dann fahren Sie doch einfach trotzdem mal nach Morsum und bummeln ein wenig durch den Ort. Ich bin mir sicher, danach fallen Ihnen mindestens fünf weitere Gründe ein, warum Sie unbedingt bald wiederkommen müssen!

PS: Ausführliche Infos zum Morsum Kliff finden Sie übrigens auch in Grund 58.

28. GRUND

Weil das beschauliche Munkmarsch einst das Herz der Insel war

Was fällt Ihnen ein, wenn Sie an Munkmarsch denken? Ihre ersten Surfversuche? Ein leckeres Abendessen im Fährhaus? Ein Spaziergang am Watt? Sicher werden die wenigsten von Ihnen bei der Erwähnung des beschaulichen Ortes, in dem heute nur etwas mehr als 100 Menschen leben, an Trubel und geschäftiges Hafentreiben denken. Sollten Sie aber! Denn Munkmarsch war einst das Verkehrszentrum Sylts, von dessen Hafen ab 1744 das in der örtlichen Mühle produzierte Mehl nach Norwegen verschifft wurde und die Postboote vom Festland ankamen. Mit Beginn des Tourismus legten in Munkmarsch täglich mehrere Schiffe mit Touristen an, die vom Hafen aus mit Pferdekutschen – und später mit der Inselbahn – in ihre Quartiere gebracht wurden.

Eine wichtige Rolle spielte dabei das heutige Luxushotel »Fährhaus«, das 1868 als eingeschossiges Holzhaus mit Restaurant errichtet wurde und als Wartestation für die Sommerfrischler diente, die mit dem Dampfschiff aus dem dänischen Hojer ankamen. Im Fährhaus warteten sie auf die Weiterfahrt mit der Pferdekutsche und konnten sich von der für damalige Verhältnisse sehr anstrengenden Reise erholen. Als 1927 der Hindenburgdamm gebaut wurde, verlor der Munkmarscher Hafen an Bedeutung – und mit ihm das Fährhaus. Erst mit seiner Wiedereröffnung 1957 wurde es wieder zu einem beliebten und angesagten Hotel, in dem prominente Gäste wie Willy Brandt, Freddy Quinn und Curd Jürgens übernachteten und sich das berühmte »Zarenfrühstück« schmecken ließen. Für 350 Mark gab es Kaviar und geräucherten Stör, der mit reichlich Krimsekt oder Wodka heruntergespült wurde. 1975 kaufte ein Munkmarscher Kapitän das Hotel und gab ihm seinen heutigen Namen »Fährhaus«. Nachdem seine Umbaupläne nicht genehmigt wurden, gab er das Gebäude auf, und es verfiel zusehends. Statt Schauspieler und Politiker lebten in den kommenden Jahren Obdachlose im »Fährhaus«. Nach langem Leerstand, einer Einstufung als Kulturdenkmal und umfangreichen Renovierungsmaßnahmen wurde das Traditionshaus schließlich 1999 wiedereröffnet und 2007 als »Fünf Sterne Superior Hotel« klassifiziert, von dem aus man einen tollen Blick auf den Munkmarscher Hafen hat.

Dort kommen heute zwar keine Dampfschiffe mit Touristen mehr an, ein Besuch in Munkmarsch lohnt sich aber trotzdem: In der Bucht neben dem Hafen finden Anfänger das perfekte Revier für die ersten Versuche auf dem Brett, und außerdem beginnt in Munkmarsch einer der schönsten Wege auf der ganzen Insel: von Munkmarsch nach Keitum, immer am Watt entlang. Dabei kommen Sie automatisch über eine hübsche kleine Brücke, an der Sie unbedingt einen Fotostopp einlegen sollten. Im Sylter Volksmund wird diese Brücke »Lügenbrücke« genannt, weil Eltern ihre Kinder ermahnen, nicht zu lügen, sonst würde die Brücke einstürzen, wenn sie das nächste Mal drüberlaufen.

Weil in Rantum Handwerkstradition großgeschrieben wird

Hätten Sie auch so gerne einen Strandkorb im Garten wie ich? Das ganze Jahr über Sylt-Feeling zwischen Buchsbaum und Brombeerstrauch … Schön! Was mich davon abhält, ist allein der Preis. Und dabei rede ich jetzt natürlich nicht von den Schnäppchen-Strandkörben, die einem mittlerweile im Internet, in Baumärkten und teilweise sogar in Discountern förmlich nachgeworfen werden. Zugegeben, die Preise sind oft mehr als verlockend. Wenn Sie aber wie ich mehr Wert auf Qualität und Komfort als auf einen Super-Sonderpreis legen, dann kommen Sie nicht am Sylter Original vorbei – und das gibt es nur in Rantum. In der traditionsreichen Strandkorbmanufaktur (Hafenstraße 10, www.sylt-strandkoerbe.de) werden seit 1947 hochwertige Körbe gefertigt, mittlerweile rund 1.500 im Jahr. Der Kunde kann aus 64 verschiedenen Modellen und 200 Bezügen wählen und sich so seinen ganz persönlichen Lieblingsstrandkorb konfigurieren. Dieser wird dann von 14 spezialisierten Handwerkern, darunter Korbmacher, Tischler, Polsterer und Lackierer, individuell gefertigt, wobei allein der Korbmacher rund acht bis neun Stunden benötigt, um den Rahmen zu flechten.

Neben dem Handwerk darf aber auch ein wenig Hightech in Rantum nicht fehlen, und so entwickelte die Firma »Sylt-Strandkörbe« einen Horizontalstrandkorb mit Softlifter, dessen Neigungswinkel sich ganz bequem per Handdruck verstellen lässt. Und wenn Ihnen das noch nicht komfortabel genug ist, dann können Sie umfangreiches Zubehör wie Nackenstützen, Handtuchkordeln (zum Trocknen nasser Handtücher), Lektüretaschen und extra Tischchen dazubestellen.

Die Strandkorbmanufaktur besteht mittlerweile in der dritten Generation und liefert längst nicht mehr nur insel- oder deutschlandweit aus. Den weitesten Weg hat ein Korb zurückgelegt, der nach Neuseeland ging und auf dem es sich jetzt wahrscheinlich anstelle von Möwen Kiwis bequem machen. Besonders stolz macht die Mitarbeiter der Firma »Sylt-Strandkörbe«, dass das Londoner Edel-Kaufhaus »Harrod's« sie vor Kurzem in die ausgesuchte Liste der autorisierten Lieferanten aufgenommen hat, und auch bei »Macy's« in New York können Sie das Sylter Original erstehen. Das nur zur Info, falls Sie es in nächster Zeit nicht nach Sylt, dafür aber in den Big Apple schaffen. Und zum Probesitzen kann ich Ihnen entweder die MS Europa, das Hotel »Ritz« in Moskau oder die Insel Cape Cod in der Nähe von Boston empfehlen – dort überall stehen die Sylter Strandkörbe aus Rantum. Qualität setzt sich eben durch – und zwar weltweit.

PS: Wenn Sie nach dem Besuch der Strandkorbmanufaktur noch etwas Zeit haben, dann empfehle ich Ihnen einen Abstecher ins benachbarte Sansibar-Outlet und zum kleinen Rantumer Hafen, dessen Boote bei Ebbe trocken liegen und an dem der Radweg rund ums Rantumbecken beginnt. Außerdem sollten Sie sich in Rantum unbedingt die Sylt-Quelle (siehe Grund 87) und eine der schmalsten Stellen Sylts auf Höhe des Strandabschnitts Samoa anschauen, an der Nordsee und Wattenmeer nur ungefähr 500 Meter voneinander entfernt sind.

30. GRUND

Weil es Orte wie Tinnum gibt

Wenn ich an Sylt denke, dann denke ich an Dünen, lange Strände, das Meer, tolle Natur – kurz: an eine Postkarteninsel. Und ich denke an Gewerbegebiete, Baumärkte, Discounter, Autoverkehr – kurz: an Tinnum. Denn Sylt ist mehr als Inselidylle und romantische Sonnenuntergänge am Kliff. Und das ist auch gut so. Denn natürlich muss es auch auf Deutschlands schönster Insel so etwas wie Versorgung und Wirtschaft geben, und damit meine ich jetzt nicht die, in der Sie Matjes und Milchkaffee bekommen. Das wirtschaftliche Herz der Insel schlägt in Tinnum, jenem Ort rund vier Kilometer südöstlich von Westerland, in den die meisten Urlauber nur zum Einkaufen kommen. Oder wenn sie in den Tierpark wollen, denn den gibt es dort auch. Außerdem mehrere Gewerbegebiete mit Lagerhallen, Möbel- und Einrichtungsläden, Supermärkten und einem riesigen Baumarkt, der Produktion der Sylter Schokoladenmanufaktur, Tankstellen, Autohäuser – und Pferdekoppeln.

Denn Tinnum kann auch ländlich. Und geschichtlich: Am Dorfrand mitten in den Marschwiesen liegen die Überreste der etwa 2.000 Jahre alte Tinnumburg, die den Friesen früher als Versammlungsstelle diente. Von ihrem etwa acht Meter hohen Wall hat man eine tolle Aussicht auf die umliegenden Dörfer und in Richtung Flughafen, der nicht, wie fälschlicherweise oft angenommen, in Westerland liegt, sondern ebenfalls in Tinnum.

Lange bevor Tinnum zum wirtschaftlichen Zentrum der Insel wurde, war der Ort ganz in den Händen der Landvögte, die dort bis 1868 ihren Amtssitz hatten. Der Landvogt war der Sylter Vertreter des Landesherrn, also quasi so eine Art Bürgermeister-Vorgänger. Dementsprechend groß war die Bedeutung Tinnums zur damaligen Zeit. So befanden sich in dem kleinen Ort, der 1825 nur etwas mehr als 250 Einwohner zählte, ab 1837 das Inselgefängnis und bis 1904 auch das Sylter Amtsgericht. Außerdem lag Tinnum an der Bahnstrecke nach Westerland und hatte von 1927 bis in die 1930er-Jahre sogar einen Bahnhof. Heute kommt man zwar nicht mehr mit der Bahn dorthin, aber ein Abstecher in den oftmals etwas vernachlässigten und unterschätzten Inselort lohnt sich auf jeden Fall. Denn schließlich muss man neben all der Inselidylle ja auch mal so profanen Dingen wie Einkaufen erledigen, und das kann man in Tinnum wirklich ganz hervorragend.

Weil es (fast) nirgends so friesisch ist wie in Wenningstedt

Wer nach Wenningstedt fährt, mag es wahrscheinlich gerne etwas ruhiger oder hat Kinder. Oder beides. Denn Wenningstedt ist ein nettes, ruhiges Familienbad. Genauer gesagt, ein nettes, ruhiges und ziemlich friesisches Familienbad, in dem sogar die Gebete und das stille Örtchen friesisch sind. Doch der Reihe nach … Direkt am Wenningstedter Dorfteich, der früher übrigens Viehtränke und öffentliche Waschmaschine der Dorfbewohner war, steht eine der wohl schönsten Kirchen Sylts – die Friesenkapelle.

Und als wäre der Name allein nicht schon Beweis genug, dass Wenningstedt wirklich ziemlich friesisch ist, sieht es im Inneren der Kirche aus wie in einer gemütlichen Friesenstube: blau-weiße Delfter Wandfliesen, ein Kerzenschiff aus Holz nach Wikinger-Vorbild, eine weiße Friesenbank neben dem Altar, Schiffsmodelle und goldgerahmte Bilder an den Wänden und eine Halbtonnendecke mit biblischen Motiven im Bauernmalerei-Stil, die jede Menge Lokalkolorit versprühen. So zeigt eines der Motive Jesus und seine Jünger im Segelboot beim Bezwingen des Sturms. Absolutes Highlight der Friesenkapelle ist jedoch das Spruchband an der Decke, auf dem in goldener Schrift eine Kurzfassung des »Vaterunser« geschrieben steht – und zwar auf Friesisch! Und das klingt so: »Üüs Hemels Faarer let Din Noom bi üüs uur helig. Tö üüs let kum Din Rik, Din Wil let üüs dö welig, Skenk üüs üüs daagliches Bruar, Ferüv üüs al üüs Sen, Ek ön Fersjuk üüs föör, Help to en sselig Jen.« Aber nicht nur das Innere der Friesenkapelle ist besonders, sondern auch die Gottesdienste, die dort stattfinden. So wurde anlässlich der letzten Fußball-WM vor jedem Deutschland-Spiel unter dem Motto »Jogis Buben in Gottes Stuben« ein Fußball-Gottesdienst gefeiert – mit anschließendem Public Viewing im Wenningstedter Pastorat, und bei den Advents-Gottesdiensten singt der Sylter Shanty-Chor. Wenn das mal nicht ziemlich friesisch ist, dann weiß ich auch nicht … Sollten Sie trotzdem noch nicht überzeugt sein, dass es (fast) nirgends auf der Insel so friesisch zugeht wie in Wenningstedt, dann suchen Sie doch mal das stille Örtchen am Dorfteich, ganz in der Nähe der Friesenkapelle, auf. Sie erkennen es am Reetdach und werden schnell feststellen: Friesischer kann eine öffentliche Toilette nicht sein.

Und für den unwahrscheinlichen Fall, dass Sie dann erst einmal genug vom Friesen-Charme haben, empfehle ich Ihnen einen Besuch im nahegelegenen Denghoog, einer Grabstätte aus der Jungsteinzeit. Dort erwartet Sie statt friesischer Gemütlichkeit eine etwa 1,90 Meter hohe Höhle aus riesigen Steinen, in die ein schmaler Gang führt, der für Platzangstgeplagte wie mich gänzlich ungeeignet ist. Die rund 5.000 Jahre alte Grabkammer wurde 1868 erstmalig geöffnet, und neben Beilen, Bernsteinperlen, einem Ochsenzahn und Urnen fand man auch ein nahezu vollständig erhaltenes Skelett. Im Denghoog soll eine ganz besondere, fast schon mystische Atmosphäre herrschen, was ich leider nicht bestätigen kann, da ich ja, wie Sie jetzt wissen, unter Platzangst leide und mich daher noch nie in die Grabkammer gewagt habe. Aber vielleicht tun Sie das ja bei Ihrem nächsten Sylt-Besuch und berichten mir dann, ob Wenningstedt eventuell nicht nur der friesischste, sondern auch der gruseligste Ort auf der ganzen Insel ist.

Weil Westerland eine Stadt mit allem Drum und Dran ist

Die zwölf Inselorte sind so vielfältig wie Sylt selbst: Munkmarsch ist beschaulich, Kampen mondän, Keitum romantisch und Westerland … tja, was ist Westerland eigentlich? Ich finde: schwer zu beschreiben! Fest steht, es ist weder beschaulich noch mondän und

Leuchtturm in Kampen
(Grund 35)

Nördlichster Weinberg Deutschlands
in Keitum (Grund 78)

Radweg nach Morsum
(Grund 2)

Rotes Kliff in Kampen
(Grund 58)

Leuchtturm List Ost am Ellenbogen
(Grund 35 und 49)

Gosch am Wenningstedter Kliff
(Grund 91)

Sansibars gebrannter
Erdbeerkuchen
(Grund 77 und 91)

Kurzentrum Westerland
(Grund 32)

Strand in Westerland

Friedrichstraße in
Westerland (Grund 12)

Leuchtturm Rotes Kliff
in Kampen (Grund 35)

Beach Polo World Cup
in Hörnum

Sonnenuntergang
in Westerland

Sandvorspülung an der Südspitze (Grund 50)

Leuchtturm in Hörnum
(Grund 35 und 60)

schon gar nicht romantisch. Vielmehr ist Westerland eine Insel-
metropole mit Ecken und Kanten, mit vielen hässlichen, aber auch
einigen sehr hübschen Orten, die sich zwischen Hochhäusern,
Bahnhof und Imbissbuden verstecken. So wie der alte Dorfkern
rund um die Kirche St. Niels, in dem man nicht nur traditionelle
denkmalgeschützte Friesenhäuser, sondern auch viel Ruhe abseits
des Trubels von Bahnhof, Friedrichstraße & Co. findet. Rund 150
Häuser stehen in Westerland unter Denkmalschutz – eine fast unglaubliche Zahl, denkt man bei »Westerland« doch meist als Erstes
an die Häuser des Neuen Kurzentrums und andere Bausünden, die
mit Denkmalschutz nicht im Entferntesten zu tun haben.

Tatsächlich steht aber sogar das älteste noch erhaltene Haus der
Insel ebenfalls in Westerland. Dabei handelt es sich um das Restaurant »Alte Friesenstube« (Gaadt 4), das 1648 aus den Steinen des
alten Kirchendorfs Eidum gebaut wurde. Eidum stand einst in der
Nähe Westerlands und wurde, so vermutet man, durch die Aller-
heiligenflut von 1436 vollständig zerstört. Die überlebenden Einwohner Eidums gründeten wenige Jahre später ein neues Dorf, aus
dem das heutige Westerland entstanden ist – eine Stadt am Meer
mit knapp 10.000 Einwohnern, etwa 25.000 Gästebetten und rund
1.300 Gewerbebetrieben. Eine Stadt, in der es alles gibt, was es in
einer Stadt geben muss: ein Arbeitsamt, ein Rathaus, ein Spielcasi-
no, eine Feuerwehr- und Polizeistation, einen Bahnhof, Tankstellen
und Supermärkte, ein Kino, einen Tabledance-Club und neuerdings
sogar Flüchtlinge. Kurz: Westerland ist eine Stadt mit allem Drum
und Dran, an der auf Sylt keiner vorbeikommt. Denn was es in
Westerland nicht gibt, das gibt es auch sonst nirgendwo auf Sylt.

Und die heimliche Inselhauptstadt hat noch einiges mehr zu bieten: Neben Sternerestaurants und einer Shoppingmeile mit Strand-
zugang gibt es in Westerland zahlreiche kulturelle und sportliche
Veranstaltungen, Galerien und Wellness-Einrichtungen, einen
hübschen Wochenmarkt, auf dem regionale Produkte angeboten
werden, und und und. Wem der Sinn nach etwas mehr Ruhe steht,

findet diese in einem der Westerländer Wäldchen, die zu einem schattigen Spaziergang einladen – sollte es am Strand doch einmal zu heiß werden, was ja durchaus schon einmal vorkommen kann. Wenn auch nicht allzu oft … Mein Lieblingswäldchen ist das Südwäldchen in der Nähe des Westerländer Campingplatzes, in dem es Japanische Kirschbäume, einen kleinen Weiher, einen Waldspielplatz und natürlich ganz viel Ruhe gibt.

Gleich um die Ecke liegt die sogenannte »Himmelsleiter«, die mit 26 Metern längste Strandtreppe der Insel. Wenn Sie sich von den 105 Stufen nicht abschrecken lassen, erwartet Sie am Ende der Treppe ein herrlicher Rundblick über Westerland, das, wie ich finde, von hier oben fast schon ein wenig beschaulich wirkt. Und mondän. Und irgendwie auch romantisch. Vielleicht liegt das aber auch nur am Sauerstoffmangel. 105 Stufen sind schließlich nicht ohne, wenn man so untrainiert ist wie ich … Fest steht: Egal ob romantisch oder nicht – ohne Westerland wäre Sylt nicht Sylt! Und genau deshalb will ich auch immer wieder zurück an diesen ganz speziellen Ort, den ich mit all seinen Ecken und Kanten fest in mein Herz geschlossen habe.

KAPITEL 3

TYPISCH SYLT

Leuchtturm Rotes Kliff (Grund 35)

Weil auf Sylt nicht alles schön ist

Für die meisten von uns ist Sylt ein kleines Paradies, in dem wir die schönsten Wochen des Jahres verbringen. Dabei vergessen wir oft, dass Sylt viel mehr als das ist. Nämlich die Heimat von Menschen, die dort leben, arbeiten und mit ihren ganz eigenen Problemen und Sorgen zu kämpfen haben. Und das ist meiner Meinung nach ein weiterer Grund, die Insel – und ihre Bewohner – zu lieben. Denn dass deren Leben oftmals nicht halb so schön und sorgenfrei ist wie unsere Urlaubszeit auf Sylt, das wissen wir alle. Die Insel wird immer teurer und Wohnraum unbezahlbar. So schreibt die Badische Zeitung in ihrem Artikel mit dem bezeichnenden Titel »Inselschlussverkauf: Immobilienwahn auf Sylt«[5] über Doppelhaushälften in Wenningstedt für über zwei Millionen Euro und winzige Einzimmerapartments in den Westerländer Hochhäusern, für die man mehr als 300.000 Euro bezahlen muss. Bei den Mieten sieht es leider nicht besser aus. Mit rund 20 Euro Kaltmiete müsse man pro Quadratmeter rechnen.

Stellt sich die Frage, wer diese Preise bezahlen kann! Die Antwort: Kaum noch einer. Und deshalb müssen immer mehr Insulaner ihre Heimat verlassen und aufs Festland ziehen, von wo aus sie Morgen für Morgen mit dem Zug zu ihrer Arbeitsstelle auf der Insel fahren. Rund 4.000 Pendler sind es, die auf Sylt als Handwerker, Köche, Verkäufer, Zimmermädchen, Bankangestellte oder Gärtner arbeiten und die vermutlich jeden Abend traurig im Zug sitzen, weil sie die Insel, auf der sie geboren und aufgewachsen sind, nur noch zum Arbeiten betreten. Eine ziemlich traurige Vorstellung und eine folgenreiche noch dazu. Denn der Weggang vieler Einheimischer hat zur Folge, dass nur noch wenige Menschen dauerhaft auf der Insel leben und daher viele Schulen und Kindergärten geschlossen werden oder die freiwilligen Feuerwehren sich Sorgen machen müssen, bald ohne Mitglieder dazustehen. Getroffen hat es Ende 2013 leider auch die Geburtsstation der Nordseeklinik in Westerland. Sie wurde wegen sinkender Geburtenzahlen geschlossen. Babys müssen nun auf dem Festland zur Welt gebracht werden, was bedeutet, dass es schon bald keine echten Insulaner mehr geben wird. Die werdenden Mütter sind angehalten, zwei Wochen vor dem errechneten Geburtstermin die Insel zu verlassen. Wenn sich Babys nicht an diesen Termin halten, was ja durchaus schon einmal vorkommen kann, oder es einen Notfall gibt, werden die Schwangeren per Zug oder Rettungshubschrauber aufs Festland gebracht. Was passiert, wenn die Insel durch einen schweren Sturm mal wieder von der Außenwelt abgeschnitten ist, möchte man sich gar nicht vorstellen …

Neben diesen großen, grundsätzlichen Problemen gibt es natürlich auch ein paar kleinere Sorgen und Nöte, die den Insulanern das Leben ein wenig schwerer machen. Nehmen wir zum Beispiel die Therme in Keitum beziehungsweise die Ruine der geplanten Therme in Keitum. Denn wo eigentlich schon längst ein schicker Neubau mit Luxusbad, Wellnessbereich und Meerblick stehen sollte, passiert seit über sieben Jahren … nichts! Und für genau dieses Nichts wurde den Syltern ihr geliebtes Meerwasserbad genommen, in dem seit 1969 so mancher von ihnen das Schwimmen gelernt hat. Wenn an seiner Stelle tatsächlich ein neues, moderneres Bad entstanden wäre, hätten die Einheimischen dafür sicher Verständnis gehabt. So aber wurde ihr Schwimmbad für eine Ruine abgerissen, die nicht nur einen zweistelligen Millionenbetrag verschlungen hat, sondern das hübsche Keitum zudem auch mehr als verschandelt. Grund für den Baustopp im Jahr 2008 war die Insolvenz der Baugesellschaft. Da an der Finanzierung der geplanten Therme neben mehreren Investoren auch die Gemeinde Sylt-Ost beteiligt war und zudem Landesfördermittel beantragt und genehmigt wurden, ist das Insolvenzverfahren nicht nur sehr komplex, sondern auch sehr langwierig. Denn eine Klärung ist noch immer nicht in Sicht. Und so lange darf die Ruine nicht abgerissen werden, da sie im

Gerichtsverfahren als Beweismittel dient und außerdem noch nicht abschließend geklärt ist, wer die Abrisskosten zu tragen hat.

Bleibt zu hoffen, dass wenigstens dieses Problem bald der Vergangenheit angehört und dass Sie auch in Zukunft die Insel als das schätzen und lieben, was sie ist: die Heimat der Sylter, mit vielen schönen, aber auch einigen nicht so schönen Seiten. Behandeln Sie sie gut. Sie hat es verdient. Und ihre Bewohner auch.

34. GRUND

Weil man hier im Urlaub eine Fremdsprache lernen kann

Sie bestellen Ihre Pizza im Italien-Urlaub am liebsten auf Italienisch? Sie beherrschen die Kunst, ganz lässig mit einem Schweden über Elche oder einem Franzosen über Rotwein zu plaudern? Kurz: Sie lieben es, auf Reisen die Sprache der Einheimischen zu lernen? Prima, dann sind Sie auf Sylt genau richtig! Denn auf Sylt spricht man nicht etwa nur Deutsch oder Friesisch, sondern Söl'ring, das Sylter Friesisch. Und glauben Sie mir, diese Sprache, die so nur auf Sylt gesprochen wird, kommt tatsächlich einer Fremdsprache gleich. Oder haben Sie eine Idee, was »Rüm Hart, klaar Kimming« bedeuten könnte? Nein? Hatte ich auch nicht – bis zu meiner Hochzeit, bei der die nette Sylter Standesbeamtin meinem Mann und mir diesen Spruch mit auf den Weg gegeben hat. Übersetzt heißt dies so viel wie »Weites Herz, klarer Horizont« und bedeutet, dass man immer offen für andere sein und ein großes Herz haben soll, ohne dabei aber sein Ziel aus den Augen zu verlieren. Wie ich finde, ein sehr passendes Motto für eine Eheschließung und deshalb prangt der Spruch auch auf einer großen Fahne im Hörnumer Leuchtturm-Standesamt.

Söl'ring ist übrigens kein Dialekt, sondern tatsächlich eine eigenständige Sprache. Entwickelt hat sie sich im Laufe der Jahrhunderte aus den unterschiedlichen Sprachen und Dialekten, die das Seefahrervolk früher auf der Insel sprach: Dänisch, Holländisch, Englisch und natürlich Friesisch. Eine außergewöhnliche und ganz besondere Sprache, auf die die Sylter zu Recht sehr stolz sind und die sie bewahren wollen. Daher wird auf Sylt seit einigen Jahren auch in Schulen und Kindergärten wieder Söl'ring unterrichtet. Und damit Sie sich im nächsten Urlaub nicht blamieren, wenn Sie mit dem Sylter Nachwuchs ein wenig Söl'ring klönen wollen, kommen hier ein paar besonders schöne Wörter auf Sylter Friesisch inklusive ihrer – oftmals überraschenden – hochdeutschen Übersetzung.

Senenskiin – Sonnenschein
Sjip – Schaf
Gooki – Opa
Mottji – Oma
Öörter – Buttermilch
Dütsklön – Deutschland
Sünhair – Prost/Gesundheit
Jööl – Weihnachten

Wenn Sie nun auf den Geschmack gekommen sind und Ihr Fischbrötchen bei Gosch künftig auf Söl'ring bestellen wollen, dann besuchen Sie doch im nächsten Urlaub einfach mal einen Sprachkurs der »Söl'ring Foriining«[6], die sich für den Erhalt der aussterbenden Inselsprache und der ganz besonderen Sylter Traditionen engagiert.

Und sollten Sie feststellen, dass Sie statt Söl'ring nur Bahnhof verstehen, dann sage ich dazu nur: »Wat weet di Kat fan Pidersdai?«, was wörtlich übersetzt »Was weiß die Katze vom Petritag?« heißt und sinngemäß so viel bedeutet wie »keinen blassen Schimmer haben«.

Weil es gleich fünf Leuchttürme gibt

Zugegeben, dieser Grund zieht nur bei Leuten, die Leuchttürme mögen. Allen anderen dürfte es ziemlich egal sein, ob es auf Sylt einen, fünf oder gar keinen Leuchtturm gibt. Da ich allerdings schon seit vielen Jahren ein ausgewiesener Leuchtturm-Fan bin, ist die Tatsache, dass es auf Sylt gleich fünf meiner Lieblingsbauwerke gibt, für mich natürlich ein weiterer Grund, die Insel zu lieben. Ich mag Leuchttürme übrigens nicht etwa, weil ich auf einem geheiratet habe, sondern ich habe auf einem geheiratet, weil ich sie so gerne mag. Warum das so ist und was mich so sehr an Leuchttürmen fasziniert, kann ich eigentlich gar nicht so genau sagen. Ich mag sie einfach. Sehr zur Freude derjenigen, die auf der Suche nach einem Geschenk für mich sind, denn sie wissen: Leuchttürme gehen immer. Und deshalb habe ich nicht nur unzählige Leuchtturm-Bücher, Leuchtturm-Kalender, Bilder mit Leuchttürmen, kleine Holz-Leuchttürme, Kerzen in Leuchtturm-Form, Dosen und Schachteln mit bunten Leuchttürmen drauf, sondern auch eine 30 Zentimeter große originale Holznachbildung des Hörnumer Leuchtturms mit Beleuchtung – ein Hochzeitsgeschenk meiner Schwiegeromi. Falls Sie mir also irgendwann mal eine kleine Freude machen möchten, wissen Sie ja jetzt womit. Mein Geburtstag ist übrigens am 16. Oktober., Namenstag habe ich am 20. März, und wann Weihnachten und Ostern ist, wissen Sie ja selbst. Jetzt aber zurück zu den Sylter Leuchttürmen. Dass sich im Hörnumer Leuchtturm, der 1907 in Betrieb genommen wurde, eine Dependance des Westerländer Standesamtes befindet und ich dort 2010 den tollsten Mann der Welt geheiratet habe, dürfte Ihnen ja mittlerweile bekannt sein. Wenn nicht, dann lesen Sie doch gleich im Anschluss mal Grund 60 dieses Buchs.

Aber wussten Sie auch schon, dass dort früher die wohl kleinste und höchste Schule Deutschlands war? Zwischen 1914 und 1933 hieß es für die zwei bis fünf Schüler, die dort unterrichtet wurden, »Mathe mit Meerblick«. Das Klassenzimmer befand sich in rund 30 Metern Höhe, unterhalb des weißen Rings, und die Kinder mussten ihre Bücher die enge Wendeltreppe hochschleppen – schlecht, wer da sein Pausenbrot vergessen hatte und noch einmal zurück zu Mutti musste. Im Zweiten Weltkrieg wuchs die Einwohnerzahl Hörnums durch Soldaten und Flüchtlinge so rasant, dass die Leuchtturm-Schule schnell zu klein war und schließlich geschlossen wurde. Das ehemalige Klassenzimmer ist heute als Museum eingerichtet und kann – ebenso wie der Rest des Turms – bei Führungen besichtigt werden. Der Hörnumer Leuchtturm ist übrigens ein Serienmodell, das so auch auf Pellworm und in Westerheversand steht. Eine Einzelanfertigung ist hingegen der älteste und mit 38 Metern zugleich höchste Sylter Leuchtturm, das Rote-Kliff-Feuer in Kampen, das 1855 auf Geheiß des Dänen-Königs Friedrich VII. errichtet wurde – und zwar im dänischen Stil aus gelben Bornholmer Klinkern. Erst 1953 hat der Turm seine bekannte schwarz-weiße Optik bekommen. Und nicht nur die Dänen spielten in der Vergangenheit des Kampener Leuchtturms eine wichtige Rolle, sondern auch die Franzosen, die in den ersten Jahrzehnten pro Jahr rund 36 Meter Lampendocht lieferten, der zusammen mit mehreren Tonnen Rüböl als Lichtquelle diente. In den Kriegsjahren 1870/71 blieben die Lieferungen aus – und der Turm dunkel. Seit 1919 wird der Turm elektrisch betrieben, wie auch alle anderen Sylter Leuchttürme.

Da doppelt ja bekanntlich besser hält, hat Kampen sich direkt noch einen zweiten Leuchtturm zugelegt, und zwar einen ganz besonders schönen. In den Dünen auf dem Weg nach List steht ein 11,50 Meter hoher achteckiger Leuchtturm aus rotem Backstein, der von 1913 bis 1976 als Quermarkfeuer die Schiffe vor einer Sandbank warnte und ihnen eine Kursänderung anzeigte. Später übernahm diese Warnbefeuerung der große schwarz-weiße Kampener Leuchtturm-Bruder. Apropos Leuchtturm-Brüder: Davon gibt es auf Sylt ein weiteres Paar und zwar auf dem Ellenbogen im Inselnorden. Seit den 50er-Jahren des 19. Jahrhunderts stehen dort zwei stählerne Leuchttürme. Zum einen das 12,50 Meter hohe rot-weiße Feuer List-Ost und zum anderen der anderthalb Meter kleinere weiße Turm List-West, seines Zeichens das nördlichste Gebäude der Republik.

Die beiden Ellenbogen-Türme sind außerdem die ältesten aktiven Eisen-Leuchttürme Deutschlands, wobei aktiv bedeutet, dass sie wie die drei anderen Sylter Leuchttürme auch über Funkschaltuhren und Sensoren bedient werden, denn Leuchtturmwärter gibt es bereits seit 1977 nicht mehr auf der Insel. Schade eigentlich, sonst hätte ich mich doch glatt mal um ein Praktikum beworben – und zwar auf jedem einzelnen der Sylter Leuchttürme, von denen es ja zum Glück fünf gibt.

36. GRUND

Weil Silvester auf der Insel eine Reise in die Vergangenheit ist

Das neue Jahr auf Sylt begrüßen, um Mitternacht mit Blick aufs Meer anstoßen, ein Neujahrsspaziergang am Nordseestrand … Silvester auf Sylt ist ein echtes Erlebnis – und ganz anders als im Rest Deutschlands, in dem Punkt Mitternacht geknallt und geböllert wird, was das Zeugt hält. Auf Sylt hingegen ist das Zünden von Feuerwerkskörpern wegen der leicht entflammbaren Reetdächer verboten (weshalb es auch auf der gesamten Insel keine einzige Rakete zu kaufen gibt), und das Motto an diesem Abend lautet daher in vielen Teilen der Insel: Brauchtum statt Böller. Denn am letzten Tag des Jahres, den die Sylter auch »Niijaarsinj« nennen, werden alte, längst vergessene Sitten wieder lebendig. Vor allem im beschaulichen Morsum kann man sich am 31. Dezember auf eine Reise in die Sylter Vergangenheit begeben. Dort gibt es keine öffentliche Silvesterveranstaltung wie in anderen Inselorten, und daher verbringen die Morsumer ihren Silvesterabend gerne mit dem sogenannten »Maskenloop«. Eine Tradition, die mich als Wahl-Kölnerin immer ein wenig in Karnevalsstimmung versetzt: Kostümiert und maskiert machen sich die Morsumer auf den Weg zu ihren Nachbarn, um diesen zwar nicht »Viva Colonia«, dafür aber friesische Lieder vorzusingen, Sketche aufzuführen oder Gedichte vorzutragen. Wer die oftmals nicht ganz so begnadeten Singenden zum Aufhören bewegen möchte, der muss ordentlich zahlen – und zwar in Form von Süßigkeiten für die kleinen und Alkohol für die großen Sänger.

Neben dem Maskenlauf gibt es außerdem den sogenannten »Altjahresumritt«, bei dem ebenfalls verkleidete Menschen von Haus zu Haus ziehen – allerdings nicht zu Fuß, sondern hoch zu Roß. Ein Silvesterbrauch, der sich über die Jahrhunderte nicht durchgesetzt hat und der so heute auch kaum noch vorstellbar wäre, ist das »Pötjsmiten«. Klingt irgendwie nach »Pötte schmeißen«, oder? Und genau das war es auch: Die Inselbewohner warfen Leuten, die sie besonders mochten, Töpfe, Pfannen und anderen Küchenkram an die Türe. Und da dies als Ehre galt, bekamen sie als Dank dafür etwas Leckeres zu essen. Im Laufe des 19. Jahrhunderts wandelte sich der Brauch, und man bewarf nun die Türen unbeliebter Menschen mit Dingen, die man nicht mehr haben und nicht mit ins neue Jahr nehmen wollte. Statt eines Dankeschön-Essens hieß es für die Werfer dann abhauen, um nicht erwischt zu werden.

Eine nicht ganz so alte Tradition, dafür aber eine, bei der man auch als Urlauber selbst mitmachen kann, ist das Neujahrsbaden, das seit 1999 in Wenningstedt veranstaltet wird – damals mit nicht einmal zehn Teilnehmern. Heute sind es 120 teils kostümierte Kaltduscher, die für dieses Erlebnis aus ganz Deutschland anreisen. Und es wären sicher noch mehr, wenn die Teilnehmerzahl aus Sicherheitsgründen nicht auf 120 beschränkt wäre. Am Strand tummeln sich Tausende Schaulustige, bei denen man sich nicht sicher ist, ob sie die Badenden für ihren Mut, sich in die eiskalte Nordsee zu wagen, bewundern, oder einfach nur für völlig verrückt halten. Feststeht: Ich würde sehr viel lieber meine Haustüre mit Töpfen und Tupperware bewerfen lassen, als mich nach einer viel zu kurzen Silvesternacht in die viel zu kalten Fluten zu stürzen. Apropos »viel zu kurze Silvesternacht«. Wenn für Sie zu einem gelungenen Silvester ein wenig Feuerwerksfeeling einfach dazugehört, dann müssen Sie trotzdem nicht auf Sylt verzichten. Denn im Hörnumer Hafen findet das einzige offizielle Feuerwerk der Insel statt. Danach können Sie auf einer der zahlreichen Partys, die es auf der ganzen Insel gibt, weiterfeiern – allerdings nicht zu lange, damit Sie am nächsten Morgen fit fürs Neujahrsbaden sind. Ob als Zuschauer oder Teilnehmer bleibt Ihnen und Ihrem Mut überlassen.

Weil man echte Sylter Strandkörbe zu Schnäppchenpreisen bekommt

Wenn Sie an Sylt denken, was fällt Ihnen dann spontan als Erstes ein? Die langen Strände? Das leckere Essen? Die gute Luft? Ich wette, viele von Ihnen denken direkt an die typischen blau-weißen Strandkörbe, von denen es rund 12.000 auf der Insel gibt. Für mich jedenfalls gehören die gemütlichen Rückzugsorte am Strand zu Sylt wie der Dom zu Köln. Und daher träume ich schon sehr lange davon, so ein schickes Teil auf meinem heimischen Balkon stehen zu haben und von dort aus zwar nicht auf die Nordsee, sondern auf die Nachbarhäuser zu schauen, mir aber trotzdem damit ein kleines bisschen Sylt-Flair in die Großstadt zu holen.

Was mich davon abhält? Rund 1.500 Euro, denn so viel muss man für einen original Sylter Zweisitzer investieren. Mindestens. Das war die schlechte Nachricht. Jetzt die gute: Wer keinen Wert darauf legt, einen nigelnagelneuen Strandkorb sein Eigen zu nennen, sondern auch mit einem gebrauchten Exemplar vorliebnehmen würde, der sollte sich auf jeden Fall den Termin der nächsten Strandkorbversteigerung in List ganz dick im Kalender markieren.

Die Versteigerung findet jedes Jahr im Oktober statt und wird von der Lister Kurverwaltung veranstaltet, die auf diesem Wege die aussortierten Körbe unters Volk bringt und damit schon so manchen Urlauber, aber auch Insulaner sehr glücklich machen konnte. Denn das Startgebot liegt bei gerade mal 65 Euro – ein echter Schnäppchenpreis, denn die Strandkörbe sind alle voll funktionstüchtig, gereinigt und generalüberholt. Der durchschnittliche Preis bei den versteigerten Körben liegt laut Veranstalter bei etwa 160 Euro. Alle zur Versteigerung stehenden Strandkörbe können eine Woche vor der Auktion im Lister Hafen angeschaut werden. Wenn Sie dabei ein ganz besonders schönes Exemplar entdecken oder gerne einen Korb mit einer ganz bestimmten Nummer haben möchte, können Sie ein verbindliches Vorabgebot für Ihren Wunschkorb abgeben. Bietet bei der Versteigerung keiner der Anwesenden mehr, gehört der Korb Ihnen, und Sie können ihn ab 125 Euro deutschlandweit in Ihren Garten liefern lassen, je nachdem, in welchem Postleitzahlengebiet Sie wohnen. Zu mir nach Köln käme das blau-weiße Mini-Strandhäuschen für 139 Euro. Ein wie ich finde annehmbarer Preis dafür, dass man etwas bekommt, was eigentlich unbezahlbar ist: Ein wenig Sylt-Flair im Alltag – und mit etwas Glück auch noch eine Prise Nordseesand, der sich gerne in den Hunderten kleinen Ritzen des Korbgeflechts versteckt. Mal schauen, vielleicht hole ich mir nächsten Oktober mal einen Korb …

Weil man sich auf Sylt über tote Tanten freut

Wer in einem Sylter Café vom Nachbartisch den Satz »Ich hätte heute Lust auf eine tote Tante« hört, der muss sich weder Sorgen machen, noch die Polizei rufen. Es handelt sich hierbei nicht etwa um Mordgedanken gegenüber einer engen Verwandten, sondern vielmehr um eine der zahlreichen typischen Sylter Spezialitäten, genauer gesagt, um eine Tasse heiße Schokolade mit Rum und Sahnehaube. Nach einem langen Strandspaziergang im Herbst oder Winter genau das Richtige! Die Sylter mögen es – wie alle anderen Friesen auch – in ihren Tassen und Bechern gerne hochprozentig. So gilt der Teepunsch als Nationalgetränk der Friesen. Wobei das »Tee« in »Teepunsch« schon etwas übertrieben ist, da dieser möglichst dünn sein sollte und einzig und allein der Farbgebung des Getränkes gilt. Aufgefüllt wird mit Kümmelkorn, serviert in kleinen Tassen.

Wer es zur Kaffeezeit gerne etwas milder mag und zudem gerne etwas Koffein in der Tasse hätte, der sollte einen »Pharisäer« bestellen: Kaffee, Rum, Zucker und Sahne. Der Name dieses Friesengetränks entstand vermutlich 1874, als ein Pfarrer, der als strenger Gegner des Alkohols galt, zu Gast bei einer Tauffeier auf der Insel Nordstrand war. Ihm wurde Kaffee pur serviert, die anderen Gäste tranken diesen mit einem Schuss Rum, dessen Geruch eine dicke Sahnehaube dämpfen sollte, um nicht aufzufliegen. Der Pfarrer freute sich über die ausgelassene Stimmung. Allerdings nur so lange, bis eine bereits angeheiterte Magd ihm versehentlich eine falsche Tasse vorsetzte. Seine Reaktion auf das heimliche Hochprozentige: »Oh, ihr Pharisäer!«

Ein weiteres Sylter Getränk, das es in sich hat, ist der sogenannte »Eisbrecher«, der aus heißem Rotwein und – Überraschung – Rum besteht. Den Minderjährigen und den Autofahrern unter Ihnen empfehle ich aber lieber eine andere flüssige Inselspezialität, den

Friesentee. Diese Mischung aus verschiedenen Schwarztees wird traditionell mit Kandis, auf Sylt »Kluntjes« genannt, und einem Schuss flüssiger Sahne getrunken. Dazu ein Stück der berühmten Friesentorte – perfekt. Ich wünsche viel Spaß beim Probieren dieser mehr oder weniger hochprozentigen Leckereien und gebe Ihnen noch einen kleinen, nicht unwichtigen Hinweis mit auf den Weg: Bei der »Sylter Welle« handelt es sich nicht nur um das Freizeitbad in Westerland, sondern zudem auch um einen anderen Namen für Glühwein! Na dann, prost!

39. GRUND

Weil Sylter Straßennamen unaussprechlich und ebenso ungewöhnlich sind

In welcher Straße wohnen Sie? Vielleicht in der Hauptstraße? Im Marktweg? Oder in der Schulgasse? Und haben Sie eine Ahnung, warum Ihre Straße so heißt, wie sie heißt? Klar! Ist ja nicht soooo schwer: Die Hauptstraße heißt Hauptstraße, weil sie im Ort die Hauptstraße ist. Der Marktweg führt höchstwahrscheinlich zum Marktplatz, und die Schulgasse ist in der Nähe der – richtig! – Schule. Auf Sylt hat man es da schon etwas schwerer, zumindest, wenn man nicht in der Strand- oder der Bahnhofstraße wohnt. Denn wie soll man erklären, woher ein Straßenname kommt oder was er bedeutet, wenn man diesen nicht mal aussprechen kann? Oder können Sie etwa »Ual Terpwai« sagen, ohne sich dabei die Zunge zu verknoten? Sehen Sie! Ich auch nicht. »Ual Terpwai« bedeutet übrigens »Alte Dorfstraße« und ist einer von vielen friesischen Straßennamen, die man überall auf der Insel findet. Andere unaussprechliche Beispiele sind der Sjipwai (Schafsweg), Üp de Hiir (Auf der Heide) oder der Heefstegelk, was übersetzt so viel wie »Fußweg zum Wattenmeer« bedeutet.

Dass es all diese schönen Namen überhaupt gibt, ist dem preußischen Minister für öffentliche Arbeit, Albert von Maybach, zu verdanken. Der stellte 1888 bei einem Kuraufenthalt fest, dass die Orientierung in den Straßen von Westerland so ganz ohne Namen nicht ganz einfach ist, und regte an, auf der Insel Straßennamen einzuführen. Die Namen ergaben sich meist aus der Lage der Straßen, aber man nutzte sie auch, um bedeutende Persönlichkeiten wie den Badeaktionär Boy Lorenz Boysen oder den Strandinspektor Lorens Petersen de Hahn zu ehren. Und natürlich durfte auch der Initiator der Straßennamen-Einführung und langjährige Kurgast Albert von Maybach nicht fehlen, nach dem im Westerländer Zentrum eine Straße benannt wurde. Der wohl bekanntesten Straße in Westerland, der Friedrichstraße, gaben übrigens zwei Anrainer den (Vor-) Namen, die der Gemeinde unentgeltlich Grundstücksanteile für den Straßenbau zur Verfügung gestellt hatten, der Kapitän Friedrich Erichsen und der Kaufmann Friedrich Wünschmann.

Den wohl schönsten und ungewöhnlichsten Namen auf der ganzen Insel trug aber wohl die Straße zwischen Rantum und Hörnum, die bis 1969 einspurig war, bevor sie später aufgrund des zunehmenden Autoverkehrs auf der Insel zur zweispurigen Straße ausgebaut wurde. Zuvor musste an verschiedenen Ausweichstellen auf den Gegenverkehr gewartet werden, weshalb die Straße von den Insulanern »Straße der Höflichkeit« genannt wurde.

40. GRUND

Weil Kinder hier jeden Tag ein Abenteuer erleben können

Ihren Kindern sind Sandburgenbauen, Schwimmen oder Spielplatzbesuche viel zu langweilig? Sie wollen lieber etwas Aufregendes erleben, ein richtiges Abenteuer? Kein Problem! Wie wäre es zum Beispiel mit einer spannenden Piratenfahrt oder einer gruseligen

Nachtwanderung am Watt? Madita und Jonathan aus Bonn haben beides getestet – und für mehr als gut befunden!

Mein schönstes Sylt-Erlebnis

Wenn man auf Sylt ist, kann man abends eine sehr schöne Nachtwanderung machen. Wenn man eine Taschenlampe und etwas zu essen mit nimmt, dann kann man sich ans Watt setzen und etwas essen. Und wenn man am Meer vorbeigeht, kann man das Meer rauschen hören. Wenn man zum Watt geht, kann man auf dem Weg bestimmt Kaninchen sehen. Als ich das erste Mal eine Nachtwanderung gemacht habe habe ich ein paar Süßichkeiten mitgenommen. Dann habe ich eine Süßichkeit gegessen als wir losgegangen sind, eine Süßichkeit als wir eine Pause gemacht haben und eine Süßichkeit als wir wieder gegangen sind.

MADITA, 7 Jahre

Mein schönstes Sylt-Erlebnis

Die Piratenfahrt auf Sylt startete im Hafen von List. Als ich das erste Mal mitfuhr, hatte etwas Angst vor dem Piraten weil er sehr echt aussah. Wir Kinder bekamen gestreifte Piratenhemden, Kopftücher und Spielpistolen und musten uns verkleiden. Dann gingen wir alle auf das Schiff, fesselten unsere Eltern und fuhren raus aufs Meer.

Das Schiff hieß Gret Palukka und hatte ganz vorne eine Kanone. Sie konnte schießen, allerdings keine Kugeln sondern kurze Flammen.

Dann, als wir weit auf dem Meer waren, kam ein anderes Schiff in die Nähe. Dieses Schiff beschoss der Pirat mit der Kanone. Unsere Beute waren drei Säcke mit goldenen Bonbons.

Auf dem Rückweg zum Hafen haben wir nach eine Schatzkiste aus dem Meer gefischt. Es war kein Schatz darin, aber jede Menge Krebse, Seesterne und andere Meerestiere, die wir alle untersuchen durften.

Jonathan, 9 Jahre

Weil es auf Sylt noch echte Handarbeit gibt

Sie haben keine Lust auf die typischen Urlaubsmitbringsel und wollen bei den Daheimgebliebenen mal so richtig Eindruck schinden? Dann sind Sie in den Sylter Manufakturen genau richtig. Denn dort werden originelle Sylter Produkte mit viel Liebe und in echter Handarbeit hergestellt. Zum Beispiel in der Kerzenmanufaktur (Zum Fliegerhorst 33), ganz in der Nähe vom Flughafen. Das Besondere an dieser Manufaktur sind nicht (nur) die unzähligen wunderschönen Kerzen, die es dort in allen erdenklichen Formen und Farben gibt, sondern, dass diese von Menschen mit geistiger oder körperlicher Behinderung hergestellt werden – mit viel Mühe, Begeisterung und noch mehr Herzblut. Die Manufaktur gehört zu den »Sylter Werkstätten« und lebt das Motto »Inklusion statt Integration«, denn die Besucher können dort nicht nur Kerzen kaufen, sondern auch einen Blick in die Werkstatt werfen und im Gespräch mit den über 40 Beschäftigten ihre Berührungsangst verlieren.

Und wenn Sie schon einmal da sind, dann machen Sie doch noch schnell einen Abstecher zur Müslimanufaktur im selben Gebäude, in der täglich hochwertiges Bio-Müsli mit so klangvollen Namen wie »Sylter Chic« frisch gemischt und verpackt wird und zwar ebenfalls von Menschen mit Handicap, die sich über einen Besuch von Ihnen sehr freuen! Ganz in der Nähe (Zum Fliegerhorst 15) befindet sich übrigens der Lagerverkauf der Sylter Schokoladenmanufaktur. Neben einem Blick in die Produktion gibt es hier alles, was das Herz von bekennenden Schokoholics und Süßigkeitenfans wie mir höherschlagen lässt: Klassische und exotische Schokoladenkreationen (für Mutige: Wasabi!), den süßen Brotaufstrich »Syltella«, Konfitüren und Marmeladen, süße Liköre, Pralinen und Trüffel, aber auch liebevoll verpackte Bonbons, die Namen wie »Morsumer Maiblätter«, »Lister Leuchtturm-Lakritz« oder »Kampener Schicki-

Micki-Mix« tragen. Natürlich alles in reiner Handarbeit hergestellt. Und falls es Ihnen nicht reicht, dort »nur« zu stöbern, zu probieren und – ganz zur Freude Ihres Zahnarztes – viel zu viel zu kaufen, dann empfehle ich Ihnen, eines der rund dreistündigen Seminare zu besuchen, in denen die Schokoexperten Sie in die hohe Kunst des Schokolademachens einweihen.

Weniger süß, dafür aber sehr duftig geht es in Morsum zu. Im ehemaligen Bahnhofsgebäude (Bi Miiren 11) hat sich die Sylter Seifen-Manufaktur eingerichtet, die in liebevoller Handarbeit kleine schäumende Kunstwerke direkt vor Ort herstellt und verkauft. Und in jedem einzelnen Stück Seife ist ein wenig Sylt drin: Algen von der Algenfarm in List, gereinigtes Pulver aus den Schalen der »Sylter Royal-Austern« oder Heilschlick vom Meeresboden der Nordsee. Übrigens gibt es dort auch eine Seife mit Rohstoffen aus der Sylter Schokoladenmanufaktur, denn Schokolade ist nicht nur lecker und macht glücklich, sondern glättet auch Fältchen und spendet Feuchtigkeit. Weitere Tipps für Fans von Handgemachtem sind die verschiedenen Teemanufakturen, die es auf der Insel gibt, die Strandkorb-Manufaktur in Rantum, die Sylter Eismanufaktur und die Sylter Meersalzmanufaktur, die Sie beide in List und in einem eigenen Grund in diesem Buch finden.

42. GRUND

Weil der 21. Februar der heimliche Nationaltag der Friesen ist

Sylter Schulkinder haben es gut. Und zwar nicht nur, weil Matheformeln und Englischvokabeln nur noch halb so langweilig sind, wenn man sie auf Deutschlands schönster Insel lernt, sondern auch, weil sie sich über einen zusätzlichen Tag schulfrei freuen können: Am 22. Februar, dem sogenannten Petritag, können Kinder in Kampen,

Keitum und den anderen Inselorten ausschlafen. Dabei hätten dies wohl eher die Erwachsenen nötig, die am Abend zuvor mit viel Grünkohl und noch mehr Schnaps das traditionelle Biikebrennen gefeiert haben. Mit diesem Fest, das für manchen Sylter wichtiger ist als Weihnachten und Silvester, verabschieden die Insulaner am 21. Februar den Winter.

Ursprünglich wurde mit den brennenden Biiken (friesisch für Seezeichen oder Feuermal) jedoch den Walfängern Lebewohl gesagt, die am darauffolgenden Petritag, dem Namenstag des Schutzpatrons der Fischer, traditionell in die Walfangsaison starteten. Bevor die Männer raus aufs Meer fuhren, wurde ein Gerichtstag abgehalten, damit für die zurückbleibenden Frauen und Kinder alles geregelt ist, falls die Männer nicht wiederkehrten. Heute tragen die Insulaner für ihr wichtigstes friesisches Fest oft tagelang Reisig, altes Reet und Christbäume zusammen, die ein Trecker am Morgen des 21. Februars meterhoch auftürmt. Dass dies erst am Morgen des Biikebrennens geschieht, hat zwei Gründe: Zum einen soll damit vermieden werden, dass sich dort Vögel einnisten, zum anderen gehört der Versuch, die Biike der anderer Dörfer vorzeitig anzustecken, zum Brauch. Früher, als es auf der Insel kaum Brennmaterial gab, ein Problem – heute ein großer Spaß für alle Beteiligten, die gemeinsam Wache halten und auf ihre Biike aufpassen. Abends trifft man sich dann mit Fackeln bewaffnet und zieht – oftmals in Begleitung einer Musikkapelle – gemeinsam zum Platz des Biikefeuers.

Vom Schickimicki-Image, das Sylt oftmals nachgesagt wird, ist an diesem Abend wenig zu spüren: Statt Pumps trägt man Gummistiefel, statt Pelzmantel Friesennerz, und statt am Champagnerglas zu nippen trinkt man Schnaps. Auf ex natürlich. Das Motto des Biikebrennens: Urig statt glamourös. Dass die Insulaner bei ihrem wichtigsten Fest schon lange nicht mehr unter sich sind, stört die meisten wenig. Im Gegenteil: Vielen ist es eine Herzensangelegenheit, den Touristen einen Teil ihres friesischen Brauchtums näherzubringen und sie ein wenig am Leben auf der Insel teilhaben zu lassen. Und spätestens wenn die erste Schnapsflasche leer ist, haben sich sowieso alle lieb. Doch zuvor heißt es warten, bis die Biike fällt. Denn erst dann darf das Feuer verlassen und gefeiert werden. Beim Warten lauscht man den Ansprachen und flammenden Reden, die traditionell auf Söl'ring gehalten werden und in denen aktuelle Probleme wie die Wohnungsnot auf Sylt thematisiert werden – übers Megafon der örtlichen Feuerwehr. Apropos Feuerwehr: Wenn die Besucher des Biikebrennens sich schon mit Grünkohl und Kassler stärken und mit Schnaps in Stimmung bringen, müssen die Feuerwehrleute weiterhin das Feuer bewachen. Oftmals dauert es mehrere Tage, bis alle Glutnester ausgegangen sind. Die Biike sollte möglichst komplett zu Asche verbrennen, da die Reste nicht liegen gelassen werden dürfen, sondern kostenpflichtig entsorgt werden müssen. Abgerechnet wird dabei nach Kilogramm.

Seit 2014 gehört der heimische Nationalfeiertag der Friesen übrigens zum »Nationalen immateriellen Kulturerbe der UNESCO«, und wenn Sie selbst einmal im nächsten Jahr dabei sein wollen, sollten Sie sich beeilen: Die Biike-Zeit ist auf Sylt äußerst beliebt, viele Gästebetten sind schon frühzeitig ausgebucht. Ich wünsche Ihnen viel Spaß, und vergessen Sie bloß nicht, Ihre Gummistiefel und den Friesennerz einzupacken. Und am besten eine große Packung Kopfschmerztabletten. Der Inselschnaps soll es in sich haben …

43. GRUND

Weil hier Rosen nicht nur Dekoration, sondern eine Spezialität sind

Finden Sie nicht auch, dass es auf Sylt wahnsinnig gut riecht und dass dieser typische Sylt-Geruch – neben dem von frisch gebackenem Apfelkuchen – der schönste der Welt ist? »Schuld« an diesem schönsten Geruch der Welt ist neben der salzigen Nordseeluft vor allem die Kartoffelrose. Nie gehört? Kennen Sie nicht? Kennen Sie doch! Denn die Kartoffelrose ist quasi die Nationalpflanze der Sylter, die deren Namen allerdings nicht ganz so hübsch fanden wie die Rose selbst und diese daher kurzerhand in »Sylt-Rose« umbenannt haben. Ursprünglich stammt die Heckenrose, die im Sommer von Hörnum bis List in Weiß oder Rosa blüht, von der ostasiatischen Halbinsel Kamtschatka. 1890 brachten Sylter Seefahrer die robuste und anspruchslose Pflanze mit, die seitdem Gärten, Friesenwälle und Dünen auf der Insel ziert. Letztere übrigens aufgrund ihres starken Wurzelwerks, das sich perfekt zur Dünenbefestigung eignet. So sehr die Sylt-Rose die Urlauber erfreut, so sehr ärgert sie manchen Gärtner, denn sie wächst und gedeiht auch an Orten, an denen sie eigentlich nicht erwünscht ist, und verbreitet sich dank der Sylter Vogelwelt, die die orangeroten Hagebutten frisst und wieder ausscheidet, rasend schnell. Denn die Sylt-Rose hat nur einen natürlichen Feind: lang anhaltenden Bodenfrost. Und den gibt es auf Sylt nicht.

Sehr zur Freude der kulinarischen Insel-Institution Johannes King, seines Zeichens Sternekoch, Restaurantchef im Rantumer Söl'ring Hof und großer Sylt-Rosen-Fan. Der gebürtige Schwabe hat schon früh erkannt, dass sich die rosafarbenen Blüten nicht nur als Deko neben dem Teller, sondern auch als Essen auf dem Teller hervorragend eignen. Mittlerweile züchtet er die Rosen im eigenen Garten direkt hinterm Deich und kreiert daraus seine berühmten Rosenprodukte, die nicht nur lecker, sondern auch noch sehr gesund sind, denn das Fruchtfleisch der Heckenrose ist reich an Vitamin C. King verarbeitet die getrockneten und gemahlenen Blüten zu edlem Rosenzucker, der perfekt zu Joghurt, Quark oder, zusammen mit ungesüßter Sahne, zu frischen Waffeln passt.

Wer es lieber herzhaft mag, der findet im Genuss-Shop von Johannes King (Gurtstig 2, Tinnum) neben Rosenessig auch Rosensalz, das der Zweisternekoch am liebsten auf einem Vollkornbrot mit Frischkäse und Radieschen isst. Außer bei Johannes King gibt es die Sylt-Rosen-Produkte in ausgewählten Souvenirshops auf der ganzen Insel und zum Beispiel auf dem Westerländer Wochenmarkt, auf dem die Manufaktur »Sylt-Mari im Rosenglück« Essig, Chutneys und Fruchtaufstriche verkauft. Die Produkte versprechen nicht nur Sylt-Rosen-Feeling für zu Hause, sondern haben zudem einen weiteren positiven Nebeneffekt: Ihr Nachbar wird es Ihnen danken, wenn Sie einen leckeren Essig oder eine duftige Seife mitbringen, anstatt einer Sylt-Rose im Topf, die ihm womöglich schon bald ein paar Ableger im Garten beschert. Ungewollte Ableger wohlgemerkt. Denn vielleicht mag Ihr Nachbar gar keine Sylt-Rosen. Schwer vorstellbar, ich weiß … Aber möglich ist alles!

44. GRUND

Weil auf Sylt sogar die Gesetze friesisch sind

Diesen Grund möchte ich mit folgenden »Lebensweisheiten« beginnen: »Et kütt wie et kütt« und »Et hätt noch immer joot jejange«. Klingt für Sie wenig friesisch? Ist es auch nicht. Diejenigen unter Ihnen, die schon einmal in Köln waren oder vielleicht sogar dort leben, werden sicher erkannt haben, dass es sich dabei um den zweiten und dritten Artikel des »Kölschen Grundgesetzes« handelt. Dieses ist eine Art Leitfaden für das Leben in der Stadt und beschreibt elf typisch Kölsche Lebensweisheiten. Die eben genannten Artikel bedeuten übrigens übersetzt »Es kommt, wie es kommt« und »Es ist noch immer gut gegangen«. Will sagen: »Du kannst zwar nichts an dem, was kommt, ändern, aber bisher hat immer alles irgendwie geklappt, also wird es auch beim nächsten Mal gut gehen.« Keine allzu schlechte Lebensweisheit, wie ich finde …

Und jetzt verrate ich Ihnen, was all das in einem Buch über Sylt zu suchen hat. Ganz einfach: Bei den Recherchen zu diesem Buch bin ich über das »Friesisch Gesetz« gestolpert und habe mir darunter das nordische Pendant zum Kölschen Gesetz vorgestellt. Also ein launiges und nicht ganz so ernst gemeintes Gesetz, das beschreibt, wie die Friesen leben, denken und wie sie sind. Aber: Pustekuchen! Denn das Friesisch Gesetz ist ein richtiges Gesetz. Mit Abstimmung im Schleswig-Holsteinischen Landtag, Erlass und allem Pipapo. Offiziell heißt es »Gesetz zur Förderung des Friesischen im öffentlichen Raum« und sorgt seit dem 13. Dezember 2004 dafür, dass das Friesisch in bestimmten Bereichen gestärkt, geschützt und gefördert wird. So ist Friesisch dank des Gesetzes neben Deutsch die zweite im Amtsgebrauch zugelassene Sprache, was bedeutet, dass Behörden Anträge und Formulare zweisprachig verfassen können und dass sowohl Ortsschilder als auch öffentliche Gebäude in beiden Sprachen, also Hochdeutsch und Friesisch, beschildert werden dürfen. Außerdem legt das Gesetz fest, dass friesische Sprachkenntnisse bei der Einstellung im Öffentlichen Dienst berücksichtigt werden, sofern diese bei der jeweiligen Stelle erforderlich sind.

Bei den Syltern dürfte die Freude über den Erlass des Gesetzes besonders groß gewesen sein, denn sie waren schon immer Vorreiter, wenn es darum ging, sich für ihre Sprache – und damit für einen Teil ihrer Kultur – einzusetzen. So war Sylt 1909 der erste Ort in Nordfriesland, an dem in der Schule regulärer Friesischunterricht erteilt wurde. Und auch einige Jahrzehnte später ging von der Insel eine Signalwirkung aus, als in den 1970er-Jahren auf Wunsch vieler Eltern Friesisch als Unterrichtsfach an die Schulen zurückkehrte. Eine gute und wichtige Idee, denn so einfach die oben erwähnten Kölschen Weisheiten ins Hochdeutsche zu übersetzen sind, so schwierig ist das beim Friesischen. Oder haben Sie eine Idee, was »Dit wel ske, wan Weestersir drüch lapt« bedeuten könnte? Ich verrate es Ihnen: »Das wird geschehen, wenn das Meer an der Westseite trocken fällt«. Und wenn Sie sich auch nur ein bisschen auf Sylt auskennen (wovon ich stark ausgehe, denn sonst hätten Sie nicht dieses Buch gekauft), dann wissen Sie auch, was uns diese Redewendung sagen will! Wenn nicht, geben Sie bei Google doch einfach mal »Sylt« und »Westseite« ein. Oder schauen sich eine Karte der Insel an. Viel Erfolg!

Weil Langeweile auf Sylt ein Fremdwort ist

Diesen Grund widme ich all denen, die immer wieder behaupten, Urlaub auf einer Nordsee-Insel sei langweilig. Urlaub auf irgendeiner Nordsee-Insel vielleicht, Urlaub auf Sylt definitiv nicht. Denn von Surf-Cup bis Shanty-Chor-Festival, von Kabarett bis Kampener Gourmet-Festival, von Winzerfest bis Hafenfest – auf Sylt ist immer etwas los. Und das ist keine Floskel, sondern eine Tatsache.

Wie viele Veranstaltungen es übers Jahr verteilt zwischen List und Hörnum gibt, weiß wohl niemand so genau … Meinen Versuch, diese im Veranstaltungskalender von Sylt-Tourismus (www.insel-sylt.de/veranstaltungen) für Sie zu zählen, musste ich leider nach zwei Stunden abbrechen. Ich habe ja nicht ewig Zeit, schließlich habe ich ein Buch zu schreiben. Fest steht, von der Fülle an Veranstaltungen, die die Insel zu bieten hat, kann sich so manche Großstadt eine Scheibe abschneiden. Da ich hier aus verständlichen und auch aus Platzgründen nicht alle Veranstaltungen aufführen kann, möchte ich Ihnen (und vor allen den »Urlaub-auf-einer-Nordsee-Insel-ist-langweilig-Nörglern«) an dieser Stelle nur ein paar Highlights vorstellen, wobei Sie die genauen Termine bitte oben genanntem Veranstaltungskalender entnehmen:

Die Veranstaltungssaison auf Sylt wird direkt am 1. Januar mit dem legendären Neujahrsbaden eröffnet, bei dem sich Mutige (oder Verrückte) vor Wenningstedt in die eiskalten Fluten stürzen. Ebenfalls immer im Januar findet das mehrtägige Gourmet-Festival in Kampen statt. Dort zeigen die besten Köche Europas ihr

Können, und Spitzenwinzer präsentieren ihre edlen Tropfen. Das unbestrittene Highlight im Februar ist natürlich das Biikebrennen (21. Februar), bei dem in verschiedenen Inselorten symbolisch der Winter verbrannt und anschließende bei Grünkohl und Schnaps bis spät in die Nacht gefeiert wird. Die überzähligen Schnapskalorien können Sie sich dann beim Sylt-Lauf abtrainieren, der Mitte März stattfindet und jährlich bis zu 1.400 Läufer anlockt. Die Strecke führt über 33,333 Kilometer von Hörnum im Süden bis List im Norden.

Für die kleinen Läufer hat Sylt natürlich auch etwas zu bieten: den Ostereierlauf auf der Kampener Whiskymeile (Ostersonntag). Weniger lang, aber deshalb nicht weniger schwierig. Ziel ist es, ein Osterei auf einem Löffel unbeschadet ins Ziel zu transportieren. Es gilt also: Geschicklichkeit vor Schnelligkeit. Sportlich – und exklusiv – geht es im April weiter, wenn die Sylter Privathotels zum mehrtägigen Golfturnier »Private Open Sylt« einladen, bei dem nicht nur auf den Sylter Plätzen, sondern auch auf der Nachbarinsel Föhr gespielt wird. Im Mai beginnt die Musikmuschel-Saison. Bis Oktober gibt es dann auf der Westerländer Promenade fast täglich Konzerte – von Rock 'n' Roll bis Schlager, von Klassik bis Pop.

Weitere Highlights im Mai: das Harley-Davidson-Treffen (siehe Grund 69), der Euro-Windsurf-Cup am Brandenburger Strand, der traditionell die Eröffnung der Surfsaison einleitet, und der Beach Polo World Cup in Hörnum mit Pferden, Partys und Prosecco. Im Juni wird es mit dem Shanty-Chor-Festival dann musikalisch. Chöre aus ganz Deutschland präsentieren über mehrere Tage ihre Seemannslieder an verschiedenen Inselorten. Im Juli gibt es dann gleich mehrere Veranstaltungshighlights: Der Inselcircus schlägt auf der Wiese zwischen Wenningstedt und Kampen seine Zelte auf und bietet verschiedene Workshops an, bei denen sich Kinder zu Artisten ausbilden lassen können. Außerdem finden im Juli der Kitesurf World Cup, die German Polo Masters in Keitum sowie das

Winzerfest auf der Westerländer Promenade und das Dorfteichfest in Wenningstedt statt. Nicht zu vergessen das Meerkabarett, bei dem von Juli bis September namhafte Comedians, Schauspieler und Autoren in den Räumlichkeiten der Sylt Quelle in Rantum auftreten. Ein weiteres Highlight im Sylter Veranstaltungskalender ist die Sylter Sailing Week, die im August Segelfans aus der ganzen Welt nach Westerland lockt. Weitere Veranstaltungen im August sind das Hörnumer Hafenfest, die Sylter Gospelnacht und das Klassik-Event »Arien am Meer«, bei dem sich die Westerländer Promenade in eine Freiluftoper verwandelt.

Weniger musikalisch, dafür umso sportlicher ist der September mit dem Run ums Rantumbecken, einem zehn Kilometer langen Lauf durchs Naturschutzgebiet sowie dem Longboardfestival an der Buhne 16 und natürlich dem Höhepunkt der Surfsaison – dem Windsurf World Cup mit spannenden Wettkämpfen und einem bunten Rahmenprogramm. Ab Oktober wird der Veranstaltungskalender dann ein wenig leerer, und auf der Insel wird es ruhiger, bevor im November die Weihnachtsmärkte eröffnen und am 26. Dezember das traditionelle Weihnachtsbaden stattfindet, bei dem sich – wie beim Neujahrsbaden – in die eiskalten Fluten gestürzt werden darf. Das Veranstaltungsjahr auf Sylt endet mit der wohl längsten Silvesterparty der Welt, der Wenningstedter »Kliffmeile«. Die Veranstaltungsreihe beginnt bereits einige Tage vor dem Jahreswechsel, und neben einem Fackellauf, verschiedenen Wanderungen und Spaziergängen gibt es Konzerte und Mitmachaktionen für Jung und Alt.

Jetzt müssen Sie sich nur noch überlegen, welche der Veranstaltungen Sie gerne einmal erleben wollen, und Ihren nächsten Sylt-Urlaub dementsprechend planen. Und die »Urlaub-auf-einer-Nordsee-Insel-ist-langweilig-Nörgler«, die Sie sicher auch kennen, nehmen Sie am besten direkt mit.

Weil Sie dank mir jetzt endlich mitreden können

In Grund 34 haben Sie ja schon einmal ein paar Wörter Söl'ring gelernt. Das ist schon mal ganz gut, um bei den Insulanern ein wenig Eindruck zu schinden und nicht als ignoranter Tourist, der sich nur für Strandpartys und Shopping-Trips interessiert, abgestempelt zu werden. Noch besser ist es allerdings, wenn Sie ein paar typische Sylter Begriffe kennen. Denn dann dürfen Sie sich zu den wahren Sylt-Kennern zählen, die über oben genannte ignorante Touristen nur müde lächeln und ganz souverän mit Einheimischen Fachgespräche über Alkoven, Jöölboom und Friesenwälle führen. Noch nie gehört? Kein Problem! Einfach weiterlesen, einprägen – und schon können Sie mitreden.

Alkoven

Alkoven sind die kojenartigen Betten, die früher in den Friesenhäusern in die Wand eingelassen wurden und eher an einen Schrank als an eine gemütliche Schlafstätte erinnern.

Eine typische Alkove war rund 1,70 Meter lang und teilweise nur 90 Zentimeter schmal. An der Decke war zumeist ein Seil angebracht, das als Aufstehhilfe diente, und es gab außerdem zwei Schranktüren, die von innen zugezogen wurden, damit man es auch im Winter einigermaßen warm hatte. Zwei originale Alkoven aus dem 8. Jahrhundert können im Museum »Altfriesisches Haus« zwar nicht probegelegen, aber immerhin angeschaut werden.

Jöölboom

Ein Jöölboom ist die Sylter Variante des Weihnachtsbaumes, der aus einem Holzgestell besteht, in das ein Kranz aus grünen Zweigen eingebunden ist. Traditionell wird der Jöölboom mit Salzteigfiguren geschmückt und enthält meist auch noch vier Kerzen, die, entsprechend denen eines Adventskranzes, an den vier Sonntagen vor Weihnachten entzündet werden. Seinen Ursprung hat der Jöölboom in der Zeit vor Anfang des 19. Jahrhunderts, in der es auf Sylt praktisch keine Bäume gab. Der aufkommende Brauch des Weihnachtsbaumes machte die Sylter erfinderisch, und statt einer Tanne stellten sie sich fortan ihre ganz eigene Version eines Weihnachtsbaumes auf, der sich auch heute noch großer Beliebtheit erfreut.

Friesenwall

Friesenwall heißen die hübschen, meist runden und mit Kiefern und Sylt-Rosen bewachsenen Steinwälle, die man vor so gut wie jedem Reetdachhaus auf Sylt findet. Einen echten Friesenwall erkennt man daran, dass beim Bau kein Mörtel benutzt wird. Stabilität erhalten die aufgeschichteten Findlinge ausschließlich durch Erde, die hinter die Steine gefüllt und festgedrückt wird. Damit die Statik stimmt, werden Friesenwälle mit einem Neigungswinkel von zehn bis einem Prozent errichtet. Entstanden sind die Trockenmauern ursprünglich in den Marschgebieten Frieslands, in denen es weder Steinbrüche noch ausreichend Holz gab, um Häuser einzufrieden. Somit mussten sich die Einwohner mit Findlingen und Geröll behelfen.

Giftbuden

Was gefährlich klingt, ist halb so wild – zumindest, wenn man kein Problem mit hochprozentigem Kümmelschnaps, dem sogenannten »Gift«, hat, der den Buden ihren Namen gab. Denn »Giftbuden« nannte man die Holzbaracken, die mit Aufkommen des Tourismus am Westerländer Strand entstanden und in denen ebenjener Schnaps verkauft wurde. Somit waren die Giftbuden quasi die Vorgänger von Sansibar, Grand Plage & Co.

Klöntür

Die Klöntür ist, so würde ich vermuten, ganz klar die Erfindung einer Frau. Oder haben Sie schon mal einen Mann gesehen, der ganz entspannt einen (langen) Plausch mit dem Nachbarn über das Wetter oder das Leben an sich hält? Sehen Sie! Eine Klöntür jedenfalls hilft bei einem solchen Plausch ungemein. Als »Klöntür« bezeichnet man die zum Garten führende Tür in einem Friesenhaus, die horizontal zweigeteilt ist. Eine praktische Sache, denn sie lässt sich auch nur in der oberen Hälfte öffnen, sodass zum einen Haustiere nicht entwischen können und andere Tiere nicht ins Haus gelangen, zum anderen kann man sich ganz gemütlich auf der unteren Hälfte abstützen und – genau: plauschen, also klönen.

Pesel

»Pesel« hieß nicht nur das Gourmetrestaurant von Sternekoch Jörg Müller in Westerland, sondern auch die »gute Stube« in einem typischen Friesenhaus. Ein »Pesel« war quasi der repräsentative Vorzeigeraum, der direkt neben der Alltagswohnstube, dem sogenannten »Kööv«, lag. Im aufwendig eingerichteten und dekorierten Pesel fanden wichtige Familienfeiern statt, und es wurden dort nicht nur Gäste empfangen, sondern auch bis zur Beerdigung die Toten aufbewahrt.

Seekühe

Jetzt fragen Sie sich sicherlich, warum ich Ihnen erklären will, was Seekühe sind. Dabei will ich das ja gar nicht. Oder besser gesagt, ich will Ihnen nicht erklären, was die tierischen Seekühe sind. Vielmehr geht es um die vier- und sechsfüßigen Betongerüste, die an der Ostküste kurz vor List aus dem Watt ragen. Ja, genau die, die man schon aus weiter Entfernung vom Autozug aus sieht – und die tatsächlich aussehen wie riesige Tiere. Die Sylter nennen diese Gerüste »Seekühe«, und sie sind nicht etwa, wie ich bisher angenommen habe, zum Austernzüchten gedacht, sondern vielmehr ein Überbleibsel aus dem Dritten Reich. Damals wurden sie für die Luftwaffe als

Zielscheiben für Schießübungen errichtet – und seitdem wurde wohl irgendwie vergessen, sie wieder abzubauen.

Der blanke Hans

Anders als der Name vermuten lässt, handelt es sich bei diesem Begriff nicht um einen Exhibitionisten namens Hans, der auf der Insel sein Unwesen treibt. »Blanker Hans« bedeutet wörtlich »ärmlicher Geselle« und steht sinnbildlich für die tobende Nordsee bei Sturmfluten. Der Begriff geht auf den Chronisten Anton Heimreich zurück, der in einer seiner Aufzeichnungen einem Deichgrafen den Ausruf »Trutz nun, blanke Hans« in den Mund legte. Gemeint war dies als Herausforderung an die Nordsee, die er als »ärmlicher Geselle« bezeichnete. Denn der Deichgraf stand bei diesem Ausruf auf einem vermeintlich sicheren Deich, der gerade neu gebaut war und der Nordsee trutzen sollte – was er leider nicht tat.

So, ich hoffe, das reicht Ihnen erst einmal für den nächsten Small Talk mit den Insulanern, den Sie ja vielleicht sogar an der Klöntür eines Friesenhauses führen können. Hoffen wir nur, dass beim Klönen die Sonne scheint und nicht etwa der »blanke Hans« im Anmarsch ist.

Weil Kinder in einem zweiwöchigen Sylt-Urlaub jeden Tag etwas Neues erleben können

Sylt – der wohl schönste Sandkasten der Welt. Mit 40 Kilometern Strand ist die Insel ein Paradies für Kinder. Zumindest für die, die gerne buddeln. Und welches Kind tut das nicht? Aber mal ehrlich: 14 Tage buddeln und Sandkuchen backen können auf Dauer ziemlich langweilig werden – und zwar für Kinder und Eltern. Wie gut, dass Sylt für die kleinen Inselbesucher so viele abwechslungsreiche Angebote bereithält, dass sie problemlos jeden Tag etwas Neues erleben können. So hat Langeweile in den Ferien keine Chance, und die lieben Kleinen sind abends schön müde und schlafen schnell ein – wovon Sie dann ja auch etwas haben. Hier meine Tipps für glückliche (und müde) Mini-Touristen:

Tag 1: Wildniskurs für Entdecker

Unter www.workshop-sylt.de kann neben Schnitz-, Schmiede- und Bildhauer-Workshops auch ein Wildniskurs gebucht werden. Dort lernen Kinder und Jugendliche unter anderem, sich mit Kompass zu orientieren, Lagerfeuer zu machen sowie Wasser und Nahrung in der Natur zu finden.

Tag 2: Mini-Cross fahren

Gas geben auf der Kinder-Motorradbahn der Norddörfer Halle in Wenningstedt (Norderweg 3) – natürlich unter Aufsicht und gut geschützt durch einen Helm. Nur bei trockenem Wetter! Weitere Informationen gibt es unter www.mini-cross.de.

Tag 3: Besuch im Sylt Aquarium

In Westerland (Gaadt 33) können über 2.000 heimische und tropische Meeresbewohner beobachtet werden. Highlights: Die täglichen Fütterungen und die beiden begehbaren Wassertunnel, in denen die Sylter Haie zum Greifen nah sind. Öffnungszeiten und Preise unter www.syltaquarium.de

Tag 4: Fahrt zu den Seehunden

Mit den Adler Schiffen (www.adler-schiffe.de) geht es mehrmals täglich ab Hörnum oder List zu den der Insel vorgelagerten Seehundbänken, den Ruheplätzen Hunderter Seehunde und Kegelrobben. Während der Fahrt dorthin können die Kinder hautnah einen Seetierfang erleben.

Tag 5: Planschen in der Sylter Welle

Von dieser Aktivität haben auch Sie etwas – versprochen! Denn die Sylter Welle in Westerland ist nicht nur ein Paradies für kleine Wasserratten, sondern bietet mit ihrer riesigen Badelandschaft, verschiedenen Saunen und Wellenbad auch viel Spaß (und Erholung) für die Großen. Öffnungszeiten und Preise unter www.sylterwelle.de.

Tag 6: Erlebniszentrum Naturgewalten

Im Erlebniszentrum am Lister Hafen können kleine (und große) Forscher erleben, wie sich ein echter Orkan anfühlt, in die Ausrüstung eines Polarforschers schlüpfen und nebenbei noch Wissenswertes rund um die Themen »Leben im Watt« und »Küstenschutz« erfahren. Alle wichtigen Informationen unter www.naturgewalten-sylt.

Tag 7: Tiere gucken in Tinnum

Im Tierpark Tinnum (Ringweg 100) gibt es auf 30.000 Quadratmetern nicht nur rund 400 einheimische und exotische Tiere zu bewundern, sondern auch einen See mit Tretbooten, einen Streichelzoo und einen großen Spielplatz – Hüpfburg und Karussell inklusive. Von Mai bis Oktober täglich zwischen 10 Uhr und 19 Uhr geöffnet.

Tag 8: Besuch beim Inselcircus

Wenn Ihre Kinder gerne einmal Zirkusluft schnuppern möchten, können sie dies im Inselcircus, der im Juli und August auf den Wiesen zwischen Wenningstedt und Kampen seine Zelte aufschlägt. Neben einem einwöchigen Mitmach-Zirkus-Workshop, in dem die Kinder zu Artisten ausgebildet werden, gibt es ein tolles abwechslungsreiches Programm für Tagesbesucher. Alle Informationen zum Programm und den Mitmach-Aktionen unter: www.inselcircus.de.

Tag 9: Minigolf spielen

Heute wird eingelocht – und zwar auf einem der drei Sylter Mini-golfplätze. Diese finden Sie in Wenningstedt (Dünenstraße 24a), in Rantum (Hafenstraße 12) und direkt am Westerländer Aquarium (Gaadt 33).

Tag 10: Ein Tag in der Villa Kunterbunt

In der Villa Kunterbunt an der nördlichen Promenade in Wester-land können Kinder zwischen drei und 13 Jahren unter Aufsicht toben, spielen, basteln, experimentieren und ganz viel Spaß ha-ben. Ein besonderes Highlight sind der Abenteuerspielplatz und die Thementage, die sich rund um Piraten, Hexen und Dschungel drehen. Die Villa Kunterbunt ist ein Angebot des Insel Sylt Touris-mus-Service. Informationen unter: www.insel-sylt.de/villa-kunter-bunt.

Tag 11: Ein Tag am Strand

Keine Sorge, hier geht es nicht um das eingangs erwähnte Buddeln, sondern um Sport, Spiel und Spaß am Brandenburger Strand in Westerland – dem sogenannten Fun Beach, der seinem Namen alle Ehre macht. Hier gibt es nicht nur Volleyballnetze und Fußballtore, sondern es können auch Frisbees, Boccia und andere Spielgeräte ausgeliehen werden, und es gibt täglich ein Animationsprogramm. Alle Angebote nur im Sommer, Informationen erteilt der Touris-mus-Service (www.insel-sylt.de).

Tag 12: Ponyreiten in Keitum

Das Glück der Erde liegt auf dem Rücken der Ponys – zumindest in Keitum. Denn dort gibt es gleich zwei Möglichkeiten, mit einem PS die Insel zu erkunden. Zum einen beim Reitstall Lorenz Hoffmann (Gurtstig 46, www.reitstall-hoffmann.de) und zum anderen bei der Reitschule Grünhof (Süderstraße 80, www.gruenhofsylt.de).

Tag 13: Piratenfahrt mit der »Gret Palucca«

Kinder zwischen vier und acht Jahren können von Ostern bis Oktober mehrmals wöchentlich an den spannenden Piratenfahrten mit der »Gret Palucca« ab List teilnehmen. Wie spannend die Fahrten tatsächlich sind, verrät Jonathan (einer, der es wissen muss) in Grund 40. Informationen, Abfahrtzeiten und Anmeldung unter: www.adler-schiffe.de.

Tag 14: Wanderung zu Wattwürmern & Co.

Die Schutzstation Wattenmeer (www.schutzstation-wattenmeer.de) bietet verschiedene Führungen speziell für Kinder, bei dem diese die Bewohner des besonderen Lebensraums Wattenmeer entdecken und erleben können.

So, jetzt wissen Sie, wie Ihre Kinder zwei Wochen lang Spaß auf Sylt haben können. Und damit Sie dabei nicht zu kurz kommen, schließlich ist es ja auch Ihr Urlaub, hier noch ein Tipp: Der Tourismus-Service vermittelt Ihnen gerne einen qualifizierten, liebevollen Babysitter! Viel Spaß – was auch immer Sie daraus machen!

*von oben nach unten: Naturschutzgebiet in Hörnum
(Grund 50) / Schafe hinterm Rantumbecken (Grund 59)
Rotes Kliff in Kampen (Grund 58) / großes Bild: Hörnum
Odde (Grund 50)*

KAPITEL 4

NATUR PUR

Weil es auf der Insel auch Berge gibt
(na ja, einen zumindest)

Der österreichische Nobelskiort Lech am Arlberg ist nicht ohne Grund seit 2002 Kampens Partnergemeinde. Neben der Tatsache, dass beides wunderschöne und nicht ganz günstige Orte sind, haben sie eine weitere Gemeinsamkeit: Berge. Beziehungsweise im Falle von Kampen nur einen Berg – die Uwe-Düne, die eine stolze Höhe von immerhin 52,5 Metern aufweist. Zugegeben, verglichen mit den über 2.500 Meter hohen Bergen rund um Lech ist der Sylter Hausberg nicht mal ein Hügelchen. Aber: Es ist ja alles relativ. Denn dafür, dass auf Sylt ansonsten alles ziemlich platt und unbergig ist, ist die Uwe-Düne relativ hoch. Und dafür, dass es so gut wie keine Steigungen auf der Insel gibt, ist der Aufstieg auf die Uwe-Düne relativ beschwerlich. Ganz und gar nicht relativ, sondern definitiv wunderschön ist die Aussicht, die einen für die 109 anstrengenden Stufen belohnt – relativ viele, wie ich finde.

Wer das ähnlich sieht wie ich, der wird sich über die Bänke freuen, die neben den Holzstufen zum Ausruhen einladen. Eine Einladung, die die Inselurlauber gerne annehmen, schließlich ist man nach ein paar Tagen Sylt völlig aus der Übung, was das Besteigen von »Bergen« betrifft. Hat man es endlich geschafft, erwartet den Dünenbezwinger zwar kein Gipfelkreuz, vor dem er für ein Foto posieren könnte, dafür aber eine Aussichtsplattform, die in den 1920er-Jahren gebaut wurde und einen tollen 360-Grad-Blick über die Insel bietet. Bei schönem Wetter kann man sogar bis zur dänischen Insel Rømø schauen. Wer Lust auf ein fast-alpines Erlebnis mit Nordseeblick hat, der findet die Uwe-Düne ganz in der Nähe des Roten Kliffs in Kampen. Und da sie im Umkreis von 40 Kilometern die höchste natürliche Erhebung ist, kann man sie gar nicht übersehen.

Benannt wurde die Düne übrigens nach dem Sylter Uwe-Jens Lornsen, der von 1793 bis 1838 lebte und sich während dieser Zeit einen Namen als Jurist, politischer Schriftsteller und Freiheitskämpfer machte. »Sein« Berg hätte ihm sicher gefallen, hat man doch dort oben ein wirklich wunderbares Freiheitsgefühl, wenn einem der frische Wind um die Nase weht, der Blick kilometerweit schweifen kann und das Meer unendlich erscheint. Wäre da nur nicht der Abstieg – der im Vergleich zum Abstieg von den Lecher Bergen zwar einem Spaziergang gleicht, wie ich finde, aber trotzdem anstrengend ist. Zumindest relativ.

49. GRUND

Weil hier jeder gerne Maut zahlt

Sylt – weiter nördlich geht nicht! Und das weiß auch mein Handy, das an der Nordspitze der Insel, dem Sylter Ellenbogen, in schöner Regelmäßigkeit piepsend verkündet, dass ich nun im dänischen Mobilfunknetz sei. Kein Wunder, befindet sich doch schon in etwa vier Kilometern Entfernung Sylts dänische Nachbarinsel Rømø. Doch der Sylter Ellenbogen hat noch sehr viel mehr zu bieten als die Tatsache, der nördlichste Punkt Deutschlands zu sein. Zwar sucht man hier Strandkörbe, Kioske und Restaurants vergeblich, und auch Rettungsschwimmer, wie es sie an allen anderen Inselstränden gibt, wird man hier nicht finden. Aber dafür etwas, was wohl nicht allzu viele auf Sylt vermuten würden: Einsamkeit und Ruhe. Am Ellenbogen ist es nie voll, und auch in der Hochsaison trifft man auf der zu List gehörenden Halbinsel mehr Schafe als Menschen.

Ein Grund dafür mag sein, dass der rund drei Quadratkilometer große Ellenbogen seit Jahrhunderten im Privatbesitz einer Erbengemeinschaft ist und Autofahrer fünf Euro Maut für die Nutzung der fünf Kilometer langen Ellenbogen-Straße zahlen müssen. Fünf sehr gut investierte Euro wohlgemerkt. Denn eigentlich ist das, was man auf dem Ellenbogen geboten bekommt, sowieso unbezahlbar: einsame Dünen, blühende Heide, der weißeste und feinste Strand der Insel und die fluffigsten Watte-Wolken-Formationen, die man sich vorstellen kann. Außerdem die offene Nordsee auf der einen und das ruhige Wattenmeer auf der anderen Seite. Treffen diese beiden Elemente vor der Ostspitze aufeinander, so entstehen dort lebensgefährliche Tiefenströmungen und sichtbare Wirbel, weshalb das Baden am Ellenbogen ausdrücklich nur in der Sonne erlaubt ist. Neben Baden sind auch Campen, Grillen und »wildes« Parken verboten. Wer sich nicht daran hält oder anderweitig unangenehm auffällt, der bekommt Ellenbogen-Verbot. Wie Fahndungsfotos hängen die Zettel mit den Nummernschildern derer, die den Ellenbogen nicht mehr betreten beziehungsweise befahren dürfen, am Kassenhäuschen – gut sichtbar für alle Besucher. Die strengen Regeln gibt es nicht ohne Grund, schließlich steht die Halbinsel nicht nur unter Naturschutz, sondern ist auch Vogelschutzgebiet, daher müssen Hunde immer angeleint sein, und Spaziergänger sollten während der Brutzeit lieber nicht durch die Dünen laufen.

Aus eigener Erfahrung weiß ich, dass man sich besser daran halten sollte und dass brütende Möwen-Mamis keinen Spaß verstehen, wenn man ihren Nestern zu nahe kommt. Ich sage nur so viel: Hitchcocks Vögel waren dagegen ein Kindergeburtstag! Wer genug von Natur und Einsamkeit hat, der findet mit dem Königshafen am südöstlichen Ellenbogen ein optimales Revier zum Kite- und Windsurfen. Besonders für Anfänger eignet sich die Bucht sehr gut, da der Wind fast immer optimal steht. Allerdings ist der Königshafen nur etwa zwei Stunden vor und zwei Stunden nach Hochwasser gefüllt. Bevor man sich mit dem Surfbrett auf in den Norden der Insel macht, lohnt also ein Blick auf den Gezeitenkalender. Weitere Höhepunkte – im wahrsten Sinne des Wortes – sind die beiden großen Leuchttürme, die Mitte des 19. Jahrhunderts nur drei Kilometer voneinander entfernt gebaut wurden und seitdem als nördlichste Bauwerke Deutschlands gelten.

Sylts hoher Norden ist also definitiv einen Ausflug (und fünf Euro Maut) wert, aber bitte unbedingt dran denken: Benehmen! Nicht, dass Ihr Nummernschild schon bald am Kassenhäuschen hängt!

Weil die Insel vergänglich ist

Die Vergänglichkeit Sylts wird mir bei jedem Spaziergang um die Hörnum Odde schmerzlich bewusst. Denn diese Spaziergänge werden Jahr für Jahr kürzer. Vor 30 Jahren, als mein Mann noch nicht mein Mann, sondern ein kleiner Hamburger Junge mit gelben Gummistiefeln war, brauchte man rund zweieinhalb Stunden, um die Südspitze einmal zu umrunden. Heute kaum noch vorstellbar, denn mittlerweile schafft man dies in etwa einer Stunde. Leider. Denn der südlichste Inselzipfel wird Jahr für Jahr immer schmaler. War sie 1972 noch so groß wie etwas 151 Fußballfelder, misst sie heute nur noch rund ein Fünftel dieser Fläche. Schuld daran sind die schweren Stürme, die in den letzten 50 Jahren so viel Sand abgetragen haben, dass die Südspitze um die Hälfte geschrumpft ist. Allein durch Orkan Xaver, der im Dezember 2014 tobte, wurde die Insel an dieser Stelle etwa 40 Meter schmaler. Und die Sylter haben den Naturgewalten wenig entgegenzusetzen.

Einen ersten Versuch, die Insel vor weiteren Landabbrüchen zu schützen, unternahm man in den 1960er-Jahren. Damals wurden fast 5.500 Tetrapoden nach Hörnum gebracht und als Barrikaden unmittelbar am Dünenrand aufgestellt. Die vierarmigen Betonblöcke, von denen ein einziger sechs Tonnen wiegt, sollten nicht nur die Küste, sondern auch die Häuser der Kersting-Siedlung schützen, die Anfang der 1960er-Jahre gebaut wurde. Leider bewirkten sie genau das Gegenteil: Die Tetrapoden verursachten bisher nicht gekannte Längsströmungen, die den Sand regelrecht unter ihnen wegzogen und so für noch mehr Landverlust sorgten. Die Folge: Fast die Hälfte der Betonkolosse versanken fast bis zur Unkenntlichkeit im Strand. Die Konsequenz: Um die kontraproduktiven Strömungen zu minimieren, wurde ein Großteil der Tetrapoden wieder ausgegraben und auf die Insel Helgoland gebracht, wo sie seitdem hoffentlich bessere Dienste leisten als auf Sylt. Nachdem die schweren Orkane im Winter 2013 der Insel vor allem im Süden schwer zugesetzt hatten und allein an der Westseite der Odde 20 Meter Landverlust zu beklagen war, entschied man sich dafür, dort doch wieder mehr Tetrapoden aufzustellen. Diesmal wurden sie allerdings als Wellenbrecher weiter weg von den Dünen und näher am Meer platziert – und zwar auf eine feste Vliesmatte, um sie vorm Einsinken zu schützen. Ob diese Idee die Odde, an der allein zwischen 1978 und 1988 rund 150 Meter Dünen verloren gingen, tatsächlich dauerhaft schützen kann, wird die Zeit zeigen.

Eine weitere Küstenschutzmaßnahme haben sicher die meisten von Ihnen während eines Strandspaziergangs im Sommer schon einmal beobachtet: ein riesiges Schiff rund zwölf Kilometer vor der Westküste, das sich über Wochen kaum vom Fleck bewegt. Schon einmal gesehen? Ich darf Ihnen verraten, dass es sich dabei nicht etwa um ein verirrtes Kreuzfahrtschiff handelt, dem der Sprit ausgegangen ist. Und es ist auch nicht die Küstenwache, die die Insel bewacht, weil dort gerade ein russischer Oligarch urlaubt. Vielmehr ist das Schiff ein sogenannter Hoppenbagger, besser bekannt als Spülschiff, das aus bis zu 23 Metern Tiefe Jahr für Jahr Millionen Kubikmeter Sand vom Meeresboden pumpt, in die Nähe der Küste fährt und von dort über eine 1,2 Kilometer lange Rohrleitung an den Strand transportiert. Wenn das Gemisch aus drei Teilen Sand und sieben Teilen Wasser in einer gewaltigen Fontäne aus den Rohren schießt, freuen sich nicht nur die Urlauber über dieses

Schauspiel, sondern auch die Möwen. Denn neben dem Sand, den Planierraupen am Strand verteilen, wird auch jede Menge Meeresgetier angespült, das es nicht mehr mühsam zu fangen, sondern nur noch ganz entspannt aufzupicken und zu genießen gilt. Durch die Sandaufspülungen wird ein flaches Strandprofil gebildet, das – weit genug von den Dünen entfernt – die Wellen brechen soll und zumindest vorübergehend auch tut. Denn meist holen sich die Sturmfluten im Winter den Sand, der im Sommer mühsam am Strand verteilt wurde, zurück.

Besonders schlimm traf es die Südspitze während der Sturmfluten im Herbst 2015, die einen kompletten, etwa 60 Meter breiten Strandabschnitt auf einer Länge von über 800 Metern weggespült und eine meterhohe Düne eingeebnet haben. In der Mitte der Odde klafft seitdem ein Riss, in dem sich ein Wassergraben gebildet hat und der, so sind sich Experten einig, früher oder später zur Sollbruchstelle werden wird. Schon eine der nächsten Sturmfluten könnte dafür sorgen, dass der äußerste Zipfel der Insel an dieser Stelle abgetrennt wird. Mittlerweile darf die Odde nur noch bei Niedrigwasser betreten werden, eine Wanderung bei Flut wäre aufgrund drohender Überschwemmungen zu gefährlich. Außerdem müsste man bei Hochwasser durch die empfindlichen Dünen laufen, was diesen erhebliche Trittschäden zufügen würde.

Die Stürme im Herbst 2015 haben leider wieder einmal bewiesen, dass noch immer keine Wunderwaffe gefunden werden konnte, die Sylt auf Dauer vor den Naturgewalten schützen kann. Die Insel ist vergänglich, und genau deshalb sollten wir sie nicht nur lieben, sondern auch mithelfen, sie zu schützen, zum Beispiel indem wir das Betreten-verboten-Schild in den Dünen nicht ignorieren, auch wenn die Aussicht von dort oben noch so schön sein mag.

Weil der Sonnenuntergang auf Capri einpacken kann

Diesen Sommer waren wir auf Capri, jener wunderschönen Insel im Mittelmeer, die einen ähnlichen Charme wie Sylt versprüht. Einen, den man schwer beschreiben und dem man sich noch schwerer entziehen kann. Nach unserem ersten Abend war mir klar: Gerhard Winkler hatte so was von recht, als er sein berühmtes Capri-Lied schrieb. Nirgendwo sonst auf der Welt versinkt die rote Sonne so schön und so dramatisch im Meer wie hier. Besser geht nicht. Und so erzählte ich nach unserem Urlaub jedem, der fragte, wie es denn so war, dass ich auf Capri den schönsten Sonnenuntergang erlebt hätte, den man sich nur vorstellen kann. Das erzählte ich allerdings nur so lange, bis ein paar Monate später unser nächster Sylt-Urlaub anstand und wir zum Sonnenuntergang-Gucken zum Roten Kliff nach Kampen fuhren. Denn sobald die erst zartrosa Färbung am Himmel über der Nordsee zu erkennen war, war Capri vergessen. Hatte ich wirklich behauptet, dass nirgendwo die Sonne so schön im Meer versinkt wie dort? Ich korrigiere: nirgendwo – außer auf Sylt. Genauer gesagt, am Roten Kliff. Wie konnte ich das jemals vergessen? Gut, der Sonnenuntergang auf Capri war wirklich sehr schön, aber kein Vergleich zu dem am Roten Kliff. Denn dort färbt die untergehende Sonne nicht nur das Meer leuchtend rot, sondern den Strand und das Kliff gleich mit. Dessen ohnehin schon sehr auffällige rote Farbe, die es dem eisenhaltigen Lehm zu verdanken hat, leuchtet bei Sonnenuntergang in einem so intensiven Rot, dass Capri einpacken kann. Und alle anderen Sonnenuntergangs-Hotspots der Welt gleich mit.

Bei Sonnenuntergang gibt es auf der ganzen Insel keinen romantischeren Platz – und leider auch keinen überlaufeneren. Denn dass die rund 50 Meter hohe Steilküste *der* Platz überhaupt ist, um die Sonne in der Nordsee versinken zu sehen, weiß auf Sylt so ziemlich jeder. Deshalb lohnt es sich, frühzeitig dort zu sein, um zwischen Hobbyfotografen mit riesigen Objektiven und verliebten Pärchen mit Decken und Weinflaschen noch ein gutes Plätzchen zu bekommen. Besonders gut gucken lässt es sich vom Dünenweg auf der Abbruchkante in der Nähe der Sturmhaube, oder aber unten am Strand, von dem aus man nicht nur das sich rot färbende Meer, sondern auch das leuchtende Kliff sieht. Ich garantiere Ihnen: So etwas Schönes haben Sie noch nie erlebt! Auch nicht auf Capri oder wo auch immer Sie denken, Sie hätten den schönsten Sonnenuntergang Ihres Lebens gesehen.

Und sollten Sie in absehbarer Zeit zufälligerweise einen Heiratsantrag planen, so lassen Sie sich gesagt sein, dass es dafür keine bessere Gelegenheit als einen romantischen Sonnenuntergang am Roten Kliff gibt. Ich spreche da aus Erfahrung!

52. GRUND

Weil die Natur hier wirklich phänomenal ist

Dass Sylt ein Phänomen ist, das wissen Sie. Aber wissen Sie auch, dass die Sylter Natur ebenfalls einiges an außergewöhnlichen und seltenen Phänomenen zu bieten hat? Besonders selten tritt (zum Glück) der Seenebel auf, denn er kann dem unkundigen Wattwanderer richtig gefährlich werden. Der plötzliche Nebeleinbruch entsteht, wenn die Temperatur der Meeresoberfläche deutlich niedriger ist als die der darüber liegenden Luftschicht. Das kalte Wasser kühlt die unteren Luftschichten ab, die dadurch dann weniger Feuchtigkeit aufnehmen können. Die Folge: 100 Prozent Luftfeuchtigkeit. Das Wasser kondensiert dadurch in der Luft, und es bilden sich kleine Wolkentröpfchen, es entsteht also Nebel. Und dieser kann innerhalb kürzester Zeit dazu führen, dass die Sicht nicht weiter als 20 bis 50 Meter reicht. Seenebel tritt zwar durchschnittlich nur an ein, zwei Tagen in den Sommermonaten auf, trotzdem sollte man vor Antritt einer Wattwanderung unbedingt die Wettervorhersage checken.

Deutlich schöner als das Naturphänomen Seenebel ist das Polarlicht, das meist in den Sommer- und Herbstnächten zu beobachten ist, aber auch in kalten Nordwindnächten im Januar und Februar auftreten kann. Das Polarlicht äußert sich in einem grünen oder roten flackernden Leuchten, das über den Nachthimmel huscht. Es entsteht an den magnetisch geladenen Polen der Erde, wenn elektrisch geladene Sonnenteilchen auf die Erdatmosphäre treffen und dort mit einer Geschwindigkeit von 200 Kilometern pro Sekunde auf Sauerstoffmoleküle treffen und diese zum Leuchten anregen. Dieses Leuchten ist in Höhen um 200 Kilometer rot, weiter unten in etwa 100 Kilometer Höhe grün. Ein hoch komplexer chemischer Prozess, den man nicht verstehen, aber unbedingt einmal erleben muss.

Genau wie mein Lieblings-Naturphänomen auf Sylt, das Meeresleuchten, das Sie nicht verpassen dürfen! Am besten kann man es in warmen und windstillen Sommernächten beobachten. Dann blitzt und leuchtet das Meer bei Bewegungen durch Wellen oder Schiffe grünlich fluoreszierend. Zu verdanken haben wir dieses einmalige Schauspiel dem Einzeller Noctiluca miliaris, der – ähnlich wie das Glühwürmchen – die Fähigkeit der Biolumineszenz, also der Lichterzeugung durch chemische Reaktion, besitzt. Besonders viele dieser Meeresleuchttierchen gab es im Juli 2013 vor der Sylter Westküste zu beobachten – und zwar auch tagsüber. Den Syltern und Urlaubern präsentierten sie sich als kilometerlanger schaumiger rosa Teppich am Strand und sorgten bei den einen für Begeisterung, bei den anderen für Besorgnis. Dabei sind die 0,5 Millimeter kleinen Plankton-Organismen völlig ungefährlich. Und in einer solchen Menge auch völlig ungewöhnlich. Also: Falls Ihnen einmal welche begegnen sollten: Nicht fürchten, sondern freuen! Und unbedingt für mich ein Foto machen!

PS: Sie sollten übrigens auch unbedingt an den kleinen Meeres-leuchttierchen riechen. Denn angeblich duften sie sehr lecker nach frischer Meeresbrise.

53. GRUND

Weil man auf Sylt mit Walen schwimmen kann

Mit Walen schwimmen? Auf Sylt? Echt? Ja, das geht! Aber nur mit ganz viel Glück. Na gut, vielleicht nicht direkt mit ihnen, aber zu-mindest ganz in ihrer Nähe. Die wenigsten, denen ich von meinem Wal-Erlebnis auf Sylt erzähle, wissen überhaupt, dass es vor der Insel tatsächlich Wale gibt. Zwar »nur« kleine Schweinswale, aber immerhin. Wal ist Wal. Im Wattenmeer vor Sylt und Amrum fühlt diese kleinste Walart sich besonders wohl, denn dort wurde 1999 das erste Walschutzgebiet Europas ausgewiesen, das die Tiere vor schnellen Booten oder Jetskis und anderen Gefahren, wie zum Beispiel der Stellnetzfischerei, schützen soll. Schätzungen zufolge leben dort etwa 6.000 Schweinswale, die mit ihrer Größe von bis zu 1,80 Metern und ihrer auffälligen dreieckigen Rückenflosse fast wie Delfine aussehen. Besonders gut beobachten lassen sich die Meeressäuger vor der Südspitze in Hörnum oder vor dem Sylter Weststrand, wo sie teilweise in nur 50 Metern Entfernung zur Küste nach Fischen jagen.

Meine erste Begegnung mit einem Schweinswal hatte ich vor ei-nigen Jahren bei einem Spaziergang um die Hörnum Odde, auf dem ich Ausschau nach Robben hielt, die dort regelmäßig ihre Köpfe aus dem Wasser strecken. Als ich glaubte, eine entdeckt zu haben, schnappte ich mir mein Fernglas und staunte nicht schlecht, denn die Robbe entpuppte sich tatsächlich als einer der kleinen Wale, von deren Existenz vor Sylt ich bis zu diesem Zeitpunkt noch nie gehört hatte. So schnell, wie er aufgetaucht war, war er dann allerdings auch schon wieder verschwunden. Und auf meinen Beweisfotos war leider auch nicht viel mehr als ein klitzekleiner schwarzer Punkt im Meer zu erkennen, der alles hätte sein können. Eine Robbe, eine Möwe, eine Boje, ein alter Schuh – oder eben ein Schweinswal. Seitdem habe ich nach jedem Spaziergang um die Odde einen steifen Hals, da ich während des Laufens stur nach rechts aufs Meer starre – in der Hoffnung, wieder einmal einen der kleinen Wale zu entdecken. Leider lange Zeit ohne Erfolg.

Im vergangenen Sommer wurde meine Hoffnung auf eine erneute Begegnung dann allerdings mehr als erfüllt. Mein Mann und ich beschlossen eines späten Augustnachmittags, in Westerland noch ein wenig schwimmen zu gehen. Wir planschten bereits eine Weile im seichten Wasser nahe dem Strand vor uns hin, als ich plötzlich in etwa 20 Metern Entfernung etwas Schwarzes neben mir auftauchen sah. Erst dachte ich tatsächlich an einen alten Schuh. Als das schwarze Etwas dann aber verschwand und an einer anderen Stelle wieder auftauchte, entpuppte sich der alte Schuh als junger Schweinswal, der sich bei seiner Suche nach frischem Fisch von uns nicht stören ließ und sogar noch ein Stück näher an uns herankam. Wir trauten nicht, uns zu bewegen, obwohl wir gerne unsere Kamera geholt hätten, um endlich das lang ersehnte Auf-Sylt-gibt-es-nämlich-doch-Wale-Beweisfoto zu schießen. Und bei aller Faszination, einem, wenn auch kleinen, Wal so nahe zu sein, war uns doch ein wenig mulmig zumute. Natürlich sind Schweinswale keine Orcas oder Haie, aber ein komisches Gefühl war es trotzdem. Man weiß ja nie ... Nach ein paar Minuten war unsere Begegnung mit dem Nordseebewohner dann auch schon wieder vorbei, und er schwamm weiter in Richtung Wenningstedt, vorbei an einem alten Schuh, den er genauso wenig beachtete wie uns.

Weil man für lange Mittsommernächte nicht extra nach Schweden fahren muss

Waren Sie schon einmal in Schweden? Wenn nicht, dann sollten Sie das schnellstmöglich nachholen, denn es gibt viele gute Gründe, ins Land von Pippi Langstrumpf, IKEA und Co. zu reisen. Zum Beispiel die bezaubernde Hauptstadt Stockholm, die wunderschöne Natur, die genauso schönen Menschen, die darüber hinaus auch noch alle wahnsinnig nett und höflich sind, die vielen kleinen Inseln mit den roten Bullerbü-Häuschen … und und und … Einen Grund, nach Schweden zu fahren, können Sie aber getrost vergessen: Die viel gepriesenen langen schwedischen Nächte, in denen die Sonne nicht unterzugehen scheint. Dafür müssen Sie nun wirklich nicht die lange Reise ins Elch-Land auf sich nehmen. Fahren Sie doch einfach nach Sylt, denn auch dort gibt die hellen Mittsommernächte, wenn natürlich auch nicht so extrem ausgeprägt wie in Schweden.

Auf Sylt kann man die Weißen Nächte am besten in den Wochen um die Sommersonnenwende am 21. Juni beobachten. Während dieser Zeit sind die Tage im Norden mit über 17 Stunden am längsten, dazu kommen jeweils noch eine Stunde Morgen- und Abenddämmerung, und auch um Mitternacht taucht die Sonne nur knapp unter den Horizont, sodass die ganze (kurze) Nacht über ein heller Schein am Himmel zu sehen ist, der dadurch zustande kommt, dass die Erdatmosphäre die Sonnenstrahlen stark bricht und somit immer noch etwas Sonnenlicht an den Himmel gelangt. Richtig schwarz und dunkel sind Nächte nur dann, wenn die Sonne in einem Winkel von mindestens 18 Grad unter dem Horizont steht und dadurch kein Sonnenlicht mehr den Himmel erreicht. In Deutschland kann man dieses Phänomen nur im äußersten Norden wie in Flensburg oder aber eben auf Sylt beobachten. Anfang August gehen die Weißen Nächte wieder zu Ende, die Tage werden kürzer, die Nächte dunkler.

Wenn Ihre Tage auf Sylt also immer so vollgepackt sind, dass Sie nicht wissen, wie Sie Strandspaziergang, Fahrradtour, Einkaufsbummel, Essengehen, Schwimmen und Drachensteigenlassen unter einen Hut bringen, dann fahren Sie doch das nächste Mal einfach zwischen dem 21. Juni und Anfang August auf die Insel. Dann haben Sie jeden Tag rund 19 Stunden Zeit (und Helligkeit), um all das Ganze entspannt zu erledigen.

Weil ein Aufenthalt auf Sylt gesund ist

Wenn ich Sylt verlasse und mit dem Autozug in Richtung Festland tuckere, dann bin ich traurig. Und wehmütig. Und voller Vorfreude, schon bald wiederzukommen. Einerseits. Andererseits bin ich aber auch wahnsinnig entspannt, gut erholt und habe dieses ganz besondere Alles-wird-gut-Gefühl, das ich immer habe, wenn ich mir ein paar Tage den Sylter Wind um die Nase habe wehen lassen. Ich wette, den meisten von Ihnen geht es ganz genauso. Woher das kommt? Zum einen natürlich von der Tatsache, dass man Stress, Termine und Alltagsprobleme auf dem Festland zurücklässt und seine Inseltage stattdessen mit langen Spaziergängen am Meer, leckerem Essen und massenweise Entschleunigung verbringt. Zum anderen liegt das gute Gefühl, mit dem wir Sylt verlassen, aber auch daran, dass der Aufenthalt dort einfach wahnsinnig gesund ist. Und das ist sogar erwiesen und erforscht.

Bereits in den 30er-Jahren des letzten Jahrhunderts beschäftigte man sich am Institut für Pathophysiologie und medizinische Klimatologie in Westerland mit der positiven therapeutischen Wirkung, die das Meeresklima auf den Menschen hat. Einer der Vorreiter war

Uwe Jessel, der den sogenannten »Frigorigraph«erfunden hat. Das Gerät, dessen Oberfläche der menschlichen Haut nachempfunden war und ähnlich wie diese auf Sonne, Wind und Regen ansprach, lieferte wichtige Messdaten, wie der Mensch auf das besondere Klima an der Küste reagiert. Damals wurden Jessel und seine Kollegen noch belächelt, und ihre Forschungsergebnisse wurden nicht ernst genommen. Heute weiß man um die therapeutische Wirkung des Meeres, die in der sogenannten Thalassotherapie allgemeine Anerkennung und Anwendung findet. Was aber macht einen Aufenthalt am Meer so besonders gesund? Und warum fühlen wir uns nach ein paar Tagen auf Sylt so frisch, fit und voller Tatendrang? »Schuld« daran ist vor allem das Meeresaerosol, also die feinsten Tröpfchen Meerwasser, die von der Brandung erzeugt und vom Wind über den Küstensaum verteilt werden. Wer diesen feinen Sprühnebel einatmet nimmt damit mehr als 30 wichtige Spurenelemente und Mineralien wie Jod, Natrium, Kalzium, Magnesium und Eisen auf. Dabei ist die Luft am Meer fast völlig frei von Schadstoffen, was sich positiv auf Krankheiten wie Asthma oder Allergien auswirkt.

Und das Meeresklima kann noch mehr: Die erhöhte UV-Dosierung, die man während eines Strandtages über die Haut aufnimmt, sorgt für eine verstärkte Vitamin-D-Bildung, die nicht nur wichtig für feste Knochen ist, sondern auch richtig gute Laune macht. Zudem gilt Meerwasser als besonders hautfreundlich und hat einen therapeutischen Effekt auf Neurodermitis oder rheumatische Erkrankungen. Last but not least hat man erforscht, dass die Witterungsschwankungen am Meer die Abwehrkräfte stärken und den Hormonhaushalt regulieren. Sie sehen, ein Aufenthalt auf Sylt macht tatsächlich nicht nur glücklich, sondern auch gesund, und ein Strandspaziergang ist quasi eine kleine Kur, die sich positiv auf Körper und Gemüt auswirkt. Nicht ganz so positiv ist allerdings der Effekt, den die Insel auf meine Waage hat. Denn dass das Meeresklima auch überaus appetitanregend ist, brauche ich an dieser Stelle wohl niemandem zu erzählen. Aber wen interessiert das schon, wenn wir dank ihm die Insel wahnsinnig entspannt, gut erholt und mit diesem ganz besonderen Alles-wird-gut-Gefühl verlassen und dabei voller Vorfreude sind, schon bald wiederzukommen. Auf diese Insel, die uns nicht nur glücklich macht, sondern auch noch so gesund für uns ist.

56. GRUND

Weil sogar Kindern Wandern hier Spaß macht

Dass Wandern tatsächlich eine Spaß bringende Freizeitbeschäftigung ist, habe ich erst mit Anfang 30 entdeckt. Die Jahre davor fand ich Wandern vor allem eins: langweilig. In meiner Kindheit gab es für mich nichts Schlimmeres, als mit meinen Eltern nach dem Sonntagskaffee einen Spaziergang zu machen, oder, noch schlimmer, sogar eine ganztägige Wanderung mit Rucksack, Wanderkarte und allem Drum und Dran. Als vor ein paar Jahren plötzlich alle anfingen zu wandern und ganz Deutschland davon schwärmte, wie wunderbar entschleunigend Wandern doch sei, probierten mein Mann und ich es auch einmal aus. Und was soll ich sagen? Seitdem haben wir nicht nur ein neues Hobby, sondern auch professionelle Wanderschuhe, wasserabweisende Wanderfunktionshosen und extraleichte Wanderrucksäcke im Schrank. Denn Wandern macht tatsächlich Spaß, ist wunderbar entspannend und zudem auch noch sehr gesund. Zugegeben, das sind nicht unbedingt Argumente, mit denen Sie Ihre Kinder davon überzeugen können, mit Ihnen einen Sonntagsausflug in den Stadtwald zu machen.

Daher: Sparen Sie sich Ihre Überredungskünste und warten einfach auf den nächsten Sylt-Urlaub, denn dort macht Wandern sogar Kindern Spaß, zumindest, solange sie barfuß durch den

Matsch, also das Watt, wandern dürfen und dabei Würmer, Muscheln und anderes Meeresgetier sammeln können – und davon gibt's im Watt vor Sylt mehr als genug. Auf einem Quadratmeter Schlick leben tatsächlich rund zwei Millionen Organismen. Diese, oder zumindest ein Teil davon, können bei speziellen Wattwanderungen für Kinder entdeckt werden, die unter anderem der Fremdenverkehrsverein Westerland (www.fvv-westerland.de) anbietet. Kinder lernen dort auf spielerische Art und Weise den besonderen Lebensraum Weltnaturerbe Wattenmeer kennen und erleben bei einer spannenden Wanderung auf dem Meeresgrund dessen vielfältige Bewohner. Sie erfahren, warum die Miesmuschel Miesmuschel heißt, wieso sich die kleinen Hügel auf dem Watt bilden, was Farbstreifensandwatt ist und wie Ebbe und Flut entstehen. Wandern im Sylter Watt macht aber natürlich nicht nur den kleinen Inselbesuchern Spaß.

Erwachsene, die noch mehr Watt und noch mehr Wandern wollen, können eine ganz besondere Tour unternehmen: Mit den Adler-Schiffen geht es von Hörnum nach Amrum, von dort aus zu Fuß etwa acht Kilometer durchs Watt auf die Nachbarinsel Föhr und mit dem Schiff bei Flut den gleichen Weg zurück, den man kurz zuvor noch gelaufen ist. Ein spannendes Erlebnis, das man – wie alle anderen Wattwanderungen auch – niemals ohne ortskundigen Führer unternehmen sollte, denn unterwegs von der Flut überrascht zu werden kann böse enden. Außerdem sollten Sie windabweisende, warme Kleidung und eine Kopfbedeckung dabeihaben, denn im Watt gibt es keinen Schatten. Barfuß gehen macht zwar nicht nur Kindern am meisten Spaß, allerdings muss man dabei gut aufpassen, dass man sich nicht an einer scharfen Muschelschale schneidet. Bei empfindlichen Füßen also lieber in Gummistiefeln oder wasserfesten Sandalen loslaufen.

Ich kann Ihnen zwar nicht versprechen, dass Ihre Kinder nach einer Wattwanderung auf Sylt so begeistert vom Wandern sind, dass sie auch zu Hause freiwillig in den Harz oder die Eifel mitkommen, aber einen Versuch ist es auf jeden Fall wert. Ich drücke Ihnen die Daumen!

Weil man sich auf Sylt fast wie in der Sahara fühlt

Dass es auf Sylt viel Sand gibt, ist nichts Neues. Und nichts Besonderes. Besonders ist aber, dass man diesen Sand nicht nur an den kilometerlangen Stränden findet, sondern auch in den Lister Wanderdünen – den größten ihrer Art in Deutschland und den letzten verbleibenden auf der Insel. Bis ins 19. Jahrhundert gab es vor allem im Sylter Norden und Süden zahlreiche Wanderdünen, von denen die Insulaner allerdings nicht halb so begeistert waren, wie wir es heute sind. Denn nach Stürmen verbargen die Wanderdünen nicht nur wertvolle Acker- und Weideflächen, sondern oftmals sogar ganze Häuser unter sich. Um sie am Wandern zu hindern, wurden sie systematisch mit Strandhafer bepflanzt. Im Jahr 1983 pflanzte man in Kampen probeweise Bergkiefern, die eine Wanderdüne aufhalten sollten, sich allerdings schnell den Stürmen geschlagen geben mussten.

Übrig blieben die Wanderdünen in List, die mittlerweile zu den Top-Sehenswürdigkeiten der Insel zählen und vor allem im Sommer, wenn zu ihren Füßen die Heide in einem satten Violett blüht, ein beliebtes Fotomotiv sind. Die Dünen sind rund 30 Meter hoch, haben eine zwei Kilometer lange Ausdehnung und sind etwa 600 Meter breit. Und wo wir gerade über Zahlen sprechen: Die Wanderdünen machen ihrem Namen alle Ehre und bewegen sich im Jahr durchschnittlich etwa vier Meter Richtung Osten.

In Jahren mit besonders vielen und starken Stürmen können dies aber auch schon einmal bis zu zehn Meter sein. Die Dünen kommen der Straße nach List immer näher und werden sie wohl eines Tages ganz unter sich begraben. Apropos »unter sich begraben«: Das Betreten der Dünen auf eigene Faust ist nicht nur gefährlich, sondern auch strengstens verboten. Denn seit 1923 stehen sie unter Naturschutz und dürfen heute nur noch im Rahmen von Führungen, die das Lister »Erlebniszentrum Naturgewalten« (www.naturgewalten-sylt.de) anbietet, betreten werden.

Weil hier jedes Kliff eine andere Farbe hat

Will man sich die Namen der vier Sylter Kliffs merken, so hat man es nicht besonders schwer, denn fast alle heißen so, wie sie aussehen: Da wäre zum einen das Weiße Kliff zwischen Munkmarsch und Braderup, das Rote Kliff in Kampen und das Grüne Kliff in Keitum. Nicht zu vergessen das Kliff in Morsum, das jedoch einfach nur »Morsum Kliff« heißt. Grund dafür ist, dass es nicht nur eine prägnante Farbe hat, sondern viele. Folglich müsste es also eigentlich »Buntes« Kliff heißen. Diese Buntheit verdankt das Kliff den verschiedenen sichtbaren Gesteinsschichten aus unterschiedlichen erdgeschichtlichen Epochen. Mit rund sieben Millionen Jahren am ältesten ist der schwarzgraue Glimmerton, der Fossilien wie Schnecken und Muscheln enthält. Etwas jünger (falls man in diesem Zusammenhang überhaupt von »jung« sprechen kann) ist der braunrote Limonitsandstein, der vor vier bis fünf Millionen Jahren entstanden ist und seine Farbgebung durch verwitterten Meeressand erhält.

Der weiße Kaolinsand, der am Morsum Kliff ebenfalls gut zu erkennen ist, ist rund zwei Millionen Jahre alt und besteht vor allem aus versteinerten Kieselschwämmen und Korallen. Fast wäre ein Spaziergang entlang des Naturdenkmals, das einen spannenden Einblick in mehr als zehn Millionen Jahre Erdgeschichte bietet, heute nicht mehr möglich gewesen. 1870 wollte der Geologe Ludwig Meyn am Kliff und in der daran angrenzenden 43 Hektar großen Heidelandschaft ein Bergwerk zur Eisenerzgewinnung bauen und zwei Gruben mit den Namen »Barbarossa« und »Ultima Thule« ausheben lassen. Glücklicherweise erwies sich der Sylter Boden dann als doch nicht so erzhaltig wie erwartet. Die Pläne verliefen im (wenig erzhaltigen) Sand, und das Morsum Kliff sowie die Heidefläche wurden 1923 unter Naturschutz gestellt.

Ans Rote Kliff von Kampen zieht es weniger die geologisch Interessierten als vielmehr Romantiker, Verliebte, Melancholiker und natürlich Fotografen, denn der Sonnenuntergang dort ist der schönste der ganzen Insel – wenn nicht sogar der Welt. Wenn die 30 Meter hohe Steilküste in fast schon kitschigem Rot mit der untergehenden Sonne um die Wette leuchtet, interessiert es wohl die wenigsten Anwesenden, dass das Kliff rund 120.000 Jahre alt ist und seine prägnante Farbe der Oxidation eisenhaltigen Lehms verdankt. Sie wahrscheinlich auch nicht, oder? Aber jetzt wissen Sie's – und ein wenig Bildung schadet ja nie, auch nicht beim Sonnenuntergangsschauen. Wie lange das dort überhaupt noch möglich sein wird, ist übrigens leider ungewiss, denn auch vor dem viereinhalb Kilometer langen Kliff machen die schweren Stürme nicht halt und sorgen dafür, dass die Abbruchkante jährlich um ein bis vier Meter weiter ins Landesinnere wandert. Um die Romantiker und Fotografen beim Romantischsein und Fotografieren vorm Absturz zu schützen, wurde 2013 eine Aussichtsplattform errichtet. Die bisher genutzten Trampelpfade sind aus Sicherheitsgründen seitdem an den besonders gefährdeten Stellen gesperrt.

Weniger romantisch geht es am rund drei Kilometer langen Grünen Kliff zu, das Keitum zum Wattenmeer begrenzt und seinen Namen der dichten Bewachsung seiner Oberfläche mit Gräsern und Wildkräutern verdankt. An Ostern ist es einer der beliebtesten Plätze für das Eierwerfen, eine Tradition, die heute auf der Insel fast ausgestorben ist. Ziel ist es, seine Eier zu werfen, ohne dass die

Schale beschädigt ist. Passiert dies doch, geht das Ei an den Gegner, der es an Ort und Stelle aufisst.

Essen kann man am Weißen Kliff zwischen Munkmarsch und Braderup derzeit zwar leider nicht, denn der gleichnamige Gasthof ist aufgrund von Renovierungen auf unbestimmte Zeit geschlossen, aber schön ist es hier natürlich trotzdem. Vor allem im Spätsommer, wenn die Heide auf der 15 Meter hohen Steilküste blüht – ein Farbenspiel, das das Herz eines jeden Fotografen höher schlagen lässt. Apropos Farbe: Das Weiße Kliff ist weiß, weil es aus weißem Kaolinsand besteht, der an der Sylter Ostküste an mehreren Stellen zutage tritt. Der Sand wurde im Delta eines skandinavischen Flusssystems abgelagert, das hier vor zwei bis drei Millionen Jahren mündete, und besteht aus unzähligen Edel- und Halbedelsteinkörnchen.

So, wenn Sie sich das jetzt alles merken konnten, dann sind Sie beim nächsten Kliffspaziergang der Held. Und wer weiß, vielleicht treffen Sie ja beim Sonnenuntergang-Gucken in Kampen ja doch mal jemanden, der sich nicht nur für Romantik, sondern auch für Geologie interessiert …

59. GRUND

Weil hier zwar keine Wasserflugzeuge, dafür aber Seevögel landen können

Kurze Frage: Wie ist es eigentlich um Ihre Ornithologie-Kenntnisse bestellt? Wenn Sie wie ich in Ihrer Kindheit das Lied Alle Vögel sind schon da auswendig lernen mussten, dann kennen Sie zumindest Amseln, Drosseln, Finken und Stare. Immerhin. Vielleicht noch Meisen. Oder den Kuckuck – falls Sie Verwandtschaft haben, die aus dem Schwarzwald kommt und in deren Besitz sich eine entsprechende Uhr befindet. Dann hört es aber wahrscheinlich auch schon auf … Dabei bin ich mir sicher, dass Sie auch Säbelschnäbler, Alpenstrandläufer und Knutts kennen, beziehungsweise sie wenigstens schon einmal gesehen haben. Zumindest, wenn Sie schon einmal am Rantumbecken waren, das zu den schönsten und wichtigsten Vogelschutzgebieten Deutschlands zählt.

Bei einer Radtour auf dem Deich, der das Rantumbecken vom Wattenmeer trennt, begegnen einem nicht nur Hunderte Deichschafe, sondern fast genauso viele in Tarnfarben gekleidete Menschen jeden Alters, ausgestattet mit Klappstühlen, riesigen Ferngläsern und Fotoapparaten mit Mega-Objektiven, die jeden Paparazzo vor Neid erblassen lassen. Objekt ihrer Begierde sind allerdings nicht etwa Soap-Stars oder sonstige C-Promis, sondern eben Säbelschnäbler, Alpenstrandläufer, Knutts und andere seltene Wasservogelarten, die hier brüten und rasten. Bis zu 60 verschiedene Arten wurden hier schon gezählt, und vor allem zur Zeit des Vogelzugs (März und April sowie September und Oktober) kann man riesige Schwärme mit Tausenden Vögeln sehen – und hören. Ein Naturschauspiel, das nicht nur (Hobby-)Ornithologen fasziniert. Weniger faszinierend und vor allem weniger schön ist allerdings die Entstehungsgeschichte des knapp 600 Hektar großen Rantumbeckens. Ursprünglich wurde es nämlich mithilfe des fünf Kilometer langen Deiches vom Wattenmeer abgetrennt, um auf der entstandenen Fläche die Wasserflugzeuge der Wehrmacht landen zu lassen, die von Sylt aus England erobern sollten. Doch so weit kam es nicht. Die Wehrmacht besetzte kurz nach Fertigstellung des Rantumbeckens das dänische Festland und richtete sich dort Flughäfen ein, die ihr geeigneter erschienen. Nach dem Zweiten Weltkrieg entstand die Idee, das Becken trocken zu legen und landwirtschaftliche Betriebe anzusiedeln, aber auch dieses Vorhaben scheiterte.

Später wurde übergangsweise das Abwasser Westerlands ins Rantumbecken abgeleitet, bevor es schließlich aufwendig renaturiert und Ende der 1960er-Jahre zum Europareservat ernannt und unter Naturschutz gestellt wurde. Wenn Sie mehr über die Vogelwelt des Rantumbeckens erfahren möchten, sollten Sie unbedingt

an einer der spannenden Führungen teilnehmen, die der Verein
»Jordsand« (www.jordsand.de) organisiert. Danach werden Sie
ganz sicher nicht nur Amsel, Drossel, Fink und Star voneinander
unterscheiden können, sondern sich vielleicht auch direkt Kleidung
in Tarnfarben, einen Klappstuhl, ein riesiges Fernglas und Mega-
Objektiv für Ihren Fotoapparat kaufen.

von oben nach unten: Robbe Willi (Grund 62) / Schlange-stehen beim Brötchenkaufen (Grund 72) / Leuchtturm-Hochzeit in Hörnum (Grund 60) / großes Bild: Golfplatz und Hotel Budersand in Hörnum (Grund 70)

KAPITEL 5

ALLES AUSSER GEWÖHNLICH

Weil man auf Sylt in fast 50 Metern Höhe »Ja« sagen kann

Es war der 7. August 2009. Unser letzter Abend auf Sylt – und der Abend, an dem ich meinen Beziehungsstatus auf Facebook in »verlobt« änderte. Denn an diesem Abend wurde mir beim Sonnenuntergang im Kampener Strandkorb Nr. 174 die Frage aller Fragen gestellt. Und da einem Heiratsantrag auf Sylt keine Hochzeit im ständig überfüllten Kölner Standesamt mit Dauerbaustelle vor der Tür folgen kann, kam es, wie es kommen musste.

Wir beschlossen, im darauffolgenden Jahr auf Sylt zu heiraten, und hatten damit fortan eine Gemeinsamkeit mit zwei berühmten Michaels – dem Stich und dem Wendler. Die beiden Herren hatten nämlich ebenfalls ein paar Jahre zuvor auf der Insel »Ja« gesagt, allerdings ganz klassisch im Standesamt, was für uns nicht infrage kam. Für uns sollte es der Hörnumer Leuchtturm sein. Wenn schon, dann richtig!

Und so packten mein Mann, der damals noch mein Verlobter war, und ich im Mai 2010 Ringe, Anzug und Leuchtturm-taugliches Hochzeitskleid ins Auto und fuhren nach Sylt. Unsere Familien kamen ein paar Tage später nach. Beziehungsweise: Ein Teil unserer Familien kam ein paar Tage später nach. Denn außer dem Brautpaar und der Standesbeamtin dürfen nur noch sieben weitere Personen mit auf den Leuchtturm – aus Platz- und aus Statikgründen. Einen dieser heiß begehrten Plätze haben wir direkt für einen professionellen Hochzeitsfotografen reserviert, die restlichen wurden gerecht verteilt. An unserem Hochzeitsmontag verzogen sich die grauen Schietwetter-Wolken pünktlich zur nachmittäglichen Trauung, sodass wir ohne Regenmantel und Gummistiefel die 101 Stufen bis in die siebte Leuchtturm-Etage hinaufsteigen konnten. Dort war alles so klein und so eng, dass während der Zeremonie nur das Brautpaar und die beiden Trauzeugen sitzen konnten. Die restlichen Gäste standen, was Schwiegermutti aber nicht davon abhielt, direkt bei der Begrüßung der Standesbeamtin ein paar Tränchen zu vergießen. Und genau so ging es dann die gesamte Zeremonie über weiter … Verständlich, denn es war so schön. Und so rührend. Und so persönlich. Die siebte Etage des Leuchtturms war für knapp 30 Minuten unser ganz persönlicher siebter Himmel.

Nach der Trauung, die mit dem wohl berühmtesten aller Friesen-Sprüche »Rüm haart, klar kiming« (Weites Herz, klarer Horizont) endete, stiegen wir mit unseren Trauzeugen noch 27 weitere Stufen nach oben auf die Aussichtsplattform. Dort ging mir dann end-gültig das Herz auf, so schön war die Aussicht auf meine gute alte Insel und auf meinen noch besseren neuen Ehemann.

Wer jetzt denkt »Och, so eine Leuchtturm-Hochzeit wäre doch mal was!«, der sollte wenn möglich unbedingt einen Termin in der Nebensaison wählen. Dann ist der Strand in Hörnum noch oder wieder schön leer, und man hat keine fremden Menschen in Bikinis und Bermudas auf seinen silbergerahmten Hochzeitsfotos. Außerdem ist der letzte Trauungstermin am Nachmittag ein guter Tipp, wenn man danach noch ungestört vorm Leuchtturm mit sei-nen Gästen anstoßen möchte, ohne dass schon wieder die nächste Hochzeitsgesellschaft dort wartet.

Auf dem Leuchtturm an Sylts Südspitze kann seit 2004 geheira-tet werden, was seitdem 2.055 Paare getan haben, von denen mein Mann und ich übrigens das 1.063. waren. Da der Turm nicht geheizt ist, finden die Trauungen dort nur zwischen April und Oktober und dann jeweils montags und freitags statt. Auskünfte erteilt das Stan-desamt Westerland[7], bei dem man auch die Termine buchen kann.

Weil die Insel unsere Verbindung nach Übersee ist

Seit November 1998 hat Sylt eine direkte Verbindung nach Amerika, genauer gesagt, nach Brookhaven im Bundesstaat New York. Wer jetzt denkt, er könne an seinen Inselurlaub noch ganz entspannt ein paar Tage USA dranhängen, der hat sich leider zu früh gefreut. Denn es handelt sich nicht etwa um eine transatlantische Tunnelverbindung, sondern die Rede ist von Atlantic Crossing-1 (AC-1). Noch nie gehört? Aber sicher schon einmal benutzt!

Denn bei AC-1 handelt es sich um ein Tiefseekabel, über das Teile des Telefon- und Internetverkehrs zwischen Europa und Amerika abgewickelt werden. Das Kabel verbindet Europa ringförmig über zwei Trassen mit dem nordamerikanischen Kontinent und landet beim Strandübergang Samoa in Rantum, direkt in den Dünen neben der Terrasse des Restaurants »Samoa Seepferdchen«. Weitere Kabel-Anlandepunkte sind Beverwijk in den Niederlanden und Lands End, der westlichste Punkt Großbritanniens, der übrigens auch immer eine Reise wert ist. Die ringförmige Verlegung des insgesamt rund 14.000 Kilometer langen Kabels erhöht die Ausfallsicherheit im Falle einer Beschädigung durch Schiffsanker oder Seebeben.

AC-1 überträgt mit einer Geschwindigkeit von 80 Gigabit pro Sekunde Daten, 625.000 Telefongespräche können dank ihm gleichzeitig geführt werden. Ohne das Kabel würde die globale Wirtschaftskommunikation teilweise lahmgelegt. Ein für die USA strategisch sehr wichtiges Kabel also und damit laut WikiLeaks[8] ein potenzielles Anschlagsziel. Die Enthüllungsplattform veröffentlichte 2009 eine geheime Liste der amerikanischen Sicherheitsbehörden. Diese nennt für Amerika wichtige Infrastrukturen im Ausland, deren Zerstörung fatale Folgen für das Land hätte. Neben dem Sylter Tiefseekabel stehen rund zwei Dutzend weitere Einrichtungen allein in Deutschland auf der Liste.

Aber bevor Sie jetzt in Panik verfallen und künftig einen großen Bogen um Rantum machen: Mein Mann, der alle Agentenfilme von 1960 bis heute mitsprechen kann und daher ein ausgewiesener Experte auf diesem Gebiet ist, hat sich persönlich davon überzeugt, dass Ihnen nichts passieren kann. Denn das Tourismus-Häuschen gegenüber dem »Samoa Seepferdchen«, so ist sich mein Mann sicher, ist nichts weiter als eine Attrappe. In Wahrheit, so glaubt er, sitzen dort Mitarbeiter des amerikanischen Geheimdienstes, die das Kabel wie ihren Augapfel bewachen und vor jedem schützen, der ihm zu nahe kommt. Deshalb können Sie ganz unbesorgt weiterhin Aussicht und Essen im »Samoa Seepferdchen« genießen – und sich über schnelles Internet freuen.

62. GRUND

Weil eine der berühmtesten Sylterinnen über 200 Kilo wiegt und einen Männernamen hat

Wer das erste Mal in den Hörnumer Hafen kommt, wird sich vielleicht ein wenig wundern. Über den Wegweiser, der nicht nur die Richtung nach Amrum, Föhr und zu den öffentlichen Toiletten weist, sondern auch zu Willi. Über die Fischbude, die extra Heringe für Willi zum Sonderpreis verkauft. Und über die Menschen, die bäuchlings über dem Hafenbecken hängen und »Willi, Willi« rufen. Willi überall. Hörnum ist Willi-Land.

Aber wer ist eigentlich dieser Willi? Er, beziehungsweise sie, ist eine etwa 200 Kilo schwere Dame, genauer gesagt, eine Kegelrobbendame, die ursprünglich fälschlicherweise für ein Männchen gehalten wurde und so zu ihrem Namen kam. Willi, also eigentlich Wilhelmine, ist aber nicht einfach irgendeine Robbe, sondern die wohl berühmteste Robbe der Republik – mit eigenem Wikipedia-Eintrag. Und wahrscheinlich auch die schlaueste. Denn während

147

sich ihre Artgenossen auf einer Sandbank draußen vor Sylt den Fisch mühsam erjagen müssen, verdient Willi ihn sich ganz einfach durch seine Präsenz im Hafenbecken – und einen gekonnten Augenaufschlag, der die großen und kleinen Willi-Fans entzückt Fischnachschub besorgen lässt. Willi lebt seit 1991 im Hafen, und erst ein paar Jahre später stellten die Hörnumer fest, dass sie sich beim Geschlecht ihres neuen Mitbürgers wohl geirrt haben müssten, denn Willi schwamm zum Überwintern zurück auf seine/ihre Sandbank und gebar dort zur Überraschung aller einen kleinen Willi-Junior.

Für die Robbenfans unter den Einheimischen und Urlaubern ist und bleibt sie trotzdem Willi, egal ob Männchen oder Weibchen. Apropos Fans: Der im Hafen ansässige Krabbenhändler scheint nicht unbedingt dazuzugehören, denn an seinem Verkaufsstand prangt gut lesbar das Schild »Nein, ich weiß nicht, wo Willi ist!«. Macht aber gar nix, denn wer Hörnums Maskottchen sucht, muss einfach nur dem angesprochenen Wegweiser folgen oder nach bäuchlings über dem Hafenbecken hängenden Menschen Ausschau halten.

63. GRUND

Weil es auf Sylt die kleinste Molkerei Deutschlands gibt

Sylt ist ganz klar eine Insel der Superlative: die größte nordfriesische, die beliebteste Deutschlands, vielleicht auch tatsächlich die teuerste und für Sie und mich definitiv die schönste von allen! Zudem gibt es hier den nördlichsten Punkt der Republik, die höchsten Immobilienpreise und die einzige Wanderdüne Deutschlands. Klar, das alles wissen Sie natürlich, denn Sie sind ja – Achtung, Superlativ! – der größte Sylt-Fan überhaupt. Aber ich bin mir ziemlich sicher, dass Sie noch nicht wussten, dass es auf Sylt die kleinste

Molkerei Deutschlands gibt – vielleicht sogar der Welt, denn sie ist ein Einmannbetrieb, kleiner geht also eigentlich gar nicht.

Die Minimolkerei liegt in Morsum und gehört Jens Nielsen, dessen Familie schon seit Jahrhunderten den Hof am Hooger Wal bewirtschaftet. Neben Jens Nielsen gehören 35 Milchkühe zur Molkerei, deren Milch bis vor einigen Jahren noch täglich von einer Großmeierei abgeholt und im Tankwagen aufs Festland gebracht wurde – zusammen mit der Milch der anderen Sylter Milchbauern, die es damals noch gab. Mittlerweile ist Nielsen der einzig übrig gebliebene. Denn als die Großmeierei 1999 ankündigte, die Milch aus Kostengründen nicht mehr aufs Festland transportieren zu können, gaben die anderen Bauern auf. Nicht so Jens Nielsen! Er beschloss damals, seine Milch künftig selbst zu verarbeiten, und investierte rund 100.000 Euro in die technische Ausstattung seiner Minimeierei. Seitdem arbeitet er rund 18 Stunden täglich, 365 Tage im Jahr. Auch an Heiligabend, dem Geburtstag seiner vier Kinder, oder seinem eigenen.

Wer die frische Milch vom Nielsen-Hof in einem der Sylter Supermärkte kauft, kann sich sicher sein, dass in der hellblauen Tüte 100 Prozent Natur, Handarbeit und Herzblut stecken – und das schmeckt man! Immer wieder hört man von den Fans der Morsum-Milch, dass sie schmecke wie früher. Cremig, sahnig, rahmig – eben genau so, wie Milch schmecken muss, in den meisten Fällen aber leider nicht mehr tut. Nielsens Geschmacksgeheimnis: Er homogenisiert seine Milch nicht, sondern pasteurisiert sie auf der niedrigsten erlaubten Temperatur. Die Milch hat somit einen Fettgehalt von mindestens 3,5 Prozent, den man nicht nur schmeckt, sondern auch sieht, denn – und das ist tatsächlich ein wenig so wie früher – es schwimmen auf der Milch kleine Fettflocken. Die »Sylter Vollmilch«, aus der übrigens das legendäre Milcheis in der Lister Eismanufaktur hergestellt wird, ist also ein reines Naturprodukt, das Jens Nielsen täglich aufs Neue mit sehr viel Liebe herstellt und dabei tatsächlich alles komplett alleine macht: Er treibt seine Kühe, die er natürlich alle mit Namen kennt, auf die saftigen Morsumer Salzwiesen, mistet ihre Ställe aus, melkt sie zweimal täglich, erhitzt die Milch und füllt sie ab, schließlich kühlt er sie in seinem kleinen Kühlhaus und liefert sie schließlich auch noch selbst aus. Urlaub? Hatte er in über 30 Jahren insgesamt 28 Tage, der letzte ist ewig her … Ein Knochenjob – und dazu noch ein ziemlich schlecht bezahlter, denn sein Arbeitslohn liegt nach eigener Aussage gerade mal bei fünf Cent pro Liter. An guten Hochsommertagen verkauft Nielsen etwa 500 bis 600 Liter an Sylter Lebensmittelmärkte, Kinder- und Kurheime, Kioske und Bäckereien.

Man muss kein besonders guter Rechner sein, um festzustellen, dass man als Sylter Milchbauer kein Millionär werden kann. Aber Nielsen glaubt an sein Produkt und wird daher weiterhin sehr viel (Hand-)Arbeit und Liebe in seine Milch investieren. Apropos investieren: Halten Sie doch beim nächsten Einkauf einmal Ausschau nach den hellblauen Milchtüten aus Morsum und investieren ein paar Cent mehr, als Sie normalerweise für Milch ausgeben würden. Sie wissen ja jetzt, dass die »Sylter Vollmilch« jeden Cent wert ist, schließlich bekommen Sie die – schon wieder ein Superlativ – frischeste, natürlichste und leckerste Milch der Insel.

64. GRUND

Weil man fürs Übernachten in List einen Stempel bekommt

Bevor ich Ihnen erzähle, was genau es mit diesem Stempel auf sich hat, möchte ich gerne ein wenig Ihre Geografiekenntnisse testen. Sie kennen doch sicher Oberstdorf, diesen hübschen kleinen Ort in den Allgäuer Alpen, von dessen Schanze sich jedes Jahr die weltbesten Skispringer stürzen, oder? Und Görlitz in Sachsen – auch schon einmal gehört? Görlitz ist die größte Stadt in der Oberlausitz und bekannt für seine guterhaltenen Gründerzeitbauten und eine

Fußgängerbrücke, die es mit Polen verbindet. Selfkant, die dritte Stadt, nach der ich Sie fragen möchte, kennen sicher die wenigsten von Ihnen. Genau genommen ist es auch gar keine Stadt, sondern vielmehr eine Gemeinde, die in der gleichnamigen Landschaft in Nordrhein-Westfalen liegt. Die Region zeichnet sich durch eine wunderschöne Natur aus und liegt im Grenzgebiet zu den Niederlanden.

Sie wundern sich jetzt sicher, was das alles mit List und mit einem Stempel zu tun hat? Oder haben Sie etwa schon eine Ahnung, worum es hier geht? Hier die Auflösung: Die drei genannten Städte befinden sich jeweils am südlichsten (Oberstdorf), östlichsten (Görlitz) und westlichsten (Selfkant) Zipfel Deutschlands und gehören damit zum sogenannten Zipfelbund, in dem natürlich noch der nördlichste Ort Deutschlands – und damit List – fehlt. Wer vorhat, alle vier dieser Orte einmal zu bereisen, sollte sich den »Zipfelpass« besorgen und sich im jeweiligen Rathaus oder der Touristeninformation einen Stempel abholen. Vorgestellt wurde der Zipfelpass, der dem bordeauxfarbenen deutschen Reisepass nachempfunden ist, anlässlich des Tags der Deutschen Einheit im Jahr 2000. Wer innerhalb von vier Jahren den südlichsten, östlichsten, westlichsten und nördlichsten Zipfel Deutschlands bereist, bekommt per Post ein »Zipfel-Paket« zugeschickt, in dem sich ortstypische Spezialitäten befinden, wie etwa Sylter Tee und Kekse, oder aber Holzschuhe, die die Gemeinde Selfkant dem Paket beilegt.

Auf der Zipfelbund-Internetseite (www.zipfelbund.de) kann man sich nicht nur über prominente Zipfelpass-Inhaber wie etwa Karl Dall, Gerhard Schröder oder Roberto Blanco informieren, sondern wird auch über aktuelle Zipfelorte-Abklapper-Rekorde auf dem Laufenden gehalten. So schaffte es der aktuelle Rekordhalter in nur 80 Stunden, die vier äußersten Punkte Deutschlands zu bereisen – und zwar per Auto. Dass es nicht immer vier Räder sein müssen, beweisen die vielen Zipfel-Radler, die sich in den letzten Jahren auf den Weg gemacht haben, oder der Belgier Antoine

Meiersonne, der die Strecke gewandert ist. Noch verrückter war der Distanzreiter Peter Ritz, der Oberstdorf, Görlitz, Selfkant und List per Pferd einen Besuch abstattete. Ganz egal, wie Sie das nächste Mal nach List (und vielleicht auch in die drei anderen Orte kommen), vergessen Sie bloß Ihren Pass nicht! Und beeilen Sie sich ein bisschen – vielleicht knacken Sie ja den Rekord!

Weil das teuerste Privathaus der Welt nicht größer als eine Studentenbude ist und (natürlich) auf Sylt steht

Dass in Kampen das teuerste Privathaus Deutschlands steht, wird die wenigsten von Ihnen überraschen, denn Kampen ist ja bekanntermaßen auch das teuerste Dorf der Republik. Dass dieses Haus aber auch direkt das teuerste der Welt und zudem nur 30 Quadratmeter groß beziehungsweise klein ist, ist doch eher ungewöhnlich. Hätte mich vor ein paar Jahren jemand gefragt, wo ich das Haus, für das man weltweit am meisten auf den Tisch blättern muss, vermute, so hätte ich wahrscheinlich eher auf London, New York oder Monaco getippt. Aber: Es steht in Kampen, genauer gesagt, mitten im Nirgendwo bei Kampen, in einer unbezahlbaren Lage mit Weitblick über Watt und Wiesen. Genauso niedlich wie seine klitzekleine Wohnfläche ist auch der Name dieses Häuschens: Waterküken. 2009 stand es für 4,8 Millionen Euro zum Verkauf und wurde dank des weltweit höchsten Quadratmeterpreises von 160.000 Euro über Nacht berühmt. Sogar ein Filmteam aus Japan machte sich auf den langen Weg nach Sylt, um das teuerste und damals vielleicht auch berühmteste Haus der Welt zu sehen.

Bis zu diesem Zeitpunkt galt ein Haus im US-Bundesstaat Montana als teuerste Immobilie weltweit mit einem – im Vergleich zum Waterküken – Schnäppchen-Quadratmeterpreis von 25.000 Euro.

Dafür bekam man aber auch einiges geboten: zehn Schlafzimmer, vier Gästehäuser, Innen- und Außenpool, Helikopter-Landeplatz und sogar einen eigenen Skilift. Und das Waterküken? Bietet ebenfalls viel Luxus: unverbaubarer Meerblick, erste Reihe am Watt, Vogelgezwitscher, frische Luft, Heckenrosenduft und gaaaaanz viel Ruhe und Privatsphäre. Eigentlich unbezahlbar, oder? Innen wie außen ist das Waterküken, das 1936 gebaut wurde, eher bescheiden. Kein Protz, kein Pomp. Understatement ist hier das Stichwort, denn es besteht aus einem einzigen Raum, einer Miniküche, einem ebenso kleinen Bad und einem Doppelbett unterm Dach, zu dem eine Stiege hinaufführt. Verkauft wurde das Häuschen, zu dem ein rund 2.300 Quadratmeter großes Grundstück gehört, damals vom Sylter Immobilienmaklerbüro Haase. Beziehungsweise nicht verkauft, denn wie damals bekannt wurde, hatte Johannes B. Kerner zwar großes Interesse am Waterküken und den Notarvertrag bereits unterzeichnet, trat dann wegen Familienzuwachs aber doch noch vom Kauf zurück[9].

Ein anderer Käufer wurde bis heute nicht gefunden. Schlecht für den Makler, gut für alle, die gerne einmal im teuersten Haus der Welt übernachten wollen, aber zufällig keine 4,8 Millionen Euro übrig haben. Denn über das Maklerbüro Haase kann das Waterküken mittlerweile als Ferienhaus gemietet werden[10]. Mietpreise sucht man auf der Makler-Internetseite vergebens. Wahrscheinlich aus gutem Grund. Aber auch wenn das Häuschen sicher nicht für einen Schnäppchenpreis zu mieten ist, die einzigartige Lage und die wunderschöne Aussicht auf das Meer, den Lister Hafen und die Küste von Dänemark sind jeden Cent wert. Also, fangen Sie am besten heute noch an zu sparen, und geben Sie mir bitte unbedingt Bescheid, wenn Sie sich im Waterküken einmieten. Dann komme ich auf einen Kaffee und ein Stück Friesentorte bei Ihnen im teuersten Haus der Welt vorbei.

Weil auch Punker die Insel lieben

Dass Sylt einst die Insel der Dichter und Denker war und dass sich die Intellektuellen und die Verleger der Republik dort in den einschlägigen Locations die Klinke in die Hand gaben, ist hinlänglich bekannt. Aber auch Punker liebten und lieben die Insel – dank der Ärzte (womit jetzt nicht die Halbgötter in Weiß, sondern die Irokesen in Bunt gemeint sind). In den 1980er-Jahren war Punkrock Kult und Die Ärzte liefen rauf und runter. Auch in der »Disco« meiner Tanzschule, die sonntags bis 19.30 Uhr stattfand und die ich im darauffolgenden Jahrzehnt regelmäßig besuchte. Zwar nicht mit buntem Irokesenschnitt, aber dennoch optisch, sagen wir mal, gewagt und außergewöhnlich. Und genauso außergewöhnlich wie mein Outfit und meine Frisur war auch der Musikgeschmack des DJs: Von *Mr. Vain* bis *Westerland* war alles dabei, und vor allem bei Letzterem grölte ich lautstark mit, ohne zu wissen, wo Westerland eigentlich lag, geschweige denn ohne jemals auf Sylt gewesen zu sein. Egal! Wenn eine Band wie Die Ärzte solche Sehnsucht nach dieser Insel hatte und beim Gedanken an sie den Verstand verlor, dann musste es eine ziemlich coole Insel sein, dachte ich und nahm mir vor, sie eines Tages zu besuchen – auch wenn es dort anscheinend etwas teurer war, wie ich von den »Ärzten« gelernt hatte.

Wie Sie wissen, war ich mittlerweile dort. Mehrmals. Und ich kann heute verstehen, warum man tatsächlich immer wieder dorthin zurück will, und jedes Mal, wenn mich die Sehnsucht nach »meiner« Insel packt, dann höre ich mir *Westerland* an. Mein Gegröle ist heute noch genauso laut wie damals in der Teenie-Disco, mein Outfit hingegen etwas weniger außergewöhnlich als damals in den 90ern.

Mit *Westerland* wurde Punkmusik auf Sylt salonfähig. Erst recht, als die Band 1988 ankündigte, ihr Abschiedskonzert auf der Insel geben zu wollen. Das Konzert fand am 9. Juli im Neuen Kursaal von – natürlich – Westerland statt und sorgte bereits im Vorfeld für sehr viel Aufregung. Die Verantwortlichen des Sylt-Tourismus hatten nie zuvor ein Punk-Konzert ausgerichtet, und niemand wusste so recht, was einen erwartet. Alle kannten die Westerland-Hymne, aber keiner Die Ärzte. Und so traf man Vorkehrungen. Vom Festland wurde polizeiliche Unterstützung angefordert, und ein Lazarett wurde errichtet – man wusste ja nie, was diese Punker so alles anstellten und ob es dabei nicht vielleicht Verletzte geben würde. Gab es nicht – von den weiblichen Fans, die vor Entzückung in Ohnmacht fielen, einmal abgesehen. Und auch die befürchteten Randale blieben aus, denn laut des Inhabers des Miramar Hotels, in dem Die Ärzte abstiegen, kamen einige der Bandmitglieder mit ihren Müttern auf die Insel und verhielten sich dementsprechend anständig. Beim Megakonzert im Neuen Kursaal feierten rund 1.500 Fans mit wilden Klamotten und bunten Haaren ihre Idole und tobten, als sich der Sänger Farin Urlaub ins Publikum stürzte. Absoluter Höhepunkt war aber natürlich der Song *Westerland* – live in Westerland.

Dass die Zeile »Ich will zurück nach Westerland« für die Band 13 Jahre später Wirklichkeit werden sollte, ahnte zu diesem Zeitpunkt noch niemand, schließlich war dies doch das Abschiedskonzert der »Ärzte« – dachte man zumindest. Doch bereits 1993 gründete sich die Punk-Band neu und kam 2001 tatsächlich zu einem Konzert zurück nach Westerland. Und die Moral von der Geschicht? Diese eine Liebe wird wirklich nie zu Ende gehen. Weder bei Deutschlands Punkrockern Nummer 1, noch bei mir.

Weil die Sylter Friedhöfe stumme Zeitzeugen sind

Friedhöfe als Grund, eine Insel zu lieben? Klingt irgendwie komisch, ich weiß. Denn Friedhöfe sind für die meisten von uns nicht unbedingt Orte, die man mit etwas Schönem verbindet und die man daher auch nur dann freiwillig aufsucht, wenn es sich nicht vermeiden lässt. Es sei denn, sie sind so besonders und so außergewöhnlich wie auf Sylt. Dann, finde ich, kann man sie auch als Grund, die Insel zu lieben, durchaus gelten lassen.

Der wohl ungewöhnlichste Friedhof Sylts, der Friedhof der Heimatlosen, liegt in der Käpt'n-Christiansen-Straße in Westerland. Die dort Beerdigten sind nicht nur heimat-, sondern auch namenlos, denn es sind allesamt Strandleichen, die auf der Insel angespült wurden. Statt Namen, Geburts- und Sterbedaten auf kunstvollen Steinen findet man dort daher nur einfache Holzkreuze, in die Fundort und -datum graviert sind. Bevor dieser Friedhof 1855 angelegt wurde, hatte man die angespülten Unbekannten einfach in der nächstbesten Düne verbuddelt oder sie am Strand ihrem Schicksal überlassen und gewartet, bis der Sand sie begrub. Angeregt wurde der Friedhof für die namenlosen Opfer von Schiffsunglücken vom Strandvogt Wulf Hansen Decker, der die Strandleichen zudem in seiner Scheune wusch und eine möglichst genaue Beschreibung von ihnen verfasste – in der Hoffnung, dass sie so zu einem späteren Zeitpunkt vielleicht doch noch von ihren Angehörigen identifiziert werden können. Bis zum Jahr 1905 wurden 53 angespülte Leichen in Westerland beerdigt – darunter nur eine einzige weibliche –, bis der Friedhof schließlich derart überfüllt war, dass er geschlossen werden musste. Heute ist der Friedhof eine Gedenkstätte, deren schlichte Holzkreuze Geschichten von schweren Stürmen und Seefahrerabenteuern aus längst vergangenen Zeiten erzählen.

Eine ähnliche Atmosphäre herrscht bei den Kapitänsgräbern im nördlichen Teil des Friedhofs von St. Severin in Keitum. Dort fanden die alten Sylter Kapitänsfamilien einst ihre letzte Ruhestätte – wie es sich für echte Seeleute gehört mit Blick aufs Wattenmeer. Auf den riesigen Grabsteinen, die zumeist aus dem 8. Jahrhundert stammen, kann man nicht selten die Seefahrerkarriere der Verstorbenen nachlesen. Über einen gewissen Hans Hansen Teunis erfährt man zum Beispiel, dass er in seiner Jugend auf Grönlandfahrt war und später insgesamt 47-mal zur See gefahren ist, davon 37-mal als Kommandant. Auf anderen Grabsteinen sind das Hochzeitsdatum des dort begrabenen Ehepaares oder andere sehr persönliche und berührende Inschriften zu lesen, die einen nur erahnen lassen, wie schwierig einst das Leben der Sylter Seefahrerfamilien war und mit welchen Schicksalsschlägen sie zu kämpfen hatten. Auf dem Friedhof St. Severin finden sich aber auch neuere Gräber, darunter die einiger Berühmtheiten wie des Verlegers Peter Suhrkamp, des *SPIEGEL*-Gründers Rudolf Augstein oder des Synchronsprechers Edgar Ott, der unter anderem Benjamin Blümchen und Balu, dem Bär aus dem Dschungelbuch, seine Stimme geliehen hatte. Und wenn Sie jetzt noch nicht genug von Friedhöfen haben, dann sollten sie unbedingt noch einen kleinen Spaziergang über den Lister Dünenfriedhof machen, der schon allein durch seine Lage mitten in den Dünen etwas ganz Besonderes ist.

Auch hier gibt es wieder Gräber, die den Besucher mit auf eine Reise in die Sylter Vergangenheit nehmen. Besonders ungewöhnlich sind die sogenannten Helgolandgräber, Ruhestätten der Helgoländer, die 1947 vor den Engländern ins nahe gelegene List flüchteten und auch nach Rückgabe ihrer Insel an Deutschland im Jahr 1952 auf Sylt blieben. Hintergrund ihrer Flucht war die »Operation Big Bang«, bei der England Bunker- und Militäranlagen auf Helgoland in die Luft jagen wollte und die ganze Insel mit zu explodieren drohte. Sollten Ihnen bei Ihrem Spaziergang über den wunderschönen Dünenfriedhof Grabsteine ohne Inschrift auffallen – diese wurde weder vergessen, noch ist sie mit der Zeit verblichen. Vielmehr gehören diese Steine samt darunterliegender Grabfläche Menschen, die sich derzeit (und hoffentlich noch recht lange) noch allerbester Gesundheit erfreuen, sich ihre letzte Ruhestätte zwischen Dünengras und blühender Heide aber bereits reserviert haben.

Sie sehen: Die Friedhöfe auf Sylt lohnen durchaus einen freiwilligen Besuch und sind nicht nur eine Reise in die bewegte Vergangenheit der Insel, sondern tatsächlich auch ein Grund mehr, diese zu lieben.

68. GRUND

Weil Australien ohne Sylt um eine Touristenattraktion ärmer wäre

Sylt ist toll. Aber waren Sie auch schon einmal in Australien? Wenn nicht, wie wäre es dann mal mit einer Reise nach Hahndorf, einer Kleinstadt mit 1.800 Einwohnern im Süden des Känguru-Kontinents? Ziemlich weit weg, finden Sie? Stimmt. Aber: Heimweh werden Sie dort, knapp 16.000 Kilometer Luftlinie von Deutschland entfernt, ganz sicher nicht bekommen. Denn in Hahndorf können Sie im Schatten der Eukalyptusbäume nicht nur Marzipan, Pumpernickel und Mettwurst essen, sondern auch im »Lobethal Bierhaus« einkehren und echtes deutsches Hefeweizen trinken oder auf einer Bank mit dem Schriftzug »Unser Dorf soll schöner werden« sitzen. Sie merken schon, »Hahndorf« klingt nicht nur ziemlich deutsch, sondern scheint es auch irgendwie zu sein.

Und das hat der kleine Ort niemand Geringerem als dem Sylter Kapitän Dirk Meinerts Hahn zu verdanken. Geboren 1804 in Westerland, wollte er eigentlich Pastor werden, wurde aber von seinem Vater zur See geschickt. Im zarten Alter von 16 Jahren machte er die erste Fahrt von Hamburg nach Barcelona, die fünf Monate dauerte. Nach bestandenem Steuermannsexamen heuerte er 1836 als Obersteuermann an Bord des dreimastigen Segelschiffes »Zebra« an und musste sich bereits auf seiner ersten Fahrt bewähren, als der Kapitän der »Zebra« an Gelbfieber starb und Dirk Meinerts Hahn das Schiff alleine zurück nach Hamburg bringen musste. Der Reeder ernannte ihn daraufhin zum Kapitän der »Zebra«, die 1838 zu ihrer wohl berühmtesten und wichtigsten Fahrt aufbrach. Kapitän Hahn brachte auf der »Zebra« 199 deutsche Auswanderer von Hamburg nach Australien. Bei den Auswanderern handelte es sich um Lutheraner aus den preußischen Ostgebieten, die vom Preußenkönig Friedrich Wilhelm III. wegen ihrer Religion verfolgt wurden. Keine leichte Fahrt für Kapitän Hahn und seine Passagiere. Die »Zebra« war mehr als vier Monate unterwegs, und zwölf Auswanderer starben während der Fahrt an Bord.

Einige Tage nach Weihnachten 1838 konnte Hahn schließlich vor Südaustralien den Anker setzen. Bevor der Sylter den langen Weg zurück nach Hamburg antrat, half er den Auswanderern jedoch noch bei der Suche nach fruchtbarem Land, auf dem sie sich niederlassen und eine Stadt gründen konnten, die sie zu Ehren ihres ganz persönlichen Helden Hahndorf nannten. Warum es allerdings in dem australischen Touristen-Attraktions-Örtchen heute Mettwurst und Hefeweizen gibt und nicht etwa – wie es passender wäre – Fischbrötchen und Friesentee, ist mir wirklich ein Rätsel. Sollten Sie sich tatsächlich einmal auf den weiten Weg nach Hahndorf machen, dann finden Sie das doch bitte für mich raus! Und schicken Sie mir ein Foto von sich auf der Unser-Dorf-soll-schöner-werden-Bank unter Eukalyptusbäumen. Gerne auch mit Känguru im Hintergrund – oder Mettwurst in der Hand.

Weil Champagner und Dosenbier hervorragend zusammenpassen

Während des Schreibens dieses Buches fragte mich meine Freundin, die mit ihrem Mann und ihren vier entzückenden Kindern jedes Jahr ein paar Wochen auf Sylt verbringt, ob ich denn auch etwas über das jährliche Harley-Treffen schreiben würde, bei dem die ganze Insel mehrere Tage lang röhrt und knattert. Harley-Treffen? Auf Sylt? Echt jetzt? Bisher dachte ich, die Insel ganz gut zu kennen, aber damit hatte sie mich erwischt. Von einem Harley-Treffen hatte ich tatsächlich noch nie etwas gehört, geschweige denn, es selbst einmal erlebt. Und ehrlich gesagt, war es für mich bis zu diesem Zeitpunkt auch kaum vorstellbar, dass sich schwere Jungs aus ganz Deutschland mit ihren ebenso schweren Maschinen ausgerechnet auf Sylt treffen. Tun sie aber! Und zwar zahlreich. Bis zu 700 Harley-Fahrer kommen seit vielen Jahren im Frühsommer auf die Insel, wo sie nach einer Parade auf der Westerländer Promenade zu einer Rundfahrt aufbrechen, bei der sie von Urlaubern und Insulanern bejubelt und willkommen geheißen werden.

Während der Harley-Days, die vom Sylter Harley-Club, dem »Sylt-Chapter«, organisiert werden, steht die Insel ganz im Zeichen der Biker. Die Besucher und Zaungäste erwartet in diesen drei Tagen eine ganz besondere Atmosphäre: Da plaudern Lederwesten ganz entspannt mit Barbour-Jacken, schwere Maschinen parken zwischen Bentleys und Cayennes, man stößt mit (für die Fahrer natürlich alkoholfreiem) Dosenbier und Champagner an, und Perlenkettenträgerinnen bewundern bunte Tattoos – vielleicht die ersten, die sie »in echt« sehen. Berührungsängste? Fehlanzeige! Und von gegenseitigen Vorurteilen keine Spur! Apropos Vorurteile: Wenn auch Sie bisher dachten, Harley-Fans seien tatsächlich so hart wie ihr Image, dann muss ich Sie an dieser Stelle enttäuschen!

Denn das Harley-Davidson Chapter Sylt spendet regelmäßig einen Teil der Einnahmen ihrer Summertime Party, die anlässlich der Harley-Days stattfindet, an gemeinnützige Sylter Einrichtungen. 2015 durften sich der Sylter Hospizverein, die Aids-Hilfe Sylt und der Fond »Familien in Not« über jeweils 1.000 Euro freuen. Die Sylter Biker haben also nicht nur große Maschinen, sondern auch ein richtig großes Herz und sorgen mit ihren Harley-Days nicht nur für gute Stimmung auf der Insel, sondern auch dafür, dass jeder mal über seinen Tellerrand schaut. Und jetzt entschuldigen Sie mich bitte! Ich muss ganz schnell rausfinden, wann die nächsten Harley-Days sind, und meinen Sylt-Urlaub dementsprechend planen. Denn ich will endlich einmal selbst erleben, wie die Insel drei Tage lang knattert, und mit den netten Harley-Fans anstoßen. Mit Dosenbier, versteht sich!

Weil die Insel Golferherzen höherschlagen lässt

Spielen Sie Golf? Ich schon. Allerdings mehr schlecht als recht, und mein Spaß an diesem Sport ist um einiges größer als mein Talent dafür. Daher habe ich es bisher auch nicht weiter als bis zur Platzreife geschafft, was mich eigentlich gar nicht weiter stört. Zumindest meistens. Denn jedes Mal, wenn wir nach einem Spaziergang um die Hörnum Odde am Golfplatz Budersand vorbeikommen und den Spielern beim Abschlagen zuschauen, juckt es mir in den Fingern, und ich hätte große Lust, auch einmal ein paar Bälle auf dem traumhaft gelegenen Platz zu schlagen – wozu mir allerdings das entsprechende Handicap fehlt. Was den Platz beim Hotel Budersand so besonders macht ist allerdings nicht nur die fantastische Lage mitten in den Dünen und der wunderschöne Meerblick von fast jedem Loch, sondern vor allem die Tatsache, dass es sich um den einzigen Links-Kurs-Golfplatz mit 18 Löchern in Deutschland handelt. Links-Kurs? Die Golfer unter Ihnen werden diesen Ausdruck sicher schon einmal gehört haben, und manch einer wird vielleicht sogar wissen, was er bedeutet. Die anderen kläre ich gerne auf. Nicht, dass Sie noch irgendwo behaupten, auf einem Links-Kurs spiele man die Löcher gegen den Uhrzeigersinn, also links herum. So wie ich. Aber ich hatte Glück. Denn entweder hatten alle anderen, denen ich dies erzählt habe, genauso wenig Ahnung wie ich, oder aber ich war sehr überzeugend. Jedenfalls zweifelte niemand daran, dass ich natürlich recht hatte und man auf einem Links-Kurs beim Spielen linksherum geht.

Kurz darauf las ich dann in meinem Golf-Buch, dass ein Links-Kurs-Platz so gar nichts damit zu tun hat, in welcher Richtung man auf ihm spielt. »Links« bedeutet in dem Fall auch gar nicht »Gegenteil von rechts«, sondern meint vielmehr, dass sich der Golfplatz auf einem sogenannten »Linksland« befindet. Als »Linksland« bezeichnet man ein raues Landstück an der Küste, das sich durch einen harten Salzboden, hügelige Dünen, natürliche Sandbunker und eine typische Bewachsung mit Heide, Ginster und anderen niedrigen Sträuchern auszeichnet. Links-Kurs-Plätze wie Budersand, von denen es übrigens nur drei in ganz Deutschland gibt, sind den ursprünglichen Plätzen in Großbritannien und Schottland nachempfunden, die oftmals auf Linksland entstanden. Da man dort weder etwas anbauen, noch Tiere darauf weiden lassen konnte, gab man es für die Allgemeinheit frei – und die Allgemeinheit spielte darauf unter anderem Golf.

Mit dem Golfplatz Budersand entstand in Hörnum auf dem 73 Hektar großen Gelände der ehemaligen Pidder-Lüng-Kasernen ein Platz nach klassischem schottischen Vorbild, der für jeden Golfer eine wahre Herausforderung darstellt. Und zwar nicht nur, weil er wirklich anspruchsvoll ist, sondern auch, weil die traumhafte Aussicht auf die Nordsee, das Wattenmeer und die Nachbarinseln Amrum und Föhr jeden noch so engagierten und konzentrierten Golfer so richtig schön vom Spielen ablenken kann.

Apropos traumhafte Aussicht: Sollte Sie das passende Handicap oder das fehlende Kleingeld vom Spielen auf diesem Platz abhalten, dann machen Sie es doch wie ich und setzen sich ganz gemütlich mit einem Stück Kuchen oder einem Glas Wein auf die Terrasse des Restaurants »Strönholt«, das zum Hotel »Budersand« gehört. Von dort haben Sie eine fast genauso traumhafte Aussicht und können zudem noch den Golfern beim Spielen (und beim Bällesuchen in den Dünen) zuschauen. Und wenn Ihnen der Sinn mehr nach Literatur als nach Sport steht, dann fragen Sie doch mal im Hotel, ob Sie einen kurzen Blick in die Bibliothek werfen können, deren 1.400 Bücher von Deutschlands berühmtester Literaturkritikerin Elke Heidenreich zusammengestellt wurden.

71. GRUND

Weil Sylt ausgezeichnet ist

Dieser Grund ist tatsächlich wörtlich gemeint, denn Sylt wurde im Dezember 2015 bereits zum dritten Mal als »Marke des Jahrhunderts« ausgezeichnet – und zwar als einzige Urlaubsregion. Zusammen mit rund 250 anderen wichtigen deutschen Marken, die von einem hochkarätigen Beirat ausgewählt und ausgezeichnet wurden, präsentiert sich Sylt im Buch Marken des Jahrhunderts – Stars 2016. Diese Stars am deutschen Markenhimmel haben eines gemeinsam: Sie sind bekannt, beliebt und stehen exemplarisch für ihre Gattung: »Tempo« für Taschentücher, »Labello« für Lippenpflegestifte, »Tesa« für Klebestreifen. Und »Sylt« für die Insel schlechthin. Ebenfalls mit dabei sind die Sportmarke mit den drei Streifen, der Teddy mit dem Knopf im Ohr und die allseits bekannte Gesichtscreme in der blauen Dose. Ach ja: Und natürlich auch das Duftwässerchen aus meiner Wahlheimat Köln. Sie wissen schon, das, dessen Name aus vier Zahlen besteht.

Keine schlechte Gesellschaft also, in der Sylt sich da befindet. Und dass Sylt völlig zu Recht zu den wichtigsten Marken Deutschlands zählt, beweisen die zahlreichen anderen Auszeichnungen, die die Insel in den vergangenen Jahren wie keine andere gesammelt hat. So wurde sie vor einigen Jahren beim internationalen »Diners Club Magazin-Award« unter die zehn schönsten Urlaubsregionen Europas gewählt, und das A-ROSA-Hotel in List wurde beim selben Wettbewerb zu »Europas Strandhotel des Jahres« gekürt.

Ebenfalls ausgezeichnet ist der Golfplatz Budersand, der 2015 von über 2.300 Golfern aus 45 Nationen auf den siebten Platz der beliebtesten Golfplätze Europas gewählt wurde. Und nicht zu vergessen die Sylter Restaurantszene, die schon lange als eine der besten der Republik gilt und regelmäßig ausgezeichnet wird. So vergab der renommierte *Guide Michelin* für das Jahr 2016 insgesamt sechs Sterne an vier Sylter Küchenchefs. Damit ist und bleibt Sylt Deutschlands Genussinsel Nummer 1. Und meine Nummer 1 ja sowieso.

72. GRUND

Weil auf Sylt sogar Schlangestehen Spaß macht

Waren Sie im Sommer schon einmal auf Sylt Brötchen kaufen? Dann kennen Sie sicher das Phänomen, um das es in diesem Grund gehen soll. Ich selbst habe es das erste Mal bei meiner Sylt-Premiere im Jahr 2000 beobachtet. Wir wohnten damals über einer kleinen Bäckerei etwas außerhalb des Westerländer Zentrums. An unserem ersten Inselmorgen ging ich auf den Balkon, um zu schauen, wie das Wetter war, und bemerkte dabei die vielen Menschen, die vor unserem Haus auf der Straße standen. Diese warteten nicht etwa, wie ich zuerst annahm, auf den Bus, sondern standen tatsächlich vor der kleinen Bäckerei Schlange. Dass es dort weder etwas umsonst

164

noch die besten Brötchen der Insel gab, sondern dass das Schlange-stehen vorm Bäcker ein typisches Sylter Sommerphänomen ist, dämmerte mir im darauffolgenden Jahr, als wir in der Nähe einer anderen Westerländer Bäckerei wohnten. Auch vor dieser bildete sich Morgen für Morgen eine lange Menschenschlange. Und vor der Bäckerei in der Friedrichstraße ebenfalls. Und vor der am Bahnhof. Und überhaupt vor jeder einzelnen Bäckerei, an der ich vorbeikam.

Wer im Sommer auf der Insel also Lust auf frische Brötchen hat, dem bleibt nichts anderes übrig, als Teil dieses Sylter Phänomens zu werden. Ein Phänomen, das mir zu Hause in Köln schon nach wenigen Tagen auf die Nerven gehen würde. Denn dort hätte ich wenig Lust, meine knappe Zeit mit Schlangestehen zu verbringen. Auf Sylt ist das anderes, da gehört es für mich – und für viele an-dere – zum Urlaub wie Fahrradfahren und Fischbrötchenessen. Und so stehe ich im Sommer jeden Morgen in der Schlange vor meiner Lieblingsbäckerei »Raffelhüschen«, zähle die Mitwartenden, plaudere ein wenig mit ihnen über das Wetter oder lese eine der kostenlosen Sylter Zeitungen, die am Eingang der Bäckerei auslie-gen. Und immer wieder bin ich erstaunt darüber, dass sich niemand beschwert, weil es heute besonders lange dauert. Es ist halt so. Auf Sylt steht man beim Brötchenholen Schlange. Und zwar gerne und ohne zu murren. Das war im Jahr 2000 so, und das wird wohl auch im Jahr 2020 noch so sein. Und wissen Sie was: Das Warten lohnt sich! Zumindest, wenn man wie ich vorm Bäcker »Raffelhüschen« wartet, denn dort gibt es tatsächlich die (für mich) besten Brötchen der Insel, die Sylter Knacker, für die ich mich auch in die längste Schlange stellen würde.

Auf der Insel hält sich übrigens hartnäckig das Gerücht, dass sich Urlauber morgens zum gemeinsamen Schlangestehen verabreden und dabei von besonders netten Bäckern mit Kaffee und – angeb-lich – auch schon mal mit einem Tischkicker versorgt wurden, um sich die Wartezeit ein wenig zu vertreiben. Und wo wir schon beim Thema »Wartezeit« sind: Wenn sich in der Hochsaison täglich bis zu 130.000 Besucher auf der Insel tummeln, muss man nicht nur beim Brötchenkaufen viel Zeit und noch mehr Geduld mitbringen, sondern eigentlich bei fast allem: Beim Autofahren, wenn sich lange Staus bilden, im Supermarkt, wenn das An-der-Kasse-Stehen doppelt so lange dauert wie der Einkauf selbst, beim Parkplatzsuchen an den Strandübergängen und sogar teilweise beim morgendlichen Duschen. Denn wenn zu viele Menschen gleichzeitig unter der Dusche stehen, kann es passieren, dass das Sylter Wassernetz überlastet ist und durch den sinkenden Wasserdruck weniger Wasser aus dem Hahn kommt als üblich.

Sylt ist eben immer noch eine kleine beschauliche Nordseeinsel – wenn auch im Sommer eine sehr volle – mit einer dementsprechenden Infrastruktur. Also: Planen Sie einfach für alles etwas mehr Zeit ein und bleiben Sie entspannt! Schließlich haben Sie Urlaub!

73. GRUND

Weil die Weihnachtsdekoration der Sansibar ihresgleichen sucht

Wenn man ein Buch über Sylt schreibt, gibt es einige Dinge, um die man nicht herumkommt: Strandkörbe zum Beispiel. Oder die Kampener Whiskymeile. Und natürlich nicht zu vergessen die Sansibar, Deutschlands berühmteste Holzhütte in den Rantumer Dünen. Um genau die soll es in diesem Grund gehen.

Keine Angst, ich werde Ihnen jetzt nicht erzählen, dass das Essen dort wahnsinnig lecker ist, dass Sie dort neben stets gut gelaunten Mitarbeitern auch mal den einen oder anderen Promi treffen können oder dass sich unter der Sansibar ein Weinkeller befindet, von dem manch Winzer in meiner Pfälzer Heimat nicht einmal zu träumen wagt. Denn als Sylt-Kenner wissen Sie das ja alles schon. Was Sie aber vielleicht noch nicht wissen (zumindest, wenn Sie bisher nur im Sommer auf der Insel waren), ist, dass sich die Sansibar jedes Jahr in der Adventszeit in einen wahren Weihnachtstraum verwandelt. »Schuld« daran ist Barbara Ibers, die älteste Tochter von Sansibar-Chef Herbert Seckler, die mit viel Liebe zum Detail und noch mehr Herzblut die schönste Weihnachtsdekoration zaubert, die ich je gesehen habe. Und als bekennender Weihnachtsdekorationsfan habe ich schon viele gesehen – das können Sie mir glauben!

Ihre Detailverliebtheit und das Händchen für schöne Dinge hat sie von ihrer Mutter Helga Seckler, die sich seit Bestehen der Sansibar mit viel Hingabe unter anderem um die Dekoration der Hütte kümmert und ihr so eine ganz spezielle, gemütliche Atmosphäre mit persönlicher Note verleiht. Barbara Ibers unterstützt ihre Mutter heute tatkräftig bei der Weihnachtsdekoration, deren Besonderheit es ist, dass sie nicht etwa auf Tischen oder Fensterbänken steht, sondern unter der Decke hängt. Dort baumeln unzählige Anhänger aus den verschiedensten Materialien, nostalgische Weihnachtsmänner und Engel hängen neben Elchen und Pinguinen, es glitzert und funkelt, und manch ein Gast hat sicher schon vor lauter Gucken völlig das Essen vergessen. Apropos Essen: Weihnachten 2015 hat das Sansibar-Team erstmals Lindt-Schokoladen-Anhänger unter die Decke gehängt, die sich die kleinen Besucher erst abschneiden und dann schmecken lassen konnten.

Aber das sind nicht die einzigen Besonderheiten, die man dort entdecken kann, denn jedes einzelne Teil, so hat mir Barbara Ibers verraten, wurde persönlich und mit viel Liebe ausgesucht, und jedes Jahr kommen neue Deko-Artikel dazu, sodass sich das Gesamtbild stetig verändert. Und wenn Sie genau hinschauen, dann entdecken Sie mit etwas Glück ein buntes Osterei zwischen den weihnachtlichen Anhängern, das beim Abschmücken der Osterdekoration unter der Decke vergessen wurde. Die Anhänger werden übrigens an eigens für die Sansibar hergestellten Matten befestigt, damit nicht jedes Teil einzeln auf- und abgehängt und separat verstaut werden muss. Das spart zwar ziemlich viel Zeit, trotzdem sind immer noch drei Sansibar-Mitarbeiter drei Nächte damit beschäftigt, der Hütte einen weihnachtlichen Zauber zu verleihen. Wie viele Teile tatsächlich Jahr für Jahr unter der Sansibar-Decke baumeln, kann Barbara Ibers nicht sagen – es sind einfach viel zu viele, um sie zu zählen.

Sollten Sie einmal in der Weihnachtszeit auf Sylt sein und sich an einem verregneten Nachmittag langweilen, kommen Sie doch einfach in die Sansibar, bestellen sich ein Stück des leckeren hausgemachten Kuchens und fangen an zu zählen. Ich bin gespannt, wie weit Sie kommen, bis Sie eine Genickstarre zum Aufgeben zwingt.

PS: Die Weihnachtsdekoration hängt übrigens immer ab der Woche vor dem ersten Advent bis zum 30. Dezember. Dann macht sie Platz für die nicht minder spektakuläre Silvesterdekoration.

74. GRUND

Weil man an Sylter Stränden nicht nur Muscheln und Quallen findet

Haben Sie auf Sylt am Strand schon einmal etwas gefunden? Etwas anderes als Muscheln? Also etwas Besonderes? Oder vielleicht sogar etwas Wertvolles? Nein? Machen Sie sich nichts draus: Ich auch nicht. Die kleine Leni aus der Schweiz hatte da mehr Glück als Sie und ich. Im Sommer 2015 fand die Siebenjährige bei einem Spaziergang um die Hörnum Odde einen 59 Gramm schweren Bernstein, der gerade mal so eben in ihre kleine Kinderhand passte. Laut Experten war dieser außergewöhnliche Fund 500 bis 600 Euro wert. Nicht schlecht, oder? Da kann es sich durchaus lohnen, am Strand die Augen offen zu halten, vor allem ein bis zwei Tage nach Herbst- und Winterstürmen mit auflandigem Wind, denn dann ist die Chance, Bernsteine zu finden, am größten. Der Grund dafür ist, dass das salzige Meerwasser bei Temperaturen um vier Grad die größte Dichte hat und der Bernstein, der dann leichter als das Wasser ist, an der Oberfläche treibt und vom Wind an den Strand gespült wird. Ja, Sie haben richtig gelesen, Bernsteine werden tatsächlich aus dem Meer angespült. Genauer gesagt, vom Meeresboden, wo sich das fossile Baumharz, denn genau das ist Bernstein, vor Millionen von Jahren abgelagert hat.

Sollten Sie diesen Grund zufällig wenige Tage nach einem Herbst- oder Wintersturm lesen, dann springen Sie jetzt bitte nicht direkt auf und stürzen an den Strand, sondern lesen erst noch zu Ende. Schließlich muss ich Ihnen ja noch verraten, wo Sie am besten nach Bernsteinen suchen: Gute Plätze sind neben der Hörnum Odde zum Beispiel der Abschnitt zwischen der Weststrandhalle in List und der schmalsten Stelle des Ellenbogens, die Morsum Odde und der Weststrand von Baakdeel Richtung Süden. Dort schauen Sie am besten in dem schmalen Bereich am Spülsaum, den braunschwarzen Streifen, in denen der Sturm das sogenannte Sprockholz ablagert. Dort ist schon so manch ein Bernsteinsucher fündig geworden – wenn auch oft erst nach einigem Wühlen und Graben. Und wenn Sie dann tatsächlich auf etwas Goldgelbes stoßen und sich nicht sicher sind, ob es sich dabei wirklich um einen Bernstein handelt, dann beißen Sie einfach vorsichtig (!) drauf. Gibt es nach, können Sie sich freuen, denn Sie haben wirklich einen Bernstein gefunden, gibt es nicht nach – freut sich Ihr Zahnarzt. Alternativ können Sie auch etwa 15 Gramm Salz in eine Tasse Wasser geben. Schwimmt Ihr Fund oben, darf ich Ihnen gratulieren: Sie sind stolzer Besitzer eines der beliebtesten Heilsteine der Welt. Bernstein enthält nämlich erwiesenermaßen viele ätherische Öle, die – und das ist nicht ganz so erwiesen – an einer Kette um den Hals getragen Babys beim Zahnen helfen sollen.

Und bevor ich Sie jetzt endgültig an den Strand zum Steinesuchen entlasse, ein letzter Tipp: Bewahren Sie ihre gefundenen Schätzchen unbedingt in einer Dose oder an einem anderen abgedunkelten Ort auf, ansonsten werden Sie nicht lange Freude daran haben. Bernstein wird nämlich, wenn er Luft und Licht ausgesetzt wird, nach etwa zehn Jahren matt und bekommt Risse. Und jetzt los! Ab an den Strand mit Ihnen und viel Glück beim Suchen – und hoffentlich Finden!

PS: Sollten Sie neben Bernsteinen weitere spannende Dinge am Strand finden, können Sie sie auf www.beachexplorer.de, einer Internetseite der Schutzstation Wattenmeer, registrieren und sich bei der Bestimmung helfen lassen. Auch als App für unterwegs.

PPS: Apropos »spannende Dinge finden«: Im Oktober 2015 wurde, ebenfalls am Hörnumer Strand und ebenfalls von einem kleinen Mädchen, ein menschliches Schädelstück gefunden und an die Sylter Kriminalpolizei übergeben. Da das Schädelstück älter als 50 Jahre war, konnten jedoch keine DNA-Spuren gefunden werden. Schädelknochen-Besitzer unbekannt.

75. GRUND

Weil auf Sylt die kleinen Abenteuer die schönsten sind

Schon mal was von Micro-Abenteuern gehört? Ich bis vor Kurzem auch nicht! Mit Micro-Abenteuern sind kleine Erlebnisse gemeint, die den Alltag schöner, spannender und ereignisreicher machen – ohne dafür viel planen oder wegzufahren zu müssen. Micro-Abenteuer beginnen nämlich bestenfalls direkt vor der eigenen Haustüre – beziehungsweise vor der Ihrer Sylter Urlaubsunterkunft.

Denn dank Maurice Morell und seiner ideenreichen Internetseite www.micro-abenteuer-sylt.de können jetzt auch auf der Insel über 90 kleine Abenteuer mit großer Wirkung erlebt werden. Ein kleiner Vorgeschmack gefällig? Wie wäre es zum Beispiel mit einem Sightseeing-Run durch List? Einem Besuch in der Salzgrotte Tinnum oder dort, wo Sylter Sterneköche ihr Obst und Gemüse kaufen? Oder hätten Sie vielleicht Lust auf ein Frühstück mit zwar sehr netten, aber Ihnen auch sehr fremden Menschen? Diese und viele andere Tipps für Dinge, die man jeden Tag ganz unkompliziert auf Sylt erleben kann, hat Maurice Morell gesammelt und stellt sie auf seiner Internetseite allen Interessierten zur Verfügung. Mir hat er verraten, wie er auf die Idee dazu kam und welches seine ganz persönlichen Lieblings-Micro-Abenteuer sind.

Wie entstand die Idee zu den Sylter Micro-Abenteuern?
Ich kenne Sylt seit den 70er-Jahren, als ich mit den Eltern und meinen Geschwistern erstmals hier war. Wir haben das immer genossen. Diese starke Natur, dieser Sylt-Spirit tat irgendwie gut. Das waren natürlich andere Zeiten. Es war ja wirklich ein Treffpunkt von Andersdenkenden, auch aus der Wirtschaft. Viele Kreative und Lebenskünstler waren hier zur Saison. Es gab eine eigene Feier- und Strandkultur. Diese gepflegte Lässigkeit, von der die Eltern ein Teil waren. Ich bin mittlerweile seit vier Saisons auf der Insel und mache hier verschiedene Dinge. Unter anderem habe ich bei meinem Freund Mario in der »Crêperie am Meer« gearbeitet – Kaffee-Service an der Außenbar. Ich wurde ständig nach Tipps gefragt, wohin ich als Sylter »Surfertyp« denn gehe, was ich liebe. Das wirklich Große kennen viele nicht, das zeigt sich ja oft im Kleinen. Bei Mondschein vor Kampen zu schwimmen zum Beispiel, wenn das Wasser noch 21 Grad hat. Das macht ja keiner. Ich schon. Zum Meeresleuchten habe ich einmal Freunde eingeladen, die kamen dann zusammen und haben das nie vorher erlebt. Als Insulaner! Solche einmaligen Erlebnisse kann man nicht für sich behalten. Deshalb habe ich in den vergangenen Jahren dann um die 90 Tipps zusammengeschrieben, und so entstanden die Micro-Abenteuer.

Wie kommen Sie auf die Idee zu immer neuen Micro-Abenteuern?
Ich höre mich um, was die Leute auch nach Jahrzehnten noch lieben, dann bekomme ich viel mit an Neuem und kreiere auch selber etwas. Und dann kommen Anstöße. Ich gehe mit Falk Eitner auf

einer seiner grandiosen Kampener Dorfführungen mit, höre seine Geschichten. Herrlich. Oder ich bekomme durch Zufall eine Sonderführung zur Wanderdüne, um diese wirklich mal selbst zu erleben. Das ist eigentlich unmöglich, da die Düne Schutzgebiet ist. Was ich dort erlebe, ist ganz wunderbar, ich bin so dankbar in diesen Momenten. Da fühle ich so etwas wie Gnade, hier sein zu dürfen. Ich schaue zur Zeit, wie man eine Sonderführung für nur sechs Leute einmal jährlich hinbekommt, die wirklich schonend ist. Meine Aufgabe ist es, schonend Zugänge zu organisieren, zu inspirieren, selbst auf Tour zu gehen. Wie sagt es Falk Eitner so treffend: »Weißt du mehr, siehst du mehr.« Ich möchte Möglichkeitenräume eröffnen, ohne dass gleich Geld fließt, also unabhängig und frei. Es geht um Zugang zu Erlebnissen, die bewegen. Etwa ein Aufruf zur jährlichen Säuberungsaktion im Listland. Der Tipp geht dann über die Mailingliste raus.

Haben Sie bereits selbst ein paar der Micro-Abenteuer ausprobiert? Welches ist Ihr Favorit?
Ich habe etwa 80 Prozent der Micro-Abenteuer ausprobiert, und Schwimmen im Meeresleuchten, das ist schon bewegend. Das ist Magie. Sobald es in der Zeitung steht, ist es schon vorbei. Es sind wenige Tage im Jahr. Einheimische kennen es kaum oder können dem nichts abgewinnen, für mich aber ist es das Größte. Um mich herum leuchtet es, Millionen Lichtpunkte glimmen um einen herum und laufen am Körper herab, wenn ich aus dem Wasser komme. In den Fußspuren im Sand leuchtet es noch zehn Minuten nach – ein unvergessliches Erlebnis!

Gibt es unter den Abenteuern einen echten Geheimtipp, oder etwas, was jeder, der auf Sylt ist, unbedingt einmal machen sollte?
Sich da, wo es in der Nacht wirklich ganz dunkel ist, etwa im Listland oder Richtung Hörnum oder an der Odde, in eine Mulde legen. Und dann nur in den Himmel schauen. Vielleicht sternförmig,

die Köpfe zusammen. Wir haben klare Nächte, in denen Tausende Sternschnuppen fallen. Im Norden bekommen wir grünliche, bläuliche Schleier des Nordlichts mit. Das ist einmalig. Ach ja, mein Liebstes – und es ist dafür unvorhersehbar – ist, wenn die alten Männer von der Buhne 16 mit dem Boot zurückkommen, dann bringen sie ihren Fang mit. Makrelen. Die werden gleich gegrillt und mit frischem Kartoffelsalat serviert. Eine Delikatesse. Das sind die Männer, die zu den ersten Surfern Deutschlands gehören. Die haben noch das Blitzen in den Augen. Die zu treffen ist schön, denn sie haben viel erlebt und sind gut drauf, ihre Gesichter sind tiefbraun und gegerbt. Sie gehören für mich zu den sieben Weisen der Insel.

Eine Micro-Abenteuer ist es, Sie als Inselgeher zu buchen. Wie kann man sich das vorstellen?
Wer mag, verabredet sich mit mir. Die Route wird bestimmt und auf welche Art wir gehen. Das ist für Menschen, die einfach nur gehen wollen – ohne Thema, ohne Führung, ohne Gebrabbel. Es soll einfach einer da sein. Falls was passiert, einer mit Ortskenntnis. Unter den Menschen, die mich buchen, sind auch Witwen und Witwer, die ihre Sylt-Erinnerungen haben, die ungern allein gehen wollen. Der Partner war ja immer mit. Manchmal gehen Leute auch mit einem Thema los. Während der Tour kann es wie aus dem Nichts Klärung geben. Das habe ich schon mehrfach erlebt. Es löst sich beim Gehen oder »es geht«. Auch allein erlebe ich das ja: Das Meer tut gut. Hier rückt sich alles zurecht. Ich kam auf dieses Angebot, weil ich mehrfach gefragt wurde, ob ich das tun mag. Dann habe ich einfach mal Ja gesagt.

Auf Ihrer Internetseite gibt es einen Spendenaufruf – was verbirgt sich dahinter?
Ich hatte überlegt, ob ich Werbung schalte, um diesen Dienst zu monetarisieren. Ich wollte damit aber frei bleiben, unabhängig. Die

Kosten für den Serverplatz, für den E-Mail-Dienst und die laufende Pflege möchte ich aber gerne mindestens wieder einspielen. Vielleicht gebe ich ein Büchlein heraus, wenn ich 100 kleine Abenteuer versammelt habe. Das wäre schon bald. Alles kann, nichts muss. Ich habe das Gefühl, ich gebe der Insel etwas zurück. Auf freiwilliger Basis kann jeder gegen Quittung etwas geben, das ist auf der Seite technisch gut gelöst. Ich habe auch bereits Überweisungen erhalten. Die erste übrigens von einer Sylterin. Maren ist ihr Name. Darüber habe ich mich gefreut.

Wenn Sie jetzt Lust bekommen haben, auf Sylt einmal etwas Neues, Ungewöhnliches auszuprobieren, was nicht im Reiseführer steht, dann schauen Sie doch einfach mal auf der Micro-Abenteuer-Seite vorbei und lassen sich inspirieren – von den kleinen, aber dafür sehr besonderen Dingen des Alltags.

76. GRUND

Weil Sylter Kirchen außergewöhnliche Geschichten erzählen

Welche Gemeinsamkeit zwischen Sylt und Ceylon fallen Ihnen spontan ein? Außer, dass man an beiden Orten gerne Tee trinkt, wahrscheinlich nicht allzu viele. Geht mir genauso. Dem Berliner Arzt Paul Dahlke, der während einer Asienreise zum Buddhismus konvertiert war, fielen Anfang des 20. Jahrhunderts allerdings noch eine ganze Menge anderer Gemeinsamkeiten ein. So erinnerte ihn Sylt an die Stille und Abgeschiedenheit Ceylons und erschien ihm als geeigneter Platz, dort die erste buddhistische Klosteranlage Europas zu errichten. Als sich um 1920 die Pläne zum Bau des Hindenburgdamms abzeichneten, verwarf er seine Pläne allerdings wieder, da er die Ruhe und Naturidylle auf der Insel durch den Bau des Damms als gefährdet sah. Auf dem Grundstück in der Braderuper Heide, das er bereits für seine Klosteranlage erworben hatte, ließ er ein großes Buddha-Denkmal aus rotem Backstein errichten, das 1939 im Rahmen der Flughafenerweiterung abgerissen wurde.

Einen buddhistischen Tempel gibt es folglich also nicht auf Sylt, dafür aber jede Menge anderer wunderschöner und ungewöhnlicher Kirchen, die größtenteils evangelisch sind, denn die Katholiken sind auf der Insel deutlich in der Minderheit. Mitte des 19. Jahrhunderts bestand diese Minderheit sogar aus nur einem einzigen Katholiken – einem Österreicher, der während des Deutsch-Dänischen Krieges auf der Insel stationiert war und sich in ein Sylter Mädchen verliebte, für das er die Berge gegen das Meer tauschte und nach Sylt zog. Nachdem der zuständige Bischof von Osnabrück seine Bitte, einzig für ihn eine katholische Kirche auf der Insel zu bauen, aus verständlichen Gründen ablehnte, schaffte der Österreicher es, sogenannte Strandpfarrer nach Sylt zu holen, die aus ganz Deutschland für einige Wochen auf die Insel kamen und ab 1869 während der Saison für ihn und die katholischen Badegäste Messen abhielten. Anfangs fanden diese in Privathäusern statt, später wurde dann in einer Pension, dem Speisesaal der Dünenhalle und der Empfangshalle des Warmbadehauses gepredigt und gebeichtet. Schließlich hatte die Gemeindeverwaltung ein Einsehen und stellte der immer größer werdenden katholischen Gästeschar – und natürlich dem Österreicher – eine Baracke als Zwischenlösung zur Verfügung. 1895 folgte ein Spendenaufruf in der Kurzeitung, durch den ein recht ordentlicher Betrag zusammenkam, der den Grundstock zum Bau der Herz-Jesu-Kapelle in der Neuen Straße in Westerland legte, wo seit 1937 ein fester Pfarrer die Messen abhielt.

Durch den Zustrom der Heimatvertriebenen und den weiteren Aufschwung des Tourismus wurde die Kapelle mit ihren 160 Sitzplätzen jedoch schnell zu klein, und in der Elisabethstraße entstand die Christophorus-Kirche, die 1957 eröffnet und 1997 komplett erneuert wurde. Neben der Christophorus-Kirche gehören auch die

Filialkirchen Sankt Josef in Hörnum und Sankt Raphael in List zur katholischen Gemeinde, die rund 1.900 Mitglieder zählt. Nur rund ein Viertel so viele Mitglieder gehören der dänischen Minderheit auf Sylt an, die seit 1948 von einem eigenen Pfarrer betreut wird und ihre Gottesdienste unter anderem im Dänischen Pastorat, einem 200 Jahre alten Friesenhaus im Westerländer Rosenweg, feiert. Dort lässt nur der hölzerne Glockenstapel mit dem goldenen Hahn auf dem Dach erkennen, dass es sich um kein gewöhnliches Wohnhaus, sondern um eine Kirche der ungewöhnlichen Art handelt. Ebenfalls nicht ganz gewöhnlich ist St. Peter in Rantum (Stiindeelke 7), die einzige Reetdachkirche Sylts, deren Vorgängerbauten etwa alle 100 Jahre neu errichtet werden mussten. Schuld daran war entweder das Meer, das die Kirchen dort, an der engsten Stelle der Insel, einfach weggespült hat, oder der Dünensand, der sie immer wieder unter sich begrub. So geht das Gerücht, die Gottesdienstbesucher mussten 1801 durch die Fenster einsteigen, da die Kirche schon fast vollständig vom Sand verschüttet war. Und so wurde St. Peter noch im selben Jahr versteigert. Den Zuschlag bekam ein Schiffer, der sich mit den Kirchensteinen ein Haus baute und mit Teilen des Altars seine Schiffskajüte schmückte. Viele Jahre musste Rantum, das zu dieser Zeit nur aus einer Handvoll Häuser bestand, dann auf eine neue Kirche warten. 1964 wurde die heutige St.-Peter-Kirche, die auf ausdrücklichen Wunsch der Gemeinde reetgedeckt ist, mitten im Dorf errichtet, wo weder Meer noch Sand sie bedrohen.

Weitere Kirchen, die unbedingt einen Besuch lohnen, sind die Segelkirche in Hörnum (Hangstraße 38), die durch ihren ungewöhnlichen Grundriss mit dem spitz zulaufenden Chor tatsächlich sehr an ein Segelschiff erinnert und von deren Portal Sie einen tollen Blick auf Hörnum haben, sowie St. Martin in Morsum. Die weiße Kirche mit dem hölzernen Glockenstapel finden Sie in der Straße Haawerlön, wo sie ursprünglich aber gar nicht stehen sollte. Vielmehr war im 13. Jahrhundert ein Stück Land im Osten vorgesehen, das heute im Watt liegt und an das kurz vor Baubeginn bereits die Steine gebracht worden waren. Der Sage nach wurden diese, von wem auch immer, eines Nachts an den heutigen Standort der Kirche gebracht. Die Morsumer verstanden dies als Zeichen Gottes und bauten ihre Kirche, deren Glocke noch heute von Hand geläutet wird, genau an dieser Stelle.

Und wenn Sie sich St. Martin angeschaut haben, dann machen Sie doch direkt noch einen kleinen Abstecher zu St. Severin, der Kirche des Nachbarorts Keitum (Munkmarscher Chaussee). Dort finden fast jede Woche die berühmten Mittwochskonzerte statt, bei denen berühmte nationale und internationale Organisten für ein unvergessliches Hörerlebnis bei Kerzenschein sorgen. Der Turm von St. Severin diente übrigens vor dem Bau der Sylter Leucht-türme tagsüber als Seezeichen und wurde bis 1803 als Gefängnis benutzt. Eine weitere Besonderheit ist der sogenannte Müllerstuhl im Chorraum, der aussieht wie ein Beichtstuhl, vielmehr aber der feste Sitzplatz, also quasi die Loge, einer reichen Munkmarscher Müllerfamilie war, die diese 1769 errichten ließ.

Wenn Sie mehr über die Geschichte der Sylter Kirchen erfahren möchten, dann sollten Sie eine der zahlreichen Kirchenführungen buchen, die die Tourismuszentralen in den einzelnen Orten anbie-ten. Oder besuchen Sie doch einfach mal einen Gottesdienst – zum Beispiel in der Westerländer Musikmuschel, im Lister Hafen oder am Strand. Orte, an denen auf Sylt gepredigt, gebetet und gesungen wird, gibt es einige, und die sind mindestens so außergewöhnlich, wie die Sylter Kirchen selbst.

von oben nach unten: Sylter Eismanufaktur List (Grund 80) Kleine Teestube Keitum (Grund 77) / Autorin beim Kaffeeklatsch (Grund 77) / großes Bild: Sansibar-Erdbeerkuchen (Grund 77)

KAPITEL 6

TIPPS FÜR GENIESSER

Weil es keinen besseren Ort
für einen Kaffeeklatsch gibt

Haben Sie schon einmal versucht, im Urlaub abzunehmen oder zumindest Ihr Gewicht zu halten? Was an anderen Urlaubsorten schon recht schwer ist, ist auf Sylt unmöglich. Zumindest für mich. Denn trotz langer Strandspaziergänge und täglicher Fahrradtouren, die dank Gegenwind recht kräfte- und damit eigentlich auch kalorienzehrend sind, verlasse ich die Insel jedes Mal mit ein paar Pfündchen mehr, als ich sie betreten habe. Schuld daran ist nicht nur die gute Nordseeluft, die den Appetit anregt, sondern auch das riesige Angebot an Restaurants, Strandbuden & Co., die Sylt zum nördlichsten Schlaraffenland der Republik machen. Besonders angetan haben es meinem Mann und mir aber weder Fisch noch Fleisch, sondern Kuchen! Egal, wo auf der Welt wir sind: Kuchen muss sein. Zu jeder Zeit, an jedem Ort und am besten täglich. Wir aßen Lime Pie in Key West, dem südlichsten Zipfel der USA, wir aßen Schokokuchen auf einer fast unbewohnten Insel vor Stockholm, und wir aßen natürlich auch schon jede Menge Himbeer-, Käse- und Apfelkuchen auf unserer Lieblingsinsel, die für uns der schönste Ort für einen ausgedehnten Kaffeeklatsch ist.

Das Angebot an gemütlichen Cafés und Teestuben auf der Insel ist riesig. Getestet haben wir nicht alle, aber viele. Und nach unzähligen Stücken Kuchen sowie literweise Milchkaffee und heißer Schokolade konnten wir uns auf drei Lieblings-Kaffeeklatsch-Orte einigen, in denen wir jedes Mal, wenn wir auf Sylt sind, viele schöne – und leckere – Stunden verbringen: die berühmte »Sansibar« in Rantum, die gemütliche »Kleine Teestube« in Keitum und die außergewöhnliche »Kupferkanne« in Kampen. Warum gerade diese drei? Darum: Der Apfelkuchen in der Sansibar (Hörnumer Straße 80, Rantum) ist der beste auf der ganzen Insel. Sagt mein

Mann. Und der muss es wissen, denn er ist ein wahrer Apfelkuchen-Experte und ein überaus kritischer noch dazu. Aber auch die anderen hausgemachten Kuchen in der Sansibar sind ein wahrer Traum! Allen voran der gebrannte Erdbeerkuchen, der auf den ersten Blick aussieht wie ein Tiramisu: Zuunterst die Erdbeeren, darauf eine Schicht lockerer Teig und als Krönung eine Kruste aus karamellisierter Vanillecreme obendrauf! Und schön ist es hier natürlich auch: Mitten in den Rantumer Dünen, draußen im Strandkorb oder drinnen in der urigen Holzhütte, in der es abends kein elektrisches Licht, sondern nur Kerzenlicht gibt. Ein schönerer Platz für einen gemütlichen Kaffeeklatsch lässt sich schwer finden. Das Auge isst schließlich auch beim Apfelkuchen mit.

Ein weiterer Lieblings-Kaffeeklatsch-Ort auf Sylt ist die gemütliche »Kleine Teestube« in Keitum (Westerhörn 2). Hier gibt es eine riesige Auswahl an hausgemachten Kuchen und Torten – auch zum Mitnehmen. Besonders zu empfehlen ist die Himbeer-Sahne-Torte, die aber meist schon mittags ausverkauft ist. Früh kommen lohnt sich also. Serviert wird übrigens auf entzückendem Marienkäfer-Porzellan, und die netten Bedienungen tragen Tracht. Die Teestube befindet sich in einem alten reetgedeckten Kapitänshaus mitten in Keitum, dem für mich schönsten Ort der Insel. Drinnen geht es friesisch-gemütlich zu. Unser Lieblingsplatz ist aber draußen im kleinen Strandkorb-Garten, der bis in den Herbst geöffnet hat. So habe ich einen meiner schönsten Geburtstage Mitte Oktober mit Himbeerkuchen und den letzten warmen Sonnenstrahlen des Jahres im Teestuben-Strandkorb gefeiert.

Das Besondere an der Teestube ist, wie der Name schon verrät, dass es hier Unmengen verschiedener Tees gibt – vom klassischen Friesentee bis zum exotischen Shangri-La-Tee aus Nepal. Und bei jedem Besuch ärgere ich mich ein klein wenig, dass ich kein Teetrinker bin, überlege kurz, ob ich trotzdem mal einen bestellen soll, kann mich bei der großen Auswahl nicht entscheiden und bleibe dann doch wieder beim Milchkaffee.

Sehr leckeren hausgemachten Kuchen gibt es auch in der Kampener »Kupferkanne« (Stapelhooger Wai 7), die für viele Kaffeeklatscher zu den Sylter Hotspots zählt. Mein Favorit: Aprikose, der meines Mannes: überraschenderweise Apfelkuchen. Dieser kommt, wie alle anderen Kuchen, frisch vom Blech. Wer es etwas gesünder mag: Hier gibt es auch Vollkornkuchen. Genauso groß wie die Kuchenauswahl ist auch die Auswahl der Kaffeesorten aus der hauseigenen Rösterei. Bohnen aus Haiti, Papua-Neuguinea, Sulawesi oder ganz klassisch aus Kolumbien – Kaffeefans wie ich kommen hier voll auf ihre Kosten. Was die Kupferkanne für uns zu einem der schönsten Kaffeeklatsch-Orte auf Sylt macht, ist allerdings nicht (nur) der Kuchen, sondern das wirklich außergewöhnliche Ambiente: Drinnen ein ehemaliger Bunker mit kuscheligen Sitzecken und einem Labyrinth aus verwinkelten Gängen, die oftmals so eng und niedrig sind, dass man beim Gehen den Kopf einziehen muss. Und draußen der wohl schönste Kaffee-Garten der ganzen Nordseeküste: direkt am Watt, mitten im Naturschutzgebiet und mit 28.000 Quadratmetern so riesig, dass sich schon mancher Gast darin verlaufen hat. Was den Garten so besonders macht: Die Bäume stehen hier kopf. Nachdem Orkan »Anatol« im Winter 1999 im Garten der Kupferkanne rund 600 Bäume entwurzelt hat, hat der Besitzer die zehn größten und schönsten Bäume mit den Wurzeln nach oben wieder eingepflanzt. Ein schöner Blickfang, aber auch eine Erinnerung an die verheerende Naturkatastrophe von 1999.

Bei schönem Wetter sollte man ein wenig Wartezeit mitbringen, denn die Kupferkanne ist nicht nur bei meinem Mann und mir sehr beliebt und der Garten daher oftmals ein wenig überfüllt. Aber: Das Warten lohnt sich wirklich! So, jetzt wissen Sie zum einen, wo Sie uns zur Kaffeezeit auf der Insel finden (falls Sie uns jemals suchen sollten), und kennen zum anderen drei gute Gründe dafür, warum Sylt und Abnehmen nicht zusammenpassen! Viel Spaß beim Kaffeeklatschen!

Weil es hier nicht nur Watt, sondern auch Wein gibt

Sollte jemals der unwahrscheinliche Fall eintreten, dass ich während eines Sylt-Urlaubs Heimweh bekomme, so ist die Insel darauf gut vorbereitet. Bis vor ein paar Jahren hätte ich die Sehnsucht nach meiner Wahlheimat Köln in der »Ständigen Vertretung« in Westerland stillen können. Einer typischen Kölsch-Kneipe mit allem Zipp und Zapp. Mit Pittermännchen, Köbes und echten Kölner Spezialitäten wie Halver Hahn. Wenn Sie jetzt nur Bahnhof verstehen, dann sicher nicht nur, weil die »Ständige Vertretung« direkt am Westerländer Bahnhof lag. Also noch einmal für alle Nicht-Kölner: Pittermännchen sind 10-Liter-Kölsch-Fässchen, Köbes nennt man in Köln die für ihre Unfreundlichkeit berühmt und berüchtigten Bedienungen in Brauhäusern, und ein Halver Hahn ist nicht etwa gegrilltes Geflügel, sondern ein Roggenbrötchen mit mittelaltem Gouda, saurer Gurke und Senf belegt. Seit ein paar Jahren hat die Sylter Kölsch-Kneipe geschlossen. Heimweh nach Kölle wäre auf Sylt also schlecht.

Heimweh nach dem kleinen Pfälzer Weindorf, in dem ich aufgewachsen bin, könnte ich allerdings problemlos in Keitum stillen. Denn dort, gegenüber der Kirche St. Severin, liegt der nördlichste Weinberg Deutschlands, der mit immerhin 1.600 Rebstöcken ein wenig Pfälzer Flair auf die Insel bringt. Die Idee dazu hatte der rheinhessische Winzer Christian Ress, der die Reben 2009 pflanzte und bereits vier Jahre später zum ersten Mal ernten konnte. Zur Premiere der Sylter Weinlese kam ein Teil der 555 Rebstockpächter, die Ress bei seinem Vorhaben, auf Sylt Wein anzubauen, unterstützen. Als Dank erhalten sie dafür jährlich eine Flasche des exklusiven Söl'ring-Weins, der seit 2014 nicht nur auf der Insel angebaut, sondern auch gekeltert wird. Seitdem darf er sich »Schleswig Holsteinischer Landwein« nennen. Der Grund, warum nicht »Sylt« auf den Etiketten steht, ist, dass Sylt nicht zu den gesetzlich bestimmten Weinanbau-

Gebieten gehört, aber von seinen Voraussetzungen her durchaus eines sein könnte: 1.714 Sonnenstunden (und damit 130 mehr als in der Weinbauregion Rheingau), lehmiger Sandboden, hoher Humusgehalt und ein Klima, das den Solaris- und Rivaner-Trauben gut zu bekommen scheint. Zu haben ist der Wein direkt für 75 Euro pro Flasche direkt beim Weingut (www.balthasar-ress.de) oder für 79 Euro bei Feinkost Meyer in Wenningstedt.

Ein Preis, für den man in meinem Pfälzer Heimatdorf mehrere Kisten sehr guten Weißweins bekommen würde. Aber: Sylt ist eben Sylt, und eine Flasche des nördlichsten Weins Deutschlands ist schon etwas ganz Besonderes. Vielleicht ergattern Sie ja eine der begehrten Flaschen und trinken ein Gläschen, während Sie auf dem heimischen Balkon dieses Buch lesen und vom nächsten Sylt-Urlaub träumen. Na dann: Prost!

79. GRUND

Weil die Insel nicht nur schön ist, sondern auch schön macht

Stellen Sie sich vor, Sie sitzen bei Günther Jauch oder einem seiner Quiz-Kollegen und sollen folgende Frage beantworten:

Wo wurde 2001 die erste europäische Klinik für eine in Amerika entwickelte Anti-Aging-Medizin eröffnet?
    a.) Madrid
    b.) Mailand
    c.) Morsum
    d.) Monaco
Zugegeben, die Antwort dürfte Ihnen jetzt nicht wahnsinnig schwerfallen, schließlich halten Sie ein Sylt-Buch in den Händen. Aber ganz ehrlich: Hätten Sie tatsächlich auf das beschauliche Mor-

sum getippt? Ich nicht! Zumal man auf Sylt meiner Meinung nach gar keine solche Klinik braucht. Denn was macht einen schöner und lässt einen sich jünger fühlen als ein Tag am Meer? Trotzdem kam 2001 ein Arzt aus Florida auf die Idee, ausgerechnet in einem Reetdachhaus im kleinen Dörfchen Morsum die europäische Dependance seines »Palm Springs Life Extension Institute« zu eröffnen. Dort praktizierte er gemeinsam mit einem Westerländer Orthopäden eine Hormon-Therapie, die seine Patienten sowohl optisch als auch geistig stark verjüngen sollte.

Die Klinik scheint es mittlerweile nicht mehr zu geben, der Orthopäde praktiziert wieder in seiner eigentlichen Fachrichtung, und der Großteil der Sylt-Besucher fühlt sich wohl auch ohne Hormone auf der Insel so jung, frisch und schön wie nirgendwo sonst. Denn auf Sylt braucht man kein Anti-Aging, Sylt ist Anti-Aging. Und zwar pur! Das liegt zum einen daran, dass man sich auf Inseln im Allgemeinen und auf Sylt im Besonderen so entspannt und glücklich fühlt wie an kaum einem anderen Ort: Der Wind bläst einem die trüben Gedanken aus dem Kopf, Job und Haushalt sind ganz weit weg irgendwo hinterm Hindenburgdamm, und man erlebt Tag für Tag, was Entschleunigung bedeutet. Der Spruch »Wahre Schönheit kommt von innen« stimmt auf Sylt tatsächlich, denn ebendiese entspannte Entschleunigung lässt uns zehn Jahre jünger wirken – mindestens. Innere Schönheit reicht Ihnen nicht? Sie wollen mehr? Auch kein Problem! Denn das Nordseeklima ist besser als jede überteuerte Teint-verschönernde Creme, die mehr verspricht, als sie hält. Nordseeluft macht rosige Wangen, reine Haut, und obendrein ist die Kombination aus Wind und Salzwasser auch noch gesund und mildert Allergien und Atemwegserkrankungen. Und auch der Sand ist für einiges mehr als nur fürs Buddeln zu gebrauchen, denn er sorgt beim Barfußlaufen für zarte, babyweiche Füße, wie sie kein Peeling der Welt hinbekommt.

Also vergessen Sie Tiegel, Tuben und Tinkturen und investieren Sie das gesparte Geld in einen Sylt-Urlaub. Es lohnt sich!

Weil man hier den Eis-Himmel findet

Laut einer Studie essen die Deutschen pro Jahr durchschnittlich acht Liter Eis. Klingt viel? Ist es auch! Aber eigentlich kein Problem. Vorausgesetzt, das Eis ist so lecker wie in der Sylter Eismanufaktur (Dünenstraße 3, List), denn dort muss man (ich) sich zurückhalten, die acht Liter Jahresration nicht in einer einzigen Woche Sylt-Urlaub zu verputzen. Die Eismanufaktur ist noch relativ neu auf der Insel, aber schon lange kein Geheimtipp mehr. Seit 2013 findet man sie in einem hübschen Reetdachhaus in der Dünenstraße in List, und sie hat es innerhalb von nur zwei Jahren an die Spitze der deutschen Eisdielen geschafft. Beim Vorjahresranking (2014) einer Reise-Onlineplattform schaffte sie es auf einen tollen vierten Platz – bei mir persönlich auf einen noch tolleren ersten Platz.

Geleitet wird die Eismanufaktur mit viel Liebe und Herzblut von Detlef Fügeisen, von dem man annehmen könnte, er mache seit Jahrzehnten nichts anderes, als qualitativ hochwertiges und geschmacklich kaum zu übertreffendes Eis herzustellen. Tut er nicht. Und er stammt auch nicht aus einer alteingesessenen Eismacher-Familie mit italienischen Wurzeln. Vielmehr kam er durch einen Artikel im *Stern* auf die Idee, die Eismanufaktur zu eröffnen. Dort wurde über einen Quereinsteiger berichtet, der in einer Eisfachschule die hohe Kunst des Eismachens gelernt und sich schließlich selbstständig gemacht hat. Detlef Fügeisen, eigentlich Bankkaufmann, arbeitete zu dieser Zeit noch in der Schweiz, wollte aber gerne mit seiner Frau Kathrin zurück nach Deutschland kommen und suchte nach einer neuen Tätigkeit. Wie gut, dass ihm der *Stern* in die Hände fiel. Denn ohne *Stern* keine Eismanufaktur und ohne Eismanufaktur kein Sylter Milcheis, für das ich jeden noch so langen Weg nach List immer wieder gerne auf mich nehme. Hergestellt wird es aus Milch, die von der einzigen Sylter Molkerei geliefert wird, und da die Milch zwar pasteurisiert, aber nicht homogenisiert wird, ist das Eis ein reines Naturprodukt, das je nach Jahreszeit immer ein wenig anders schmeckt – aber immer wahnsinnig lecker. Ein bisschen so wie »Mini Milk«, das ich in meiner Kindheit kiloweise geschleckt habe, nur noch sehr viel cremiger und milchiger.

Wer es probieren möchte, braucht ein wenig Glück, denn die Eismanufaktur bekommt von der Molkerei in Morsum keine festen Liefermengen, und daher kann nur dann Nachschub produziert werden, wenn die 35 Kühe in Deutschlands kleinster Molkerei fleißig Milch geben. Ein Besuch in der Eismanufaktur lohnt sich aber auch, wenn das Milcheis gerade mal aus ist, auf jeden Fall. Täglich werden zwölf Sorten angeboten – und zwar jeden Tag andere. Es ist also immer wieder aufs Neue eine kleine Überraschung, welche ausgefallenen Eissorten Detlef Fügeisen und sein Team heute gezaubert haben. Hergestellt werden sie alle mit sehr viel Liebe, Kreativität und nach dem Motto »Natürlich schmeckts besser«, denn für ihr Eis verwenden die Manufakturisten ausschließlich frische Zutaten, die alle bio und fairtrade, also fair gehandelt, sind. Der Großteil der Zutaten stammt übrigens aus der Region, oder sogar direkt von der Insel. So kommt das Salz für das Salzkaramell-Eis, das laut Detlef Fügeisen zu den beliebtesten Sorten der Kunden zählt, aus der Sylter Salzmanufaktur.

Wer es etwas ausgefallener mag, der hat Glück, dass das Eismanufaktur-Team Freude am Experimentieren hat. So gibt es täglich neue ausgefallene Sorten und ganz besondere Kreationen wie zum Beispiel Milchreis-Eis, Blaubeerschmand, Mandarine-Kokos-Sorbet, Haferkeks oder Hibiskus-Chili. Und für die Veganer unter den Eis-Fans gibt es ein Schoko-Eis auf Hafermilchbasis. Und wer sich der durchschnittlichen Jahresration von acht Litern noch schneller – und vor allem günstiger – nähern möchte, für den gibt es eine 10er-Karte, mit der man die elfte Kugel umsonst bekommt. Gratis dazu gibt es ein Lächeln von den trotz langen Schlangen niemals gestresst wirkenden Bedienungen, sowie eine gemütlich-schicke Einrichtung drinnen und eine große Sonnenterrasse draußen. Ich wünsche viel Spaß beim Probieren, und immer daran denken: Acht Liter Eis pro Jahr sind nicht nur locker, sondern auch lecker zu schaffen!

Weil man auch bei Regen und Schnee mit den Füßen im Sand essen kann

Dass man auf Sylt gut essen gehen kann, ist weit über die Insel bekannt. Ob Döner oder Dorade, Burger oder Bœuf Bourgignon, ob Fast Food oder Feinschmecker – auf Sylt gibt es für alle kulinarischen Vorlieben genau das Richtige, und zwar je nach Geldbeutel zum Schnäppchen- oder Sternepreis, wobei Letzterer auf der Insel leider überwiegt. Ein nettes Restaurant zu finden, in dem man auch mit der Großfamilie lecker essen kann, ohne danach Privatinsolvenz anmelden zu müssen, und in dem man auch gern gesehen ist, wenn man im Urlaubsgepäck kein Kleines Schwarzes oder einen schicken Anzug hat, gestaltet sich leider oftmals sehr schwierig. Wenn auf dem Wunschzettel dann auch noch Dinge wie »tolle Atmosphäre«, »freundlicher Service« und »große Portionen« stehen, dann ist das Ganze schon nicht mehr schwierig, sondern fast schon ein Ding der Unmöglichkeit. Oder fällt Ihnen spontan ein Restaurant ein, das Sie jemandem mit diesen Wünschen bedenkenlos empfehlen könnten? Mir schon! Und zwar die Osteria am Westerländer Campingplatz (Fischerweg 32), die für mich zu jedem Sylt-Urlaub dazugehört wie der Dom zu Köln oder die Vanillesoße zur Roten Grütze. Oder Minnie Maus zu Mickey Maus. Oder was auch immer …

Jedenfalls ist die Osteria für uns ein Muss, meist am letzten Abend unseres Inselurlaubs, an dem wir uns möglichst früh auf unsere Räder schwingen und den kurzen Weg durch die Dünen zum Campingplatz fahren. Möglichst früh deshalb, weil die Osteria aus den oben genannten Gründen natürlich kein Geheimtipp, sondern ständig rappelvoll ist und man draußen nicht reservieren kann. Deshalb muss man früh da sein und ein wenig Glück haben, um noch einen der begehrten Plätze auf einer der Strandkorb-Terrassen zu ergattern. Wenn nicht, auch nicht schlimm, denn auch im verwinkelten Innenbereich gibt es Strandkörbe, die im feinen Nordseesand stehen und daher für Strandfeeling sorgen, egal ob es draußen regnet, stürmt oder schneit. Und sind die Strandkörbe einmal besetzt, so bleiben immer noch ausrangierte Flugzeugsitze oder Kinosessel, ein lauschiges Plätzchen am Kamin und und und.

Die Atmosphäre ist locker und ungezwungen und die Osteria deshalb längst Kult. Willkommen ist jeder, egal ob in Flip-Flops oder High Heels. Hier mischen sich Hamburger Geschäftsleute unter Camper, hier teilt sich die Großfamilie aus Kassel einen Tisch mit dem Makler aus Keitum. Sie alle schätzen den netten, zuvorkommenden Service und das leckere Essen. Neben einer großen Auswahl an Fisch- und Fleischspezialitäten gibt es riesige Pizza, die meinen Magen jedes Mal an seine Grenzen bringt. Unsere Standardbestellung und sehr zu empfehlen: zwei große Maracuja-Schorlen, eine Pizza Schinken mit Mais und eine Pizza Diavola ohne Oliven. Wenn Sie es etwas ausgefallener mögen, dann versuchen Sie es doch mal mit einer süßen Pizzavariation, die mit Leckereien wie Bananen, Schokosauce, Blaubeeren oder Roter Grütze angeboten werden.

Und wenn Sie das nächste Mal auf Sylt sind und es regnet oder gar schneit, dann nichts wie ab in die Osteria, die Füße in den Sand stecken und bei einer leckeren Pizza (vielleicht Schinken mit Mais oder Diavola ohne Oliven?) vom Sylter Sommer träumen! Herrlich …

Weil es auf Sylt die leckerste Rote Grütze der Welt gibt

Es gibt Dinge, die mache ich grundsätzlich nur auf Sylt. Drachen steigen lassen zum Beispiel. Oder in Gummistiefeln und kurzen Hosen einkaufen gehen. Beides ist in Köln undenkbar. Das eine wegen zu wenig Wind und zu vielen Hochspannungsleitungen und das andere, weil die Kölner, was ihre Karnevalskostüme angeht, zwar sehr experimentierfreudig sind, ein Gummistiefel-Kurze-Hosen-Outfit im großstädtischen Supermarkt aber wahrscheinlich für einige irritierte Blicke sorgen würde, die ich mir gerne ersparen möchte. Auf Sylt geht das aber. Sogar sehr gut. Gelbe Gummistiefel kombiniert mit allem, was der Kleiderschrank hergibt, gehören hier quasi zur Grundgarderobe. Noch so ein typisches Mache-ich-nur-auf-Sylt-Ding von mir ist Rote Grütze essen, genauer gesagt, Sylter Rote Grütze essen. Die gibt es zwar auch im Kühlregal des oben genannten großstädtischen Supermarktes, in den ich, wie Sie jetzt wissen, nicht mit Gummistiefeln gehe, aber gekauft habe ich sie dort noch nie. Und woanders als auf Sylt gegessen auch nicht. Deshalb kann ich gar nicht sagen, ob sie hier tatsächlich besser schmeckt als anderswo und ob die Kölner Kühlregal-Grütze nicht vielleicht auch ganz lecker ist. Aber irgendwie gehört Rote Grütze für mich nur nach Sylt. Schließlich heißt sie ja auch SYLTER Rote Grütze und nicht Frankfurter oder Hamburger Rote Grütze.

Meine erste Begegnung mit ihr hatte ich vor ungefähr zehn Jahren, als ich mit meinem Mann und meinen Schwiegereltern zum Abendessen bei Gosch in der alten Lister Bootshalle war. Wie sollte es anders sein, stand auf der Speisekarte fast ausschließlich Fisch, was damals für mich ein kleines bis mittelgroßes Problem darstellte. Denn zu diesem Zeitpunkt waren die Fischstäbchen in der Kantine für mich schon eine kulinarische Grenzerfahrung, und anderer Fisch kam mir nicht in die Tüte beziehungsweise auf den

Teller. Was also tun? Entweder hungrig ins Bett gehen oder den Hauptgang weglassen und direkt mit dem Nachtisch anfangen. Ich entschied mich für Rote Grütze mit Vanillesoße und war mit dem ersten Löffel im siebten Himmel. Seitdem muss es für mich bei Gosch immer und zu jeder Tageszeit Rote Grütze sein, wenn auch heute tatsächlich nur noch als Nachtisch, denn mittlerweile esse ich zwar nicht oft, aber trotzdem sehr gerne Fisch in allen Variationen.

Glücklicherweise gibt es meinen Lieblingsnachtisch in fast allen Sylter Cafés und Restaurants, und wer ihn noch nicht probiert hat, der sollte das im nächsten Inselurlaub unbedingt nachholen! Ich sage nur: süß, beerig, vanillig und himmlisch lecker! Sie wollen nicht bis zu Ihrem nächsten Sylt-Aufenthalt warten? Auch kein Problem! Einfach selber machen und ein wenig Sylt-Feeling in die eigenen vier Wände holen!

Hier kommt das Rezept:

Jeweils 250 g Himbeeren, Johannisbeeren und Sauerkirschen
5–6 Esslöffel Zucker
250 ml Kirschnektar
1 Päckchen Vanillezucker
1 Esslöffel Speisestärke

Alle Beeren waschen, entstielen beziehungsweise entkernen und abtropfen lassen. Den Kirschnektar aufkochen, dabei 50 ml zurückhalten und diese mit 3 EL Zucker und der gesamten Menge Stärke glatt rühren. Zum kochenden Nektar geben und unter ständigem Rühren 1 Minute leicht köcheln lassen. Nun kommen die Früchte. Als Erstes die Kirschen hinzufügen, wieder aufkochen lassen und 2 bis 3 Minuten köcheln lassen. Zum Schluss kommen die Himbeeren und die Johannisbeeren dazu. Nicht wieder aufkochen lassen und eventuell noch etwas mit Zucker nachsüßen.

Dazu passen Sahne oder Vanillesoße – oder am besten beides zusammen! Guten Appetit und viel Spaß beim Nachkochen!

PS: Original Sylter Grütze gibt es auf der Insel in vielen Supermärkten in hübschen Gläsern zu kaufen. Ein schönes und vor allem leckeres Dankeschön für die netten Nachbarn, die das Haus gehütet und die Blumen gegossen haben.

83. GRUND

Weil es im Watt nicht nur Würmer, sondern auch Whisky gibt

Welche kulinarischen Köstlichkeiten fallen Ihnen ein, wenn Sie an Sylt denken? Rote Grütze? Fischspezialitäten? Friesentorte mit passendem Tee? Austern? Ich hätte hier noch etwas im Angebot: Echt Sylter Whisky (nicht wundern, er schreibt sich tatsächlich ohne »e«)! Denn dass das »Wasser des Lebens«, so die schottisch-gälische Bedeutung von »Whisky«, nicht unbedingt daher kommen muss, wo man englisch, schottisch oder irisch spricht, beweisen René Bobrink sowie Robert und Thomas Fleischmann, ihres Zeichens Erfinder des Sylter Tide Whisky. Die drei Herren kann man durchaus als Profis für Hochprozentiges bezeichnen, denn René Bobrink hat als Unternehmer bereits einen Sylter Kräuterlikör bekannt gemacht. Robert Fleischmann und sein Sohn Thomas sind die Inhaber von Deutschlands ältester Whisky-Destillerie »Blaue Maus« in Franken.

Seit Frühjahr 2015 produzieren sie Whisky auf der größten deutschen Nordseeinsel, was alleine schon mehr als ungewöhnlich ist. Noch ungewöhnlicher ist aber der Ort, an dem der Whisky reift, denn die Fässer lagern nicht etwa in einem Sylter Keller, sondern gut verankert an einem geheimen Ort auf dem Meeresgrund. Über sechs Monate bleiben die Eichenfässer mit dem vier Jahre alten Single Malt Whisky aus dem Hause Fleischmann in der Nordsee

Radweg am Rantumbecken
(Grund 2 und 59)

Strandweg am Ellenbogen
(Grund 49)

Strand am Roten Kliff
in Kampen (Grund 58)

Blick auf Westerland
(Grund 32)

»Reisende Riesen im Wind«
in Westerland

Tetrapoden an der
Südspitze (Grund 50)

Sylt Quelle in Rantum

Alte Tonnenhalle in List

Flughafen in Westerland
(Grund 107)

Autozug auf dem
Hindenburgdamm
(Grund 14)

Lügenbrücke in Munkmarsch

Hünengrab Denghoog in Wenningstedt (Grund 31)

St. Severin in Keitum
(Grund 67)

Ortskern Keitum
(Grund 25)

Strand in Westerland

Wanderdüne in List
(Grund 57)

Schafe am Rantumbecken
(Grund 59)

Abbruchkante an der Südspitze (Grund 50)

Unwetter am Strand

Leuchtturm List Ost am Ellenbogen
(Grund 35 und 49)

und trotzen dort Ebbe und Flut, schwankenden Temperaturen und natürlich dem Salzwasser, das dem Whisky sein unvergleichliches Aroma verleiht und wie ein natürlicher Geschmacksverstärker wirkt. Genauer gesagt, wie ein hervorragender Geschmacksverstärker, denn der Sylter Watt-Whisky wird von Kennern und Whisky-Liebhabern gleichermaßen gelobt. Geschmacklich offenbart sich eine außergewöhnliche rauchige, aber auch (meer-)salzige Mischung aus Vanille, Kardamom, Lorbeer und Kreuzkümmel, mit einer leichten Note von Leder und Trockenfrüchten im Abgang. Klingt doch ganz interessant, oder?

Und da man als echter Sylt-Fan natürlich auch den Insel-Whisky einfach mal probiert haben muss, am besten direkt auf die To-do-Liste für den nächsten Sylt-Urlaub schreiben! Wenn Sie Hochprozentiges lieber im heimischen Wohnzimmer probieren möchten, dann können Sie sich den Whisky auch im Online-Shop (www.sylter-watt.de) bestellen. Geliefert wird dieser, wie es sich für ein solch außergewöhnliches Getränk gehört, in einer ebenso außergewöhnlichen Halbliter-Flasche aus satiniertem Glas. Das Besondere: Die Flaschen werden direkt neben den Whisky-Fässern in der Nordsee versenkt und bleiben dort für mehrere Monate, während der die Natur und die Gezeiten aus ihnen mit Seepocken bewachsene und nach Meer riechende Unikate machen.

Mehr Sylt geht fast nicht, und falls Sie mal wieder ein Mitbringsel für die netten Nachbarn suchen, die während Ihres Sylt-Urlaubs die Blumen gießen, wissen Sie ja jetzt, dass die Insel neben Roter Grütze und Friesentee noch andere kulinarische Highlights zu bieten hat. Zugegeben, der Insel-Whisky ist kein Schnäppchen-Mitbringsel, aber ich bin mir sicher, dass Ihre Nachbarn Sie dafür gerne mal zu dem ein oder anderen Gläschen einladen und sich in Zukunft noch besser um Ihre Blumen kümmern werden, wenn Sie mal wieder auf Ihrer Lieblingsinsel entspannen.

Weil Algen hier nicht so unbeliebt sind
wie auf anderen Inseln

Kennen Sie Laminaria und Palmaria? Wenn ja, dann haben Sie wahrscheinlich ein Aquarium oder eine sehr gute Allgemeinbildung oder sind Meeresbiologe. Wenn nein, stelle ich Ihnen die beiden gerne vor: Laminaria und Palmaria sind braun beziehungsweise rot, glitschig, und da es sich bei ihnen um Algen handelt, sind sie auch nicht sonderlich beliebt. Außer bei Professor Klaus Lüning. Er mag die beiden sogar so sehr, dass er sie auf einer Farm in List züchtet und als Delikatesse verkauft. Denn so wenig wie Aquarianer und Strandurlauber Algen mögen, so begehrt sind sie seit ein paar Jahren bei Feinschmeckern. Grund genug für Lüning, der seine Doktorarbeit über Algenzucht geschrieben hat, im Jahr 2006 auf Sylt eine Algenfarm (Mannemorsumtal 27, List) zu gründen. Denn er ist überzeugt davon, dass Algen, die übrigens keine Pflanzen sind, die deutschen Essgewohnheiten verändern werden.

Chinesen, Japaner, Iren und natürlich die Froschschenkel-essenden Franzosen schwören bereits seit Jahren auf Laminaria & Co., die man entweder als Rohkost, gedünstet oder leicht gebraten essen kann und die nicht nur richtig lecker, sondern auch noch sehr gesund sind. So enthält das Meeresgemüse jede Menge Jod, Eiweiß, Mineralien und Vitamine, und seine Zellwände bestehen zudem aus Alginat, einer Substanz, die unverdaulich ist und ungesunde Schwermetalle aus dem Körper schleust. Also genau das Richtige für gesundheitsbewusste Gourmets, von denen es auf Sylt ja mehr als genug gibt, denn Lüning liefert seine Algen an mehrere Restaurants auf der Insel aus. Aber nicht nur finanzkräftige Feinschmecker (Algen sind kein Schnäppchen-Essen) profitieren von der inseleigenen Farm, auf der die Algen in riesigen Tanks gezüchtet werden. Auch Beauty-Fans können sich freuen, denn die Lister

Algen werden zum Beispiel in der Sylter Seifenmanufaktur oder im Syltness-Center für Ganzkörperanwendungen und Algenbäder genutzt.

Algen sind nämlich nicht nur lecker, sondern machen auch schön und werden daher von der Kosmetikindustrie als Grundstoff für Cremes oder Shampoos genutzt. Außerdem stecken auch in vielen Alltagsprodukten Algen, zum Beispiel in Form von Carrageen, das als Bindemittel in Pudding, Joghurts oder Eiscreme vorkommt. Sie sehen, die Alge ist ein Tausendsassa und hat es wirklich verdient, dass sich jemand so gut um sie kümmert wie Prof. Lüning. Er sorgt dafür, dass sich seine Schützlinge wohlfühlen und stetig wachsen. Bei konstant 15 Grad schwimmt das Grünzeug in den Tanks bei leichten Wellenbewegungen auf und ab und bekommt durch einen ausgeklügelten Wechsel zwischen künstlichem Licht und Verschattung vorgegaukelt, es sei permanent Frühsommer. Grund dafür ist, dass Algen ihr Wachstum in der Natur im Winter einstellen und sich dann nicht weiter alle zwei Wochen verdoppeln. Das Wasser in den Tanks stammt übrigens aus der benachbarten Austern-Compagnie, mit der Lüning zusammenarbeitet.

Und wenn Sie jetzt Lust bekommen haben, sich davon zu überzeugen, dass Algen mehr können als glitschig sein und einem den Strandurlaub zu versauen, dann probieren Sie bei Ihrem nächsten Sylt-Urlaub doch einfach mal ein Algengericht. Oder Sie wagen sich in der heimischen Küche einmal selbst an die außergewöhnliche Zutat. Tipps und Rezepte finden Sie auf der Internetseite der Sylter Algenfarm (www.algenfarm.de).

PS: Sollten Sie tatsächlich mutiger sein als ich und im nächsten Sylt-Urlaub einmal Algen statt Aalbrötchen oder Apfelkuchen essen, dann schreiben Sie mir bitte unbedingt, wie sie geschmeckt haben!

Weil das leckerste Salz aus der Nordsee kommt

Salz aus der Nordsee? Noch nie gehört? Und noch nie probiert? Dann sollten Sie das bei Ihrem nächsten Sylt-Urlaub schnellstens nachholen! Und zwar bei der Sylter Meersalzmanufaktur in List (Hafenstraße 2), die das erste und einzige Meersalz Deutschlands produziert.

Die feinen Meersalzkristalle werden aus reinem Nordseewasser gewonnen, und die Mitarbeiter der Manufaktur produzieren täglich bis zu 50 Kilo des Naturprodukts, das von Hand gesiebt und abgefüllt wird. Die Idee zu diesem ungewöhnlichen Inselprodukt hatte Alexandro Pape, seines Zeichens gastronomischer Leiter im Fährhaus in Munkmarsch. 2006 fiel ihm erstmals auf, dass es zwischen den unzähligen Salzsorten keine einzige gibt, die auf einer Nordseeinsel hergestellt wird. Dies wollte Pape ändern. Nach umfassender Recherche zum Thema Salzgewinnung und Reisen zu den wichtigsten Salinen traf ihn die ernüchternde Erkenntnis, dass das Sylter Klima für die Salzgewinnung gänzlich ungeeignet ist. Denn bei der klassischen Salzgewinnung wird das Salz in flachen Becken gesammelt und von Wind und Sonne getrocknet, sodass die Salzkristalle zurückbleiben. Voraussetzung dafür sind viel Sonne, niedrige Lufttemperaturen und mittelstarke Winde – nicht unbedingt das, was man auf Sylt an klimatischen Bedingungen vorfindet.

Doch seinen Traum vom Sylter Salz aufgeben kam für Alexandro Pape nicht infrage. Denn so ungeeignet das Sylter Klima, so ideal schien ihm das Nordseewasser mit seinem Salzgehalt von drei Prozent. Deshalb tüftelte er mit einem Kieler Unternehmen an einer technischen Lösung, die die natürliche Salzgewinnung imitiert. Heraus kam ein thermisches Verfahren, das auf dem bekannten und bewährten Prinzip von Verdunstung und anschließender Kondensation basiert. Eine technische Innovation, die die Produktion eines

reinen Naturprodukts ermöglicht – und zwar nachhaltig und öko-
logisch. So wird beispielsweise die Abwärme bei der Salztrocknung
eingesetzt und das gewonnene entsalzte Wasser kulinarisch weiter-
verwendet. In der Lister Saline werden seit 2013 sowohl grob- als
auch feinkörnige Salze produziert, die allesamt reich an Mineralien
und Spurenelementen sowie frei von Zusätzen sind.

Mein Favorit: die grobe, krosse Variante, die perfekt zu Salaten,
aber auch zu Fisch, Fleisch oder auf ein frisches Butterbrot passt.
Aber nicht nur der Geschmack des einzigartigen Sylter Produkts ist
perfekt, sondern auch seine Qualität, die von zwei unabhängigen
Institutionen als sehr gut bescheinigt wurde. Zu kaufen gibt es das
Sylter Meersalz in vielen Geschäften auf der Insel oder direkt in der
Meersalzmanufaktur in List, wo Sie die verschiedenen Sorten probieren können. Und wenn Sie sich nicht entscheiden können, dann
nehmen Sie doch einfach alle – für noch mehr Meergeschmack im
heimischen Kochtopf. Guten Appetit!

Weil die Sterne hier nicht nur am Himmel leuchten

Wenn Sie Sterne mögen, dann sind Sie auf Sylt genau richtig, denn
hier funkelt es nicht nur am Himmel, sondern auch in einigen
Kochtöpfen. Zwar gibt es mittlerweile nicht mehr ganz so viele
Sterneköche und -küchen wie noch vor ein paar Jahren, trotzdem
ist und bleibt Sylt die Insel mit den meisten Spitzenrestaurants. Für
das Jahr 2016 vergab der Guide Michelin insgesamt sechs Sterne an
Sylter Küchenchefs, von denen jedoch mittlerweile nur noch vier
übrig geblieben sind. Über jeweils einen Stern durften sich Holger
Bodendorf vom Restaurant Bodendorf's im Tinnumer Landhaus
Stricker und Jens Rittmeyer vom Restaurant Kai3 im Hörnumer
Hotel Budersand freuen.

Jeweils gleich zwei Sterne bekamen Johannes Kind vom Restaurant des Söl'ring Hof in Rantum und Alexandro Pape vom Fährhaus Munkmarsch verliehen. Letzterer gab jedoch einige Monate nach seiner Auszeichnung bekannt, dass er sich künftig nicht mehr der gehobenen Gastronomie widmen, sondern eine Butterbrot-Stube in Keitum eröffnen und auf der Insel Bier brauen möchte. Da das Fährhaus-Restaurant, für das ihm die zwei Michelin-Sterne verliehen wurden, nicht mehr weitergeführt wird, verliert Pape diese Auszeichnung. Somit hat Sylt »nur« noch vier Sterne, was aber niemanden wirklich zu stören scheint. Denn dass immer mehr Inselgastronomen auf diese Auszeichnung immer weniger Wert zu legen scheinen, ist bereits seit ein paar Jahren zu beobachten.

So verzichtete der seit 1974 immer wieder ausgezeichnete Küchenchef Jörg Müller bereits 2014 auf eine erneute Michelin-Bewertung und somit freiwillig auf seine Sterne. Seine Entscheidung, ab sofort kein Sternekoch mehr sein zu wollen, begründete er damit, dass er künftig, wie Pape, andere Wege gehen werde: weniger Chichi und weniger Aufwand, dafür umso mehr Qualität, Geschmack und glückliche Gäste, die Müllers eigentliche Auszeichnungen sind und die immer wieder gerne zu ihm kommen – ob mit Sternen oder ohne.

Auch im Restaurant »Spices« des A-ROSA-Hotels in List werden nach der Auszeichnung im vergangenen Jahr andere Schwerpunkte gesetzt. Das Hotel sieht sein asiatisch angehauchtes Restaurant als legeres Lifestyle-Restaurant, in dem sich jeder Gast wohlfühlen soll und kann, und wirbt daher ganz bewusst nicht mit dessen Sterne-Auszeichnung. Trotz all dieser Bescheidenheit, die man in letzter Zeit verstärkt auf Sylt findet, ist und bleibt Sylt Deutschlands Gourmet- und Genussinsel Nummer 1, die auch für Genießer mit etwas kleinerem Geldbeutel einiges zu bieten hat. So wurde das »Bistro Stadt Hamburg« in Westerland mit dem Preis »Bib Gourmand« ausgezeichnet, der ebenfalls von den Testern des Guide Michelin für Restaurants mit einem besonders guten Preis-Leistungs-Verhältnis verliehen wird. Egal, wofür Sie sich entscheiden, ob 5-Gänge-Menü

im Sternerestaurant oder Picknick unterm Sternenhimmel, ich
wünsche Ihnen guten Appetit!

Weil hier nicht nur der Champagner in Strömen fließt

… sondern auch das Mineralwasser. Und damit meine ich nicht
etwa irgendein x-beliebiges Mineralwasser, sondern natürlich das
Wasser der Sylt-Quelle, das aus einem Brunnen im Naturschutzgebiet zwischen Sansibar und Samoa gewonnen wird – in über 650
Metern Tiefe. Von dort fließt es über eine viereinhalb Kilometer
lange Pipeline in die Hallen der Sylt-Quelle am Rantumer Hafen
(Hafenstraße 1). Das Besondere am Sylter Mineralwasser, das es
übrigens auch in ausgewählten Geschäften auf dem Festland zu
kaufen gibt, ist, dass es durch seine Lage mitten in den Dünen vor
schädlichen Umwelteinflüssen bestens geschützt und somit besonders rein und hochwertig ist. Außerdem deckt eine Flasche rund
15 Prozent des Tagesbedarfs an Jod, das das Wasser von Natur aus
enthält und das nicht künstlich zugefügt werden muss. Gesund ist
es also auch noch, das Sylter Wasser. Und alt – denn es wird auf
einige Tausend Jahre geschätzt. Nicht ganz so alt ist das Gebäude
der Sylt-Quelle am Rantumbecken, auf dessen Gelände sich während der NS-Zeit ein Flugplatz und eine Flugzeugwerft befanden.
   Eingeweiht wurden Abfüllanlage und Quellenhaus am 17. September 1993, dem 750. Jubiläum der Gemeinde Rantum. Und da
es auf Sylt ja immer von allem ein wenig mehr sein darf, ist das
Quellenhaus nicht einfach nur ein Gebäude, sondern eine auffällige, lichtdurchflutete 16-eckige Glaskonstruktion, die ein wenig an
einen Leuchtturm erinnert. Neben einem Bistro gibt es dort eine
Eventlocation und viel Platz für Ausstellungen, Konzerte, Lesungen,
Theateraufführungen und Veranstaltungen wie beispielsweise das

Meerkabarett. Außerdem vergibt die Sylt-Quelle regelmäßig Kunst- und Literaturstipendien. Im Quellen-Haus können Sie sich zudem ein Glas frisches Inselmineralwasser selbst zapfen und mithilfe eines fast acht Meter hohen Modells einen Blick unter die Sylter Erde werfen, aus der die Sylt-Quelle gefördert wird.

In Rantum werden Kultur und Kohlensäure also im wahrsten Sinne des Wortes großgeschrieben – wobei es die Sylt-Quelle natürlich auch ohne Kohlensäure gibt. Und in Medium. Wenn Ihnen das zu langweilig ist, dann probieren Sie doch mal die Sylt-Limo, herge- stellt aus dem Wasser der Sylter Quelle. Genauso natürlich, genauso rein, aber vielleicht noch einen Tick leckerer, denn die Limo gibt es in den Sorten Schwarze Johannisbeere, Apfel-Holunder und Citrus- Ingwer. Zu ungesund? Kein Problem! Die Sylt-Quelle hat auch für die Gesundheitsfanatiker unter Ihnen etwas im Angebot. Wie wäre es mit Heilwasser oder Thermalsole? Beides wird neben dem Mi- neralwasser aus der Quelle gefördert, und aus Letzterem werden zum Beispiel Hustenbonbons, Pflegeprodukte oder Salz hergestellt.

Und in den Filialen von »Michel's Backhüs« gibt es leckere Sole- Brötchen, die nicht mit Salz, sondern dem Rantumer Thermalsole- wasser hergestellt werden. Also, vergessen Sie Schampus & Co. – auf Sylt trinkt man Mineralwasser. Sylter Mineralwasser!

88. GRUND

Weil man hier mit Meerblick schwitzen kann

Saunieren soll ja sehr gesund sein, sagt man. Ich selbst habe da leider keine Erfahrungswerte, denn ich war noch nie in der Sauna, und das wird sich wohl auch mein Leben lang nicht ändern. Denn ich hasse Schwitzen. Und die Vorstellung, dies mit wildfremden und dazu noch nackten Menschen zu tun, hasse ich noch viel mehr. Obwohl ich gestehen muss, dass ich auf Sylt schon mehrmals kurz davor war, meine Abneigung zu überwinden und in die Sauna zu gehen. Allerdings nicht in irgendeine Sauna – sondern in die Strandsauna. Und hätte ich mich dazu durchgerungen, dann nicht wegen des Saunierens selbst, sondern der Tatsache, dass man dies auf Sylt mit Meerblick tun kann. Und dass man die wohlverdiente Abkühlung nach dem Saunagang im wohl größten Tauchbecken der Welt findet – der Nordsee. Gleich fünf Strandsaunen warten zwischen April und Oktober an der Westküste auf schwitzfreudige Besucher.

Die Strandsauna Samoa (www.saunawelt-sylt.de) in Rantum hat auch zwischen den Jahren geöffnet – perfekt, um ein paar Weihnachtskilos auszuschwitzen und dabei durch das große Panoramafenster auf die stürmische Nordsee zu schauen. Neben einer finnischen Sauna gibt es hier auch ein Dampfbad und Strandkörbe, in denen es sich, eingekuschelt in eine Decke, wunderbar entspannen lässt. Genauso entspannt geht es in der zweiten Rantumer Strandsauna (www.strandsauna-sylt.de) am Campingplatz zu, wo es regelmäßig Aktionen wie die »Vollmondsauna« sowie einen Handtuch- und Bademantelverleih gibt. Die Aufgüsse in der finnischen Sauna bestehen aus rein ätherischen Ölen, und natürlich ist auch hier der wundervolle Meerblick wieder inklusive.

Weiter im Süden, mitten im Hörnumer Naturschutzgebiet, steht seit über 40 Jahren die erste öffentliche Biosauna der Insel (www.strandsauna-hoernum.de) mit Infrarotkabine, Snackbar, Ruheraum und direktem Zugang zum FKK-Strand. Am anderen Ende der Insel und ebenfalls im Naturschutzgebiet befindet sich die Strandsauna Listland (www.strandsauna-list-auf-sylt.de), wo in drei finnischen Blocksaunen mit unterschiedlichen Temperaturen geschwitzt werden darf. Neben Aufenthalts- und Ruheräumen gibt es auch hier Strandkörbe zum anschließenden Entspannen, und es werden Getränke und kleine Snacks serviert. Wer Lust auf einen etwas größeren Snack und eine Massage hat, der ist in der Kampener Strandsauna La Grande Plage (www.grande-plage.de) mit angeschlossenem Restaurant genau richtig. Außerdem warten hier zwei finnische Saunen, eine davon mit Aroma und Farblicht, sowie ein Fußbecken und eine Schwalldusche.

Die Saunagänger unter Ihnen können es jetzt sicher kaum erwarten, die ein oder andere Strandsauna schon bald zu testen. Dabei wünsche ich Ihnen viel Spaß und bin mir sicher, dass sie schnell feststellen werden: Was die Finnen können, können die Friesen noch viel besser! In diesem Sinne: Gutes Schwitzen!

KAPITEL 7

INSELMENSCHEN

Gosch am Lister Hafen (Grund 91)

Weil man hier nicht nur als Polizist, Pastor oder Parkplatzwächter arbeiten kann

Polizisten, Pastoren oder Parkplatzwächter – als leidenschaftlicher Inselfan bin ich mir sicher, dass diese Berufe nirgendwo so viel Spaß machen wie auf Sylt. Wenngleich ich natürlich weiß, dass kein Beruf der Welt jeden Tag gleich viel Spaß macht und jeder – ob auf Sylt oder in Salzgitter – diese Morgen kennt, an denen man sich am liebsten die Decke über den Kopf ziehen und den ganzen Tag im Bett bleiben möchte. Trotzdem muss es toll sein, auf der Insel zu arbeiten. Denn es lassen sich doch viel besser Räuber fangen und Knöllchen verteilen, wenn man dabei aufs blaue Meer anstatt auf die grauen Fassaden einer Großstadt schaut, und aus eigener Erfahrung weiß ich, wie wunderschön Heiraten auf der Insel ist. Was für ein glücklicher Mensch muss also ein Sylter Pastor sein, der in einer der Inselkirchen oder am Strand verliebten Paaren Gottes Segen erteilt. Und auch als Parkplatzwächter gibt es sicher schlechtere Orte als Sylt. Einen Dünenparkplatz in Rantum bewacht man doch gleich viel lieber als den eines Ruhrpott-Supermarktes. Neben diesen »normalen« Berufen, die es überall auf der Welt gibt, findet man auf Sylt aber auch ein paar ganz besondere, die es so nur hier gibt. Oder kennen Sie einen anderen Ort, an dem man als Vogelwart arbeiten kann? Oder als Inselschreiber?

Ersterer hat seinen Arbeitsplatz praktischerweise direkt bei seiner Wohnung. Wobei »Wohnung« vielleicht etwas übertrieben ist. Vielmehr handelt es sich um einen Bauwagen, und der steht mitten im Nirgendwo, am Wattenmeer zwischen Keitum und Morsum. Der Job des Vogelwarts wird jedes Jahr von der Schutzstation Wattenmeer neu vergeben. Die Stellenanzeige könnte in etwa so lauten: Homeoffice am Watt sucht ornithologisch interessierte/n Mitarbeiter/in. Die Stelle ist von April bis September befristet. Ihre

Aufgabe: Vögel zählen. Wir bieten Ihnen: eine Unterkunft auf neun Quadratmetern, nette Nachbarn (Schafe, Möwen, Wattvögel und Wildgänse), flexible Arbeitszeiten, viel Ruhe. Was wir Ihnen leider nicht bieten können: Strom und fließend Wasser. Klingt nach einer optimalen Auszeit für gestresste Manager, oder? Aber auch bei Pensionären, Studenten oder Frauen, die einfach mal raus aus dem Bürojob-Haushalts-Alltag wollen, ist die Einsamkeit auf Zeit sehr beliebt. Neben dem Zählen der Vögel, die im Wattenmeer direkt vorm Bauwagen leben, organisieren die Vogelwarte auch Wattwanderungen oder ornithologische Führungen.

Wer ihnen einen Besuch abstatten und direkt vor Ort etwas über ihren Arbeitsplatz, das Wattenmeer, erfahren möchte, der findet den Bauwagen am Radweg, der vom Rantumbecken aus nach Morsum führt. Einfach aus Richtung Rantum kommend hinter dem Deich, der das Rantumbecken vom Wattenmeer trennt, rechts abbiegen und immer geradeaus radeln. Sie sehen den Bauwagen schon von Weitem, denn er steht wie ein Raumschiff mitten in der Natur zwischen den Deichschafen. Apropos Schafe: Dank ihnen und ihren Hinterlassenschaften werden Sie nach dieser Radtour entlang des Wattenmeeres Künstler im Slalomfahren sein. Und vielleicht haben Sie Glück und treffen hier auch den netten Schutzstation-Wattenmeer-Mitarbeiter, der sich um die Schafe kümmert und Ihnen gerne etwas über das Leben der weißen Wolltiere erzählt.

Um völlig andere Dinge kümmert sich der Inselschreiber. Die Stiftung der Sylt-Quelle vergibt seit 2001 jährlich ein Stipendium an einen deutschsprachigen Autor oder eine Autorin. Das Stipendium ist nicht nur mit 5.000 Euro dotiert, sondern beinhaltet zudem noch einen achtwöchigen Aufenthalt auf der Insel, während dem man sich von der wundervollen Natur und dem ganz besonderen Flair zu neuen Meisterwerken inspirieren lassen kann. Wenn Sie also nach Ihrem nächsten Sylt-Urlaub am liebsten direkt auf der Insel bleiben wollen, wissen Sie jetzt ja, als was Sie sich bewerben können. Einzige Voraussetzung: Sie müssen entweder gut zählen oder gut schreiben können. Wenn beides nichts für Sie ist, wären da noch so tolle Sylt-Berufe wie Rettungsschwimmer, Sängerin in der Musikmuschel, Strandkorbwächter oder -bauer, Fischbrötchenverkäufer, Kurkartenkontrolleurin, Yogalehrerin am Strand und und und. Oder wie wäre es mit der Rolle des Piraten bei den Piratenfahrten? Ach, ich bin mir sicher, Ihnen wird etwas einfallen. Und wenn Sie dann, inspiriert durch dieses Buch, tatsächlich schon bald im Watt Vögel zählen, dann bin ich die Erste, die eine Führung bei Ihnen bucht! Ich freue mich!

90. GRUND

Weil die Menschen hier so nett sind

Wer behauptet, auf Sylt treffe man nur schnöselige Luxusurlauber oder knurrige Friesen, der war anscheinend noch nie auch nur in der Nähe der Insel. Denn sonst wüsste er (oder sie), dass auch das eines der vielen Vorurteile ist, die an Sylt kleben wie der feine Nordseesand an frisch eingeölten Beinen. Oder er (oder sie) ist selbst schnöselig und knurrig. Dann könnte ich mir durchaus erklären, wie diese Meinung zustande kommt. Denn obwohl es auf Sylt nicht gerade viel Wald gibt, gilt auch dort: Wie man in diesen hineinruft, so schallt es auch heraus. Und so konnte ich während meines letzten Sylt-Aufenthalts erleben, wie eine Urlauberin, an deren Unterarm eine Handtasche im Wert mehrerer Monatsgehälter baumelte, sich in meiner Lieblingsbäckerei nicht gerade wie die feine Dame benahm, die sie vorgab zu sein. Kein »Bitte«, kein »Danke«, kein Lächeln. Dass die friesische Bäckereiverkäuferin sich im Gegenzug ebenfalls nicht gerade als weiblicher Charmebolzen erwies, ist meiner Meinung nach mehr als verständlich. Ich jedenfalls mag die Menschen auf Sylt. Sogar sehr. Ich mag ihren Humor, ihre Freundlichkeit und ihre Art, »Moin« zu sagen.

Und seit dem 10. Mai 2010 mag ich sie ganz besonders für ihre Hilfsbereitschaft. Es war der Abend unserer Hochzeit, den wir im kleinen Kreis in der Sansibar verbrachten. Wir aßen Fondue bei Kerzenschein, probierten ein paar Schätzchen aus dem berühmten Sansibar-Weinkeller und bekamen zu vorgerückter Stunde von den netten Bedienungen unsere Hochzeitstorte serviert – Dean Martins *That's Amore* und Wunderkerzen inklusive. Etwas später ging ich mit meiner Schwägerin ein wenig an die frische Luft. Wir standen vor der Tür, unterhielten uns, sie gestikulierte ... und fluchte kurz darauf! Denn bei einer schnellen Handbewegung war ihr der Verlobungsring vom Finger gerutscht und auf Nimmerwiedersehen im tiefen Sand vor der Sansibar verschwunden. Sansibar-Kenner wissen, dass die Beleuchtung hier abends hauptsächlich aus Kerzen besteht und es dementsprechend dunkel ist – auch vor der Hütte. Das mag sehr romantisch sein (vor allem bei einer Hochzeitsfeier), ist aber in Kombination mit einem verlorenen Verlobungsring eher unpraktisch.

Und so kam es, dass die eine Hälfte unserer Hochzeitsgesellschaft mit Taschenlampen, Handys und Feuerzeugen ein wenig Licht ins Dunkel brachte und die andere auf allen vieren den Ring suchte – und nicht fand. Schnell sprach sich herum, was draußen vor der Türe los war, und so gesellten sich viele nette Menschen zu uns, die alle helfen wollten: Sansibar-Mitarbeiter, Gäste, Sylter, Urlauber und eine Familie mit Hund, der ebenfalls fleißig im Sand buddelte – wenn auch wahrscheinlich aus einem anderen Grund als wir. Schließlich kam auch noch ein netter Taxifahrer hinzu, der durch den Sand bis vor die Sansibar gefahren war, um mit seinen Scheinwerfern ein wenig für Licht zu sorgen. Und tatsächlich wurde dank ihm und der Hilfsbereitschaft der vielen anderen Helfer der Ring knapp eineinhalb Stunden später gefunden.

Am Ende waren alle glücklich. Meine Schwägerin, weil sie ihren Ring wiederhatte, mein Bruder, weil er ihr keinen neuen kaufen musste, der Finder, weil er sich dank des Finderlohns ein paar

Cocktails in der Sansibar leisten konnte – und mein Mann und ich sowieso. Schließlich war es ja unser Hochzeitstag – auch wenn das an diesem aufregenden Abend kurzzeitig in Vergessenheit geraten war. Was wir aber mit Sicherheit nie vergessen werden, ist, dass es auf Sylt so viele nette Menschen gibt, die mitten in der Nacht mit uns im Sand herumgekrochen sind. Falls einer von ihnen dies zufällig liest: Danke!

Weil hier das »Vom Tellerwäscher zum Millionär«-Märchen wahr werden kann

Vom Tellerwäscher zum Millionär … Sie denken, das gibt es nur in amerikanischen Filmen und im Märchen? Stimmt. Und auf Sylt! Denn auf der Insel hat es schon so manch einer zu etwas gebracht, wovon er selbst niemals zu träumen gewagt hätte. Ein Beispiel für eine solch märchenhafte Geschichte beginnt im Jahr 1970. Ein damals 29-jähriger Maurer aus Tönning verdiente sich zu dieser Zeit bereits seit einigen Jahren sein Geld auf Sylter Baustellen, was ihm zwar seinen Lebensunterhalt finanzierte, ihn aber nicht gerade reich machte. Also begann er, neben seinem Baustellenjob Heringe, Aale und Krabben am Westerländer Strand und in der Friedrichstraße zu verkaufen. Als die Geschäfte immer besser liefen, beschloss er 1973, sich mit einer Fischbude am Lister Hafen niederzulassen. Die Fischbude war aber nicht irgendeine Fischbude, sondern die nördlichste Deutschlands, und der Maurer nicht irgendein Maurer, sondern Jürgen Gosch – der wohl bekannteste und erfolgreichste Fischverkäufer der Republik.

Bereits in den 1980er-Jahren begann er zu expandieren und ist heute nicht nur in fast jedem Inselort, sondern auch in Hamburg, Berlin, Düsseldorf und weiteren Standorten vertreten. Aus dem jungen Bauarbeiter, der einst als Einmannbetrieb Fische verkauft hat, ist der Inhaber eines wahren Fischimperiums mit über 700 Mitarbeitern geworden. Gut, er war zwar kein Tellerwäscher, sondern Maurer, aber seine Geschichte zeigt trotzdem, dass auf der Insel Träume wahr werden können.

So auch für den 22-jährigen Koch aus Schwaben, der 1974 auf die Insel kam, um in der dortigen Gastronomie Fuß zu fassen. Er arbeitete in verschiedenen Restaurants und Bars, war Pächter eines Campingplatzes und kaufte 1977 mit seinen Ersparnissen einen neun Quadratmeter großen Kiosk am FKK-Strand zwischen Rantum und Hörnum – für 250.000 Mark[11]. Ein Vermögen für den jungen Schwaben, der für diesen Kauf von vielen belächelt wurde. Anfang der 1980er-Jahre verkaufte die Bundesrepublik schließlich das Land um den Kiosk. Der Koch erwarb es – es blieb ihm schließlich nichts anderes übrig, wenn er seinen Kiosk behalten wollte – und verschuldete sich damit noch mehr. Da er allein vom Kioskgeschäft nicht leben konnte, begann er schließlich, für seine Gäste deftige Hausmannskost wie Bockwürste und Erbsensuppe zu kochen. Außerhalb der Saison arbeitete er auf Butterschiffen, um seinen Kiosk halten zu können. Der Kiosk hieß »Sansibar«, der junge schwäbische Koch Herbert Seckler. Nach und nach machte er aus dem Kiosk ein einfaches Strandlokal. 1982 dann der Tiefschlag: Die Sansibar brannte fast vollständig ab, vermutlich Brandstiftung. Obwohl er finanziell fast am Ende war, baute Seckler seinen Kiosk wieder auf, und schon ein Jahr später wurde er für alle Entbehrungen und Mühen belohnt, denn in diesem Jahr kam Gunter Sachs zum ersten Mal in sein Strandlokal.

Der Rest ist Geschichte und die Sansibar längst eine Legende, von der der junge Koch aus Schwaben, an den damals kaum einer glaubte, nie zu träumen gewagt hat. Sehen Sie! Sie haben es mir ja anfangs nicht geglaubt, aber auf Sylt ist alles möglich, und sogar Märchen werden wahr …

Weil ein Sylter das Windsurfen
nach Europa gebracht hat

In den vergangenen 15 Jahren war ich oft auf Sylt. Sehr oft. Und ich habe hier schon viel gemacht. Meine Abneigung gegen Fisch überwunden zum Beispiel. Oder geheiratet. Gesurft allerdings noch nie. Grund dafür ist, dass sich meine überwundene Fischaversion nur auf gebratenen oder geräucherten Fisch bezieht, nicht etwa auf lebendigen, der in der Nordsee schwimmt und dem ich bei einem Sturz vom Surfbrett nur ungern begegnen möchte. Eigentlich schade, dass ich mich das bisher nicht getraut habe, denn Surfen und Sylt gehören untrennbar zusammen. Und das nicht nur, weil hier jährlich mit dem Surf-World-Cup eine der weltweit wichtigsten Surfveranstaltungen stattfindet. Vielmehr war es tatsächlich ein Sylter, der den Sport 1972 in Europa salonfähig gemacht hat. Ich persönlich hätte ja eher auf einen coolen Franzosen von der Atlantikküste getippt oder einen portugiesischen Extremsportler, der sich von einem Hawaii-Urlaub ein Brett mit an die Algarve gebracht hat.

Aber es war Calle Schmidt[12], Werbekaufmann aus Rantum. In einer Zeitschrift las er im Frühjahr 1972 vom damals angesagten amerikanischen Trendsport »Brettsegeln« und dachte sich wohl »Was die Amis können, können wir Sylter schon lange«. Er bestellte ein Windsurfbrett in Kalifornien, studierte die Gebrauchsanleitung und machte ein paar Trockenübungen in den Dünen. Hätte es damals bereits das Internet gegeben, so hätte er dort die Info gefunden, dass man nur bis Windstärke 4 üben soll. Am Tag seiner Jungfernfahrt, wobei man hier eigentlich nicht von »Fahrt« sprechen kann, herrschte allerdings in der Munkmarscher Bucht Windstärke 7, was zwar ein paar ordentliche Schrammen an den Beinen zur Folge hatte, jedoch keinen einzigen gefahrenen beziehungsweise gesurften Meter. Schmidt war so frustriert, dass er kurz davor war, sein neues Sportgerät zu reklamieren und zurück in die USA zu schicken.

Einen Tag später dann aber das Erfolgserlebnis bei Windstärke 2. Es klappte! Calle Schmidt war seitdem vom Surfvirus infiziert und verstand es als Werbefachmann natürlich auch hervorragend, sein neues Hobby zu vermarkten. Nur wenige Wochen nach seinem missglückten ersten Surfversuch berichteten alle relevanten deutschen Tageszeitungen über den »Mann, der über das Wasser laufen kann«. Es folgten der *SPIEGEL* und diverse Fernsehsender. Calle Schmidt hatte Sportgeschichte geschrieben und damit erst ganz Deutschland und schließlich halb Europa in einen Surfrausch versetzt. Der Rantumer koordinierte gemeinsam mit seiner Tante in Hamburg den Verkauf und Vertrieb von amerikanischen Surfbrettern in Europa und gründete ein paar Monate, nachdem er zum ersten Mal auf einem Brett stand, die erste europäische Surfschule. Im Folgejahr 1973 fand dann die erste Europameisterschaft mit über 150 Teilnehmern statt. Der Surfschule folgte 1979 eine Segelschule, und als es Calle Schmidt im Wasser zu langweilig wurde, holte er 1989 auch noch den Golfsport auf die Insel.

Und auch heute, im fortgeschrittenen Alter, kommt der sportliche Tausendsassa auf Sylt nicht zur Ruhe. Er gibt immer noch Unterricht und zwar im Segeln, Stand-up-Paddeling, Golfen, Wakeboarden – und natürlich Windsurfen. Vielleicht besuche ich ihn bei meinem nächsten Inselurlaub einfach mal an »Calles Beach« in Munkmarsch. Wenn es jemand schafft, mir meine Abneigung gegen lebende Fische ab- und das Surfen anzutrainieren, dann nur Calle Schmidt.

Weil Promis hier auch nur Menschen sind

Sylt ist berühmt für die Berühmtheiten, die es sich hier zwischen Champagner und Shoppingrausch gut gehen lassen. Und tatsächlich trifft man hier ab und zu den ein oder anderen, der sich zur Gattung der »Schönen und Reichen« zählen darf. Mal nur schön, mal nur reich und ab und zu tatsächlich beides. Und wie an jedem anderen Ort der Welt genießen diese Menschen auch auf Sylt manchmal einen Promi-Bonus. Aber eben auch nur manchmal! Denn es gibt viele lustige Anekdoten, die beweisen, dass Moderatoren, Models & Co. auf der Insel auch nur Menschen sind und sich an bestimmte Regeln halten müssen. So zum Beispiel an die Regel, dass Dünen auf Sylt nicht betreten werden dürfen. Nicht von mir, nicht von Ihnen und auch nicht von einem Karl Lagerfeld und einer Claudia Schiffer. Die beiden waren, so schreiben es Frank Deppe und Volker Frenzel in ihrem Buch *Sylt prominent*[13], 1995 nach Sylt gekommen und wollten in den Rantumer Dünen ein Shooting für die neue Chanel-Kollektion machen. Ergebnis: keine Fotos, dafür ein Bußgeld, wie es jeder andere auch bekommen hätte. Denn wenn es um ihre Dünen geht, dann verstehen die Sylter keinen Spaß und machen keine Ausnahmen. Promi hin, Promi her!

Ähnlich wie Karl Lagerfeld und Claudia Schiffer ging es 2012 dem Ex-DSDS-Star und Wahl-Sylter Mark Medlock, der morgens um vier Uhr in Westerland von der Polizei aufgegriffen wurde – mit wüsten Beschimpfungen um sich werfend und mit einem Beil in der Hand. Angeblich wollte er gerade Holz hacken gehen. Mitten in der Nacht. Is klar ... Die Polizisten glaubten ihm das trotz seiner Bekanntheit (natürlich) nicht, und so verbrachte er den Rest der Nacht statt beim angeblichen Holzhacken auf der Polizeiwache. Nicht ganz so schlimm traf es den Sylter Vorzeigepromi schlechthin: Gunter Sachs. Er bekam keinen Polizeiarrest, dafür aber auch keinen Zutritt zur Spielbank in Westerland, in der er sich mit Turn-schuhen vergnügen wollte und aufgrund der strengen Kleiderord-nung nicht durfte.[14]

Aber nicht nur Playboys, sondern auch Politikerinnen mussten schon erfahren, was es heißt, keinen Promi-Bonus zu bekommen. In diesem Fall kam der Nicht-Promi-Bonus von den Insulanern selbst, die Ende 2014 / Anfang 2015 ihren neuen Bürgermeister wählten. Das Rennen machte dabei nicht, wie man hätte vermuten können, die bekannte Ex-CSU-Politikerin Gabriele Pauli, sondern der Bauamtsleiter von Kronshagen, einem Städtchen im Kreis Rendsburg-Eckernförde, Nikolas Häckel. Dieser konnte sich in der Stichwahl durchsetzen – und zwar mit guten Ideen und Ansichten statt mit einem prominenten Namen. Die erste Sylterin, die keinen Unterschied zwischen Promis und Nicht-Promis machte, war übri-gens Clara Tiedemann, die von 1925 bis 1955 mit ihrem Mann das Gästehaus »Kliffende« in Kampen führte – damals der Treffpunkt für Prominenz aus Wirtschaft, Politik und Kultur. Zu ihren Gäs-ten zählten unter anderem Emil Nolde, Thomas Mann, aber auch NS-Generalfeldmarschall Hermann Göring. Letzterer dürfte nicht sehr erfreut gewesen sein, als Tiedemann sich bei einem SA-Auf-marsch in Kampen standhaft weigerte, an ihrem Haus eine Haken-kreuzfahne zu hissen. Auch bei der Auswahl ihrer Gäste war sie mehr als resolut – egal ob bekannter Schriftsteller oder berühmter Politiker: Wer ihr nicht gefiel, dem schickte sie die Serviererin mit dem Kursbuch an den Tisch.

Apropos nicht gefallen: Dem Liedermacher Reinhard Mey ge-fiel während eines Urlaubs in seinem Kampener Haus im Sommer 2002 ganz und gar nicht, dass seine Nachbarn zu oft und zu laut den Rasen mähten. In einem offenen Brief an die Gemeindeverwal-tung forderte er, bestimmte Rasenmäh-Zeiten einzuführen, an die sich jeder zu halten habe. Zudem verlangte er seine bereits gezahlte Kurtaxe zurück. Beides wurde – trotz prominenten Namens – ab-gelehnt.

Doppelt schlimm traf es im Jahr 2000 auch Dieter Bohlen, der nach einem Party-Besuch auf der Insel mit dem Helikopter nach Hamburg zurückfliegen wollte. Kurz nach dem Start dann der Schreck: Eine der Türen öffnete sich, es folgte eine Notlandung auf einer Wiese, auf der Bohlen und seine beiden Begleiter (einer davon war übrigens Tagesschau-Sprecher Jens Riewa) allerdings nicht alleine waren, sondern auf allzu neugierige Bullen trafen, die die drei verfolgten. Und als ob die Notlandung nicht schon genug wäre, mussten sie bei ihrer Flucht schmerzvoll feststellen, dass der Zaun, über den sie gesprungen waren, unter Strom stand.

Sie sehen: Auf Sylt machen auch die Bullen nicht vor Promis halt. Und spätestens, wenn durch einen Sturm mal wieder alle Verbindungen zum Festnetz abgeschnitten sind, sitzen wir sowieso alle im selben Boot beziehungsweise auf derselben Insel. Und zwar fest. Egal ob Politiker, Schauspieler, Moderator, Otto Normalverbraucher, Sie, oder ich. Naturgewalten scheren sich eben nicht um Promis!

Weil es Butler nicht nur in England gibt

Wenn ich mal wieder viel zu viel um die Ohren habe, eine Grippe mich erwischt hat oder ich einfach nur zu faul bin, dann sehne ich mich nach jemandem, der mir all die lästigen Alltagsarbeiten abnimmt. Der für mich einkauft, mein Auto durch die Waschanlage fährt, mir frische Brötchen oder die Zeitung bringt … Kurz, ich träume von jemandem wie Klaus-John Weber, besser bekannt als Butler John. Leider lebt John aber nicht in meiner Nähe, sondern auf Sylt. Pech für mich, Glück für die Sylter. Beziehungsweise für die gut betuchten Wahl-Sylter, die die Sommer in ihren Ferienhäusern auf der Insel verbringen, denn genau um die kümmert sich Butler

John schon seit vielen Jahren. Dabei hatte der gebürtige Böhmener, Jahrgang 1944, ursprünglich eigentlich ganz andere Pläne. Er wollte Pfarrer werden, doch daraus wurde nichts. Denn John hatte kein Abitur, sondern lediglich die Fachhochschulreife. Also studierte er anstatt Theologie Wirtschaft an der Fachhochschule in Essen, außerdem ein paar Semester Schauspiel. Dazwischen arbeitete er als Übersetzer, Geschichtslehrer und als Nachtkellner in einem Bordell. Kaum vorstellbar, dass da noch Zeit blieb, sieben Kinder zu zeugen – mit sieben Frauen.

1967 verschlug es ihn dann eher zufällig nach Sylt. Denn eigentlich wollte er nach Indien, doch in Mannheim, wo seine Reise starten sollte, wurde ihm sein Seesack mit all seinen Habseligkeiten gestohlen. Von seinen letzten 40 Pfennig kaufte er sich eine Tageszeitung und fand darin die Stellenanzeige eines Sylter Hotels, in dem er schließlich eine Stelle als Hausbursche annahm. Im Jahr darauf nahm er beim inzwischen verstorbenen belgischen Bankier Léon Baron Lambert seinen ersten Butler-Job an und sorgte während dessen zweimonatigen Kampen-Urlaubs dafür, dass es dem Bankier an nichts fehlte. Dieses Engagement öffnete ihm die Türe zu den Sylter Anwesen der Reichen und Superreichen, die Butler John seitdem bedient und verwöhnt – mit schwarzer Melone, weißen Handschuhen und ganz viel Herzblut. Denn mittlerweile, so sagt er, sind viele seiner Kunden Freunde geworden, die ihm vertrauen, ihn zu Familienfeiern einladen und von denen er für seine Dienste kein Geld verlange.

Und so verwundert es nicht, dass er sich nicht nur als Butler sieht, sondern auch als Ratgeber und, so steht es auf seiner Visitenkarte, sogar als Seelsorger. Seine weiteren Aufgaben sind so vielfältig wie die Menschen, die ihn engagieren: Er liefert Eier, Brötchen, Zeitungen und Medizin, bringt teure Hunde zum Tierarzt, verwöhnte Kinder zum Segelunterricht und betuchte Damen zum Shoppen. Er bucht Flugtickets, bereitet Papiere für Geschäftsgespräche vor und bügelt Hemden. Und er leistet Gesellschaft. Den wohlhabenden

Unternehmern und Firmenbossen, die sich in ihren riesigen Reetdachanwesen einsam fühlen, und den Damen, die alleine nach Sylt kommen, weil ihre reichen Ehemänner zu beschäftigt sind, um sie zu begleiten. Dafür engagieren sie Butler John, der auf die Damen aufpasst, ihnen die Einkäufe aus den Luxusboutiquen zum Auto trägt, der mit ihnen plaudert, wenn ihnen langweilig ist, und sie dabei »Mylady« oder »Gnädigste« nennt. Ein Butler weiß eben, was sich gehört. Und Butler John erst recht. Er weiß, sich in der Welt der Schönen und Reichen so zu benehmen, wie diese es von ihm erwarten und wie sie es schon seit vielen Jahrzehnten an ihm schätzen.

Anstecken vom Luxusleben hat er sich in all den Jahren aber nie lassen und lebt privat so ganz anders als seine Auftraggeber: im Winter in einer kleinen Mietwohnung in Westerland und im Sommer in einem Wohnwagen auf dem Campingplatz in Morsum. Also wundern Sie sich nicht, wenn Ihnen dort einmal ein Mann mit Handschuhen und Melone begegnet. Das ist kein Teilnehmer einer Kostümparty, sondern Butler John auf dem Weg zur nächsten Mylady, die er mit frischen Brötchen oder seiner Gesellschaft beglückt.

95. GRUND

Weil man an den Hansens nicht vorbeikommt

Während der Recherche zu diesem Buch habe ich viel gelesen. In Büchern, im Internet, in Zeitungen. Und ich habe mit Menschen, die Sylt kennen und lieben, darüber gesprochen, warum sie diese Insel so lieben, was sie so besonders macht und welche Persönlichkeiten Sylt geprägt haben. Ein Name, der sowohl in den Büchern und im Internet als auch in den Gesprächen immer wieder auftauchte, ist Hansen. Die Hansens waren offensichtlich allesamt sehr umtriebig und haben sich zu ihrer Zeit sehr um ihre Insel und die Heimatpflege verdient gemacht. So sehr, dass es in fast jedem Inselort Straßen gibt, die ihren Namen tragen und das Taschen Lexikon Sylt[15] den elf wichtigsten Hansens gleich fünf Seiten widmet. So viele Seiten werden es bei mir wohl nicht werden, aber da die Hansens von damals für das Sylt von heute sehr wichtig waren, möchte ich Ihnen gerne ein paar der Hansens vorstellen und Ihnen erzählen, was sie früher so auf der Insel getrieben haben.

Da wäre zum einen Andreas Hansen, geboren 1887 in Keitum, der nicht nur Straßenwärter und Laienschauspieler war, sondern sich auch für den Erhalt und die Pflege des Syltfriesisch einsetzte. Dieses Engagement wurde 1964 durch die Verleihung eines ganz besonderen Preises belohnt. Dreimal dürfen Sie raten, wie dieser Preis heißt! Ich verrate es Ihnen: C.-P. Hansen-Preis, benannt nach dem wahrscheinlich berühmtesten Hansen, den Sylt jemals hervorgebracht hat, Christian-Peter Hansen. Der 1803 in Westerland geborene Tausendsassa war Küster, Organist, Lehrer, Heimatforscher und einer der wichtigsten, wenn nicht gar der wichtigste Chronist Sylts. Seine Sammlungen zur Geschichte, Kultur und Volkskunde der Insel bildeten den Grundstock für das 1908 gegründete Sylter Heimatmuseum und aus seinem Haus entstand später das Altfriesische Haus, ein Museum, das interessante Einblicke in die Sylter Kulturgeschichte des 18. und 19. Jahrhunderts bietet. Mit seinen Veröffentlichungen, von denen die Sage von Pidder Lüng die wohl bekannteste ist, wollte er das Sylt seiner Zeit für die Nachwelt festhalten und sorgte gleichzeitig dafür, dass die Insel bekannter wurde – was dem gerade aufkommenden Fremdenverkehr sehr zugute kam.

Der 1960 geschaffene C.-P.-Hansen-Preis wird jährlich für besondere Verdienste um die friesische Sprache und Kultur vergeben – unter anderem auch an einen weiteren Hansen, Conrad »Conny« Hansen, geboren 1938 in Kampen. Dieser Hansen war Elektroingenieur, Kommunalpolitiker und von 1988 bis 1990 sowie von 1998 bis 2005 stellvertretender Bürgermeister von Kampen. Außerdem setzte er sich während seiner Tätigkeit als Vorsitzender des Finanzausschusses dafür ein, dass für junge Sylter Familien bezahlbarer Wohnraum geschaffen wird, und sorgte als Vorstand der Söl'ring Foriining dafür, dass das Naturschutzgebiet Kampener Vogelkoje originalgetreu wiederhergestellt wurde.

Sein Vater, Hans Harald Hansen, war genau wie er Elektroingenieur und ebenfalls politisch engagiert. Auch er gehört zu den wichtigen Hansens der Insel, da er unter anderem für den Bau des Kampener Wasserleitungsnetzes, der Norddörferhalle und des Kaamp Hüs verantwortlich war und sich zudem schon früh für die Schaffung fahrzeugfreier Zonen einsetzte, die Natur und Wattenmeer schützen sollten. Und – Überraschung – auch sein Vater, der ebenfalls Harald Hansen hieß und 1884 in Keitum geboren wurde, war mehr als umtriebig und engagiert. Er arbeitete unter anderem als Journalist, Buhnenbauer, friesischer Sprachpfleger und Amtsmann, absolvierte eine landwirtschaftliche Lehre und war viele Jahre beim Militär. Zudem gehörte er fast 50 Jahre der Keitumer Gemeindevertretung an und bekleidete das wichtige Amt des Deichgrafen. Während dieser Zeit setzte er sich intensiv für Uferschutz und Dünenbefestigung ein und erkannte zudem schon sehr früh, welche Gefahren der zunehmende Fremdenverkehr für die Sylter Natur mit sich bringt. Für sein Engagement für die friesische Sprache, die er als Laienlehrkraft an der Keitumer Volksschule unterrichtete und in der er verschiedene Erzählungen verfasste, wurde er 1960 posthum als Erster mit dem C.-P.-Hansen-Preis ausgezeichnet.

Der Vater von C.-P. Hansen, Jap Peter Hansen, war literarisch übrigens ebenso ambitioniert wie sein Sohn, seine Werke waren jedoch eher wissenschaftlich orientiert. So verfasste er Schulbücher und Schriften zu mathematischen und astronomischen Themen, führte eine Navigationsschule, errechnete einen 100-jährigen Kalender und konstruierte eine Kornwaage. Seine Komödie *Der Geizhals oder der Sylter Petritag*, deren friesischen Titel ich Ihnen aus Angst, mich bei den komplizierten und unaussprechlichen Wörtern zu vertippen, lieber ersparen möchte, war das erste Buch in nordfriesischer Sprache. Geschrieben wurde es in einer von ihm autodidaktisch entwickelten Orthografie, mit der er die Grundlage für die Entwicklung des Nordfriesischen zur Schriftsprache legte.

Und bevor Sie jetzt vor lauter Hansens völlig den Überblick verlieren, erspare ich Ihnen den Rest der Sippe und verrate Ihnen zum Schluss nur noch kurz, dass es heute 70 Hansens im Sylter Telefonbuch gibt. Das mag einem auf den ersten Blick wenig vorkommen und zu der Annahme verleiten, die alten Hansens waren zu sehr mit der friesischen Sprache beschäftigt, als dass sie Zeit gehabt hätten, sich zahlreich zu vermehren. Wenn man aber weiß, dass es in Bremen, wo über eine halbe Million Menschen lebt, nur 64 Hansens gibt, sind 70 auf Sylt doch echt eine ganze Menge und der Beweis dafür, dass die eben Vorgestellten sich anscheinend nicht nur für Literatur und Bücher interessiert haben.

Weil der Fischer hier nicht Fritz, sondern Paul heißt und keine frischen Fische fischt

… dafür aber Krabben, und die sind nicht nur frisch, sondern kutterfrisch. Gefischt werden sie von Paul Walter, seines Zeichens der letzte Krabbenfischer von Sylt. Gemeinsam mit seiner Frau führt der Anfang 70-Jährige zudem die Pension »Fischerhaus Tümmler« (www.fischerhaus-tuemmler.de) in List, ganz in der Nähe des Hafens, wo er zweimal die Woche seine fangfrischen Krabben verkauft. Ungepult, so wie es sich gehört. Für Krabbenpul-Anfänger gibt es beim Kauf gratis ein paar Tipps vom Krabben-Meister Walter höchstpersönlich und für die Gäste seiner Pension sogar die Möglichkeit, ihn auf seinem Kutter zu begleiten.

Von März bis November fährt er mehrmals wöchentlich noch vor Sonnenaufgang raus – seit über 50 Jahren. Reich wird er damit nicht, aber glücklich – trotz langer Tage und schwerer körperlicher Arbeit. Bis zu zwölf Stunden ist er teilweise unterwegs. Aber deswegen an Ruhestand denken? Den ganzen Tag im Strandkorb sitzen und Kreuzworträtsel lösen? Kommt für Paul Walter nicht infrage. Denn er ist mit Leib und Seele Fischer. In seinen Adern fließt Nordseewasser, und wenn er in Ölzeug und gelben Gummistiefeln seinen Kutter, der übrigens wie seine Pension ebenfalls »Tümmler« heißt, startklar macht, dann ist er mit sich und der Welt zufrieden. Dass er nichts anderes sein will als Fischer, das weiß das Sylter Original, seit es im Alter von vier Jahren das erste Mal mit seinem Vater zur See gefahren ist. Anfang der 1960er-Jahre erwirbt Paul Walter das Steuermannspatent in Großer Hochseefischerei und wird 1965, mit nur 22 Jahren, hauptberuflicher Fischer – und zwar der berühmteste der ganzen Insel.

Sogar Ina Müller hat ihn schon auf seinem Kutter besucht und ist mit ihm rausgefahren – sehr zum Leidwesen ihrer Frisur, die Dank Windstärke 9 nicht mehr ganz so gut saß wie gewohnt. Ein weiterer prominenter Gast auf Paul Walters »Tümmler« war Peter Lustig, der einen Teil seines Films *Peter und das Seehundbaby* auf dem Kutter gedreht hat. Und wenn Sie den letzten Krabbenfischer Sylts auch gerne einmal persönlich kennenlernen wollen, dann besuchen Sie ihn doch einfach mal an seinem mobilen Stand im Lister Hafen. Hier steht er immer dienstags und freitags ab zwölf Uhr und verkauft die wohl frischesten Krabben an der ganzen Nordseeküste – Schnellkurs in Sachen Pulen inklusive. Guten Appetit!

KAPITEL 8

GESCHICHTE & GESCHICHTEN

»Springer-Burg« in Kampen (Grund 99)

Weil man auf Sylt keinen Fernseher braucht

An dieser Stelle möchte ich mich outen: Ich bin ein Fernsehjunkie! Ich liebe kitschige Sonntagabend-Schnulzen, Stars-und-Sternchen-Magazine und jegliche Art von Trash-TV. Ich gucke gerne und oft (aber nicht zu oft) in die Röhre. Außer auf Sylt. Denn hier gibt es etwas viel viel Besseres als Fernsehen schauen: Aus dem Fenster schauen! Keine Doku-Soap der Welt ist so unterhaltsam und abwechslungsreich wie ein Abend am Fenster unserer Lieblingsferienwohnung im Westerländer Zentrum, direkt gegenüber einem bekannten Restaurant.

Der typische Sylt-Urlauber ist schön und reich, behaupten viele. Stimmt nicht, behaupte ich! Denn unsere unzähligen Fensterabende haben eindeutig bewiesen: Den typischen Sylt-Urlauber gibt es gar nicht. So beobachteten wir von unserem Logenplatz eine junge Frau mit unechten Brüsten und echter Designertasche am Arm eines nicht mehr ganz so jungen Mannes mit ebenfalls echter Luxusuhr. Kurz danach lief eine Familie mit vielen Kindern und scheinbar noch mehr Sorgen über die Straße. Man sah ihnen an, dass der Inselaufenthalt die lang ersehnte Flucht aus einem Alltag war, von denen Falsche-Brüste-Frauen und Luxusuhren-Männer wahrscheinlich nicht einmal ahnen, dass es ihn gibt. Wenige Minuten später, das nächste Highlight in unserer privaten Doku-Soap: Eine Gruppe junger Männer verlässt das Restaurant. Die viel zu enge Jeans bis zum Knöchel hochgekrempelt (ja, das trägt man jetzt tatsächlich so), darunter Edel-Sneakers und Krokolederschuhe mit bunten Schnürsenkeln. Die Haare gegelt, den Hemdkragen aufgestellt und eine blitzende Uhr am Handgelenk, die optisch der des erwähnten Luxusuhren-Mannes in nichts nachstand. Sie wirkten, als wüssten sie trotz ihres jungen Alters schon ganz genau, was sie vom Leben erwarten. Wahrscheinlich erfolgreiche Start-up-Unternehmer oder die reichen Erben einer Joghurt-Dynastie. Oder so ähnlich. Gespannt schauten wir ihnen hinterher und gaben Tipps ab, in welches Auto sie wohl steigen würden. Porsche? Mega-SUV? Papas Limousine? Weit gefehlt … Es war ein kleiner weißer Japaner, der seine besten Tage schon hinter sich hatte und dessen nächster TÜV-Prüfung sein Besitzer sicher nicht sehr optimistisch entgegensah.

Apropos Auto: Während einer nachmittäglichen Fensterschau-Runde beobachteten wir einen Sylter Gastronomen (nein, nicht den mit den Säbeln und auch nicht den mit den Fischen) dabei, wie er einem parkenden Auto den Außenspiegel halb abfuhr, was ihn aber nicht weiter zu interessieren schien und ihn auch nicht dazu veranlasste, anzuhalten. Und dann war da das Paar um die 50 in ihrem schnittigen Cabrio. Sie hatte sowohl einen Designer-Strohhut als auch ein leicht unterkühlt wirkendes Lächeln aufgesetzt. Er hielt sein Handy ans Ohr, telefonierte lautstark und versuchte dabei, mit einer Hand schwungvoll einzuparken. Die Folge: ein kaputter Reifen, eine zerkratzte Felge und wahrscheinlich keine besonders gute Stimmung beim Cabrio-Pärchen.

Aber nicht nur während unserer Abende am Fenster unterm Dach, sondern auch wenn wir auf der Insel unterwegs sind, gibt es für meinen Mann und mich kaum etwas Unterhaltsameres als Touristen zu beobachten: Die mit den zu engen Schalke-Trikots und dem zu lauten Radio, die mit den Gesundheitslatschen und den Rucksäcken in der Größe eines Kleiderschrankes oder – eines meiner Highlights – das nette ältere Ehepaar, das versuchte, seinen viel zu großen Labrador in den viel zu kleinen Fahrradanhänger zu quetschen. Als der Hund nach viel gutem Zureden und minutenlangem sanftem Geschiebe endlich im Anhänger war, stellte die Frau fest, dass dieser kaputt ist und sie gerne einen anderen hätte. Also Hund wieder raus und das gleiche Spiel mit einem anderen – hoffentlich unbeschädigtem – Anhänger.

Etwas befremdlich hingegen fand ich die junge Familie, die an uns vorbeilief und deren etwa acht oder neun Jahre alter Sohn tatsächlich zu seinen Eltern sagte: »Heute möchte ich aber fünf statt wie gestern nur vier Gänge zum Abendessen.« Am selben Tag beobachteten wir übrigens, wie ein ungefähr gleich alter Sohn von seinem Vater in den Supermarkt geschickt wurde, um das Pfand für dessen Bierdose zu holen. Und die Moral von der Geschicht? Den typischen Sylt-Urlauber gibt es wirklich nicht!

PS: Tauschen Sie bei Ihrem nächsten Sylt-Urlaub doch auch mal den Fernseher gegen das Fenster. Es lohnt sich!

98. GRUND

Weil auf Sylt Atlantis untergegangen ist

Bis heute sind sich Wissenschaftler nicht einig darüber, wo das sagenumwobene Inselreich Atlantis, das laut dem griechischen Philosophen Platon im Jahr 9.600 vor Christus unterging, tatsächlich lag. Auf den Azoren? In Algerien? Am Schwarzen Meer? Auf Sylt jedenfalls nicht … Denn Sylt braucht kein mythisches Atlantis. Sylt hat sein eigenes, ganz reales friesisches Atlantis, das genau 11.572 Jahre später untergegangen ist. Für alle, die jetzt keine Lust haben, ihren Taschenrechner hervorzukramen: Die Rede ist von 1972. In diesem Jahr versank das Sylter Atlantis auf Nimmerwiedersehen in der Nordsee. Doch der Reihe nach.

Denn die Atlantis-Geschichte nahm bereits in den 1960er-Jahren ihren Lauf. In dieser Zeit nämlich entstanden in Westerland die Hochhäuser des Neuen Kurzentrums, die auf bis zu 13 Etagen ausreichend Platz für die Wirtschaftsboom-Touristen boten, die die Insel zu dieser Zeit in Scharen stürmten. In den drei Mini-Wolkenkratzern entstanden unzählige Ferienappartements, die jedoch der Stuttgarter Firma, die sie erbaut hatte, nicht genug waren. Die Bauherren wollten mehr, und sie wollten hoch hinaus – genau genommen 100 Meter, denn so hoch sollte ihr gigantisches Bauprojekt werden, dessen Pläne 1969 öffentlich wurden. Dort, wo sich heute die »Sylter Welle« befindet, wollten die Schwaben eine Betonburg mit 750 Appartements auf knapp 30 Etagen und Platz für 3000 Touristen errichten. Der Wert: rund 100 Millionen Mark, der Name: Atlantis. Unterstützt wurde die Baufirma vom Magistrat Westerland, dem als kleines Dankeschön ein neues Kurmittelhaus versprochen wurde, was den Insulanern ganz und gar nicht gefiel. Der Widerstand war riesig. Kaum ein Sylter hatte Lust auf Wolkenkratzer statt Watt-Idylle und auf ein Haus, das fast doppelt so hoch sein sollte wie die anderen Westerländer Hochhäuser und somit von jedem Punkt der Insel zu sehen gewesen wäre.

Zudem fürchtete man, des Verkehrs, des Mülls und der Menschenmassen nicht Herr zu werden und im schlimmsten Falle deshalb sogar den Status als Heilbad aberkannt zu bekommen. So formierte sich schnell eine Bürgerinitiative, die in kürzester Zeit mehr als 18.300 Stimmen gegen den Bau von Atlantis sammelte – was die Stadtvertreter jedoch nur mäßig beeindruckte. Ungeachtet der Proteste, die ihren Höhepunkt in einer Demonstration mit etwa 1.000 Teilnehmern, zahlreichen eingeworfenen Scheiben, zerstochenen Reifen und sogar anonymen Morddrohungen fand, stimmte ihre Mehrheit in der entscheidenden Sitzung für den Bau. Aber was sollte man auch sonst tun?

Zu diesem Zeitpunkt war man schon so weit in Verträge mit der Baufirma verstrickt, dass eine Ablehnung eine Entschädigungszahlung in Höhe von mehreren Millionen Mark zur Folge gehabt hätte. Außerdem freute man sich ja auch schon so auf das versprochene neue Kurmittelhaus, das man quasi als kostenlose Zugabe zu Atlantis dazubekommen sollte. Und da sage noch mal einer, Klüngel gebe es nur in meiner kölschen Wahlheimat. Atlantis war also beschlossene Sache – dachten zumindest Bauherr und Gemeindeverwaltung. Aber da hatten sie die Rechnung ohne die Sylter gemacht, die sich nicht unterkriegen ließen und sich ans Land Schleswig-Holstein wandten. Mit Erfolg! Im Frühjahr 1972 verweigerte das Landesinnenministerium die Baugenehmigung und begründete dies mit der Belastung des geschützten Naturraums durch den Verkehr, den Atlantis zwangsläufig mit sich bringen würde. Das wiederum wollte sich der Fast-Bauherr nicht gefallen lassen und verklagte das Land auf Schadensersatz, da er angeblich bereits vor Baubeginn ein paar Hundert Wohnungen in seinem »Appartementhaus der Zukunft«, wie es auf den Werbeplakaten stand, verkauft hatte. 1977 wurde die Klage durch das Landgericht Flensburg abgelehnt, und Atlantis war endgültig Geschichte. Versunken in den Nordseefluten.

Übrigens wurde dem gescheiterten Bauprojekt der mystische Name nicht etwa erst nach seinem Untergang verliehen. Vielmehr gab ihm das Bauunternehmen selbst diesen Namen, nachdem es eine Umfrage unter den Kurgästen gemacht hatte, wie denn ihr neues Vorzeigeobjekt am Strand heißen könnte. Was hatten sich die Kurgäste wohl bei diesem Namen gedacht? Eine böse Vorahnung? Die leise Hoffnung, dass in diesem Fall Nomen tatsächlich Omen ist? Wer weiß, was daraus geworden wäre, wenn sie sich für einen anderen Namen entschieden hätten … Edeltraut vielleicht. Oder Babylon.

Feststeht: Kein anderer Name hätte passender sein können, und ich bin mehr als glücklich, dass Atlantis zweimal untergegangen ist – einmal auf Sylt und das andere Mal wo auch immer …

99. GRUND

Weil es hier Häuser mit Geschichte(n) gibt

Sylt ist eine Insel voller Geschichte und Geschichten, eine Insel mit einer bewegten Vergangenheit, in der viele berühmte und berüchtigte Namen vorkommen. So auch der Name Springer, der auch heute auf Sylt noch sehr präsent ist, obwohl die Verlegerfamilie die Insel schon lange verlassen hat. Grund ist der Klenderhof in

Kampen, das ehemalige Ferienhaus von Axel C. Springer, besser bekannt unter dem Namen »Springer-Burg«. Wenn ein Haus auf Sylt Geschichte hat – und Geschichten erzählt –, dann definitiv dieses! Alles begann im Jahr 1933, als der bekannte Cellist Max Baldner sich das 600 Quadratmeter große Haus in einer der besten Lagen der Insel errichten ließ.

Entworfen wurde es vom Berliner Architekten Otto Firle, der bald darauf von NS-Generalfeldmarschall Hermann Göring den Auftrag bekam, exakt dieses Haus für ihn auf der mecklenburgischen Halbinsel Darß nachzubauen. Ein zweifelhaftes Kompliment für Haus und Architekten. Im Laufe der Jahrzehnte beherbergte der Klenderhof unter wechselnden Besitzern zahlreiche Stars, Sternchen und Schriftsteller, Politiker, Wirtschaftsgrößen und die, die sich für solche hielten. Aber die Geschichte des Klenderhofs ist nicht nur geprägt von rauschenden Partys und nächtelangen Debatten der Intellektuellen und Industriellen. Das Haus, und mit ihm seine Bewohner, musste zwei Anschläge verkraften.

Der erste ereignete sich in der Reichskristallnacht 1938. Der Klenderhof gehörte damals noch dem Cellisten Baldner und seiner jüdischen Ehefrau. SA-Männer stürmten in der Nacht das Haus und wollten es in Brand stecken, was dank des Kampener NSDAP-Ortsgruppenleiters Willy Kamp verhindert werden konnte. Kamp interessierte sich mehr fürs Reiten als für politische Meinungen und vereitelte mithilfe der Feuerwehr den Brandanschlag. 35 Jahre später ging es leider nicht so glimpflich aus, und der Klenderhof, zu dieser Zeit bereits im Besitz von Axel C. Springer, in Flammen auf. Springer, der das Haus auf dem 2-Hektar-Wattgrundstück 1962 zu einem wahren Schnäppchenpreis von 650.000 Mark gekauft hatte, hatte den damaligen Bundeswirtschaftsminister Karl Schiller eingeladen. Dies lässt einen politischen Hintergrund des Brandanschlags vermuten, was jedoch nie aufgeklärt werden konnte. Der Großteil der Springer-Burg konnte von der Kampener Feuerwehr, der der Verleger im Jahr davor noch ein neues Löschfahrzeug spendiert hatte, gerettet werden. Der abgebrannte Teil des Hauses wurde in seiner alten Form wieder aufgebaut, und Friede Springer verkaufte es nach dem Tod ihres Mannes zu einem unbekannten Preis, über den spekuliert wird, dass er sich im zweistelligen Millionenbereich befand. Allein das Grundstück mit dem unbezahlbaren Ausblick soll 20 Millionen Euro wert sein.

Noch mal kurz die Info, falls Sie es schon wieder vergessen haben sollten, dass Springer seine Burg für 650.000 Mark gekauft hatte! Und noch eine Info – diesmal eine, die sich hervorragend für einen Small Talk in der Kupferkanne oder der Sansibar eignet: Die Idee zur erfolgreichen deutschen Charity-Aktion »Ein Herz für Kinder« hatte Axel C. Springer in der Küche seines Kampener Hauses, als er im Radio hörte, dass jährlich fast 1.500 Kinder bei Verkehrsunfällen ums Leben kommen. Wenig später rief die *BILD*-Zeitung eine Wohltätigkeits-Kampagne ins Leben, die bis heute fast 150 Millionen Euro Spenden gesammelt hat. Und diese wurden zum Glück nicht in sündhaft teure Immobilien investiert, sondern kommen denen zugute, die sie am meisten benötigen: benachteiligten Kindern. Wie gut, dass im Preis von 650.000 Mark scheinbar auch ein Küchenradio inbegriffen war.

Weil es auf Sylt eine Luxusversion des Ballermanns gibt

Mallorca hat den Ballermann, Sylt den Strönwai in Kampen, besser bekannt als »Whiskymeile«. Gut, ein wenig unterscheiden sich die beiden Straßen doch: Am Ballermann gibts Sangria im Eimer, auf der Whiskymeile Schampus in schicken Gläsern. Auf Mallorcas Feiermeile trägt man(n) Muskelshirts, auf der von Sylt dann doch eher Maßanzüge. Und auch kulinarisch unterscheiden sich diese beiden Straßen etwas voneinander: Im Süden Hotdogs, im

Norden Haute Cuisine. Trotz all dieser Unterschiede haben Ballermann und Whiskymeile einige Gemeinsamkeiten: Beide sind die Lieblingsadresse der feierwütigen Inselgäste. Nirgends findet man mehr Bars, Clubs und Restaurants an einem Fleck, und egal ob im sonnigen Süden oder im hohen Norden – hier gilt: sehen und gesehen werden. So führen an den Kampener Sommerwochenenden die Herren ihre neuen Autos und Damen vor und diese ihre neuen Luxushandtaschen und Brüste. Und das schon seit vielen Jahren. Denn der Strönwai, wie die Whiskymeile »in echt« heißt, ist bereits seit den 1960er-Jahren der Hotspot der Insel.

Damals entdeckten die Schönen und Reichen Sylt für sich. Den Anfang machten Gunter Sachs und seine damalige Ehefrau Brigitte Bardot, deren Stammlokal schon bald das legendäre »Pony« wurde. Ihnen folgten illustre Persönlichkeiten wie Curd Jürgens, die persische Exkaiserin Soraya, Heinz Rühmann, Romy Schneider und Axel C. Springer. Sylt war dank des 1961 von einem österreichischen Skilehrer eröffneten In-Lokals »Pony« plötzlich die Lieblingsinsel der Playboys und Partygirls – und weltberühmt. Dafür sorgten die Klatsch-und-Tratsch-Journalisten, die mit den Stars die Insel stürmten. Weitere Hotspots zu dieser Zeit waren das »Gogärtchen«, »Gretas Rauchfang« und »Bei Karlchen«. Einige dieser Läden gibt es heute noch, Playboys und Partygirls sucht man mittlerweile allerdings vergeblich. Stattdessen verirrt sich tatsächlich ab und zu der ein oder andere Promi auf die Whiskymeile – gut erkennbar an großen Autos und noch größeren Menschenaufläufen. Am besten beobachten lassen sich diese und andere Strönwai-Spektakel perfekt von einer der Bänke, die vor den Luxusboutiquen stehen und die während der Sommermonate einer unserer Lieblingsplätze auf der Insel sind: Ältere Herren mit jüngeren Frauen, kleine Hunde in großen Luxushandtaschen, wertvoller Schmuck und teure Autos – Strönwai ist besser als Fernsehen, und nirgendwo sonst kann man besser andere Menschen beim Sehen und Gesehenwerden beobachten.

Und wem der Sinn eher nach viel Geldausgeben statt nach »nur« viel Gucken steht, auch dem kann hier geholfen werden. Auf der Whiskymeile gibt es alles, was gut und teuer ist, und ein Abendessen in einem der In-Lokale kostet so viel wie am Ballermann eine ganze Woche Flatrate-Sangria. Sylts »Ballermann« ist also definitiv ein sehr viel teureres Vergnügen als das mallorquinische Original, aber dafür auch ein sehr viel schöneres.

PS: Wenn Sie Ihren Allerwertesten gerne einmal dort parken möchten, wo einst ein echter Playboy und eine Hollywood-Diva gesessen haben: Tisch 1 im Pony war der Stammplatz des Glamour-Ehepaares Sachs-Bardot.

101. GRUND

Weil ein Wahl-Sylter nicht auf seinen Chef gehört und damit Luftfahrtgeschichte geschrieben hat

Einmal um die ganze Welt fliegen. Was heute selbstverständlich ist und ganz einfach mit ein paar Klicks übers Internet gebucht werden kann, war im vorigen Jahrhundert noch ein mutiges Unterfangen. Nur etwas für echte Männer. Für mutige Pioniere, die sich was trauen und keine Ängste kennen. Genau so einer war Wolfgang von Gronau, Wahl-Sylter und in den 1930er-Jahren Leiter der Deutschen Verkehrsfliegerschule in List. Von Gronau träumte davon, als erster Mensch mit einem Flugzeug die Erde zu umrunden. Bevor er sich 1932 diesen Traum verwirklichte und von Sylt seine Weltumrundung startete, machte er aber mit einem anderen spektakulären Flug international von sich reden. Im August 1930 flog er mit seiner Dornier von List über Island und Grönland nach New York – in 47 Flugstunden und gegen das ausdrückliche Verbot des zuständigen Ministeriums, das er erst über Island per Funk von seinem Vorhaben in Kenntnis setzte.

Auch seine Crew wusste erst kurz vor Start, was er plante, und war dementsprechend unvorbereitet. So musste sein Kopilot den Transatlantikflug in löchrigen Turnschuhen antreten, und sein Bordmechaniker soll sogar erst durch den abgegebenen Funkspruch erfahren haben, wohin die Reise geht. Als der Wahl-Sylter und seine Crew auf dem Hudson River landeten, wurden sie von begeisterten New Yorkern bejubelt, und von Gronau wurde vom damaligen Präsidenten der USA, Herbert Hoover, im Weißen Haus empfangen. Weniger begeistert zeigten sich das Ministerium und von Gronaus Vorgesetzter. Einzig die Tatsache, dass der Flug national und international für so große Begeisterung gesorgt hatte und sogar der amerikanische Präsident sich als großer von-Gronau-Fan erwies, schützte den Pionier vor disziplinarischen Maßnahmen, die vielleicht sogar seine Weltumrundung verhindert hätten. Diese startete er im November 1932 und legte innerhalb von vier Monaten rund 45.000 Kilometer zurück – in einer heute unvorstellbaren Reisegeschwindigkeit von 120 Stundenkilometern. Seine Weltumrundung führte ihn von List über Island, Grönland, Labrador, Kanada, die USA, Alaska, die Aleuten, Japan, China, die Philippinen, Indonesien, Birma, Indien, Sri Lanka, Pakistan, Iran, Irak, Griechenland, Italien und schließlich zurück ins beschauliche List, wo er einige Jahre darauf beerdigt wurde.

Heute erinnert dort im Hafen eine Tafel an seine Pioniertaten, die Sylt damals in der ganzen Welt bekannt gemacht haben. Und die Moral von der Geschicht? Wenn der amerikanische Präsident dein Fan ist, ist es sch…egal, wie dein Chef findet, was du tust!

Weil die Strände so schöne Namen haben

Es gibt Inseln, auf denen heißen die Strände »Hauptstrand«, »Weststrand« oder einfach nur »Strand«. Derartige 08/15-Namen sind natürlich nichts Verwerfliches, aber eben auch nichts Besonderes. Und da Sylt ja bekanntermaßen nicht irgendeine »normale« Insel ist, tragen die Strände hier auch nicht irgendwelche »normalen« Namen, sondern heißen seit den 1930er-Jahren Abessinen, Oase zur Sonne, Samoa oder Sansibar. Letzterer FKK-Strandabschnitt zwischen Rantum und Hörnum gab übrigens der wohl berühmtesten Bretterbude der Welt ihren Namen. Warum man damals derart exotische Namen für die Strände einer derart unexotischen Insel wählte, darüber kann man heute nur noch spekulieren.

So gibt es zum Beispiel Gerüchte, dass es einem Parkplatzwächter im Urlaub auf Samoa so gut gefiel, dass er kurzerhand den Strandabschnitt, an dem er arbeitete, umbenannte. Wieder andere behaupten, die Namen wurden gewählt, weil die Sylter Strände mit ihrem feinen weißen Strand an Südsee-Paradiese erinnern. Einzig die Herkunft des Abschnitts Abessinen zwischen Kampen und List scheint geklärt: Bei einem schweren Sturm im Herbst 1935 lief an dem zu dieser Zeit noch namenlosen Strand der französische Frachter »Adrar« auf Grund und blieb bis Sommer 1936 dort liegen, ehe die Reederei ihn schließlich zum Abwracken bergen ließ. Während der gesamten Zeit war es strengstens untersagt, den Frachter zu betreten oder sich ihm auch nur zu nähern. Ausgesprochen hatte das Verbot der Adrar-Kapitän höchstpersönlich. Zudem wurden nur drei Männer mit einer Boje an Land gezogen, weitere Hilfe lehnte die Besatzung strikt ab. Das kam den Syltern natürlich spanisch vor, beziehungsweise italienisch. Schon bald ging auf der Insel das Gerücht um, der Frachter habe Gewehre für Italien an Bord, die bei einem geplanten Überfall auf Abessinen, das heutige Äthiopien, zum Einsatz kommen sollten. Wie sich später herausstellte, hatte das Schiff zwar nur Palmöl und Porzellan geladen, der exotische Name für den FKK-Strandabschnitt aber blieb.

Mein Lieblingsstrand ist übrigens der Ostellenbogen. Warum der so heißt, muss ich Ihnen wohl nicht erklären. Und warum er mein Lieblingsstrand ist auch nicht. Muss ich doch? Dann waren Sie anscheinend noch nie dort und sollten das sehr sehr schnell nachholen!

103. GRUND

Weil Sylt auch ein bisschen Dänemark ist

Wussten Sie eigentlich, dass Sylt um ein Haar nicht Deutschlands, sondern Dänemarks schönste Insel geworden wäre? Wenn ja, dann können Sie diesen Grund zwar lesen, müssen es aber nicht unbedingt. Wenn nicht, dann kommt hier ein wenig geschichtliches Hintergrundwissen für Sie. Kann ja nie schaden! Seit dem Mittelalter gehörte Sylt aufgrund seiner Lage zum Herrschaftsgebiet des dänischen Königs. 1435 wurde die Insel geteilt, und es blieb nur das Listland dänisch, alle anderen Orte fielen an das Herzogtum Schleswig. Und zwar ziemlich lang – bis 1864. In diesem Jahr schlugen Preußen und Österreich die Dänen, was zur Folge hatte, dass Holstein an Österreich fiel, Schleswig und die Nordfriesischen Inseln an Preußen. Zwei Jahre später trat Österreich seine Ansprüche an Bismarck ab, somit waren nun beide Herzogtümer, Schleswig und Holstein, preußisch. Nach dem Ersten Weltkrieg im Jahr 1920 konnten die Deutschen und Dänen, die damals bunt gemischt nicht nur auf Sylt, sondern in ganz Schleswig-Holstein lebten, über ihre weitere Staatszugehörigkeit abstimmen: Auf Sylt stimmten 2.715 Insulaner für eine Zugehörigkeit zu Deutschland, und nur 356 wollten lieber zu Dänemark gehören. In Folge dieser Volksabstimmung entstand die heutige

Grenze zwischen Deutschland und Dänemark, auf deren deutscher Seite seitdem eine dänische Minderheit lebt – und umgekehrt.

Die Sympathien vieler Insulaner für Deutschland ließen jedoch nach, als der Nationalsozialismus aufkam und die Menschen unter den Folgen des Zweiten Weltkriegs litten, der eine so große materielle und seelische Not über das Land gebracht hatte. So erhoffte sich ein großer Teil der Sylter Bevölkerung in den ersten Nachkriegsjahren einen Anschluss an Dänemark. Doch dieser blieb aus. Stattdessen begann sich die dänische Minderheit zu organisieren.

Schnell entstanden auf der Insel dänische Schulen. Eine davon, die Dänische Schule Westerland-Keitum, gibt es noch heute. Sie steht, ebenso wie die dänische Kindertagesstätte Westerland-Keitum, sowohl den kleinen dänischen als auch den kleinen deutschen Insulanern offen. Und auch wenn auf Sylt im Alltag fast ausschließlich deutsch gesprochen wird, so hält die dänische Minderheit ihre Sprache, ihre Kultur und ihre Traditionen in vielfältiger Weise lebendig. So gibt es auf Sylt nicht nur eine dänische Kirchengemeinde mit über 450 Mitgliedern samt dänischem Pastor, sondern auch ein dänisches Kulturzentrum sowie zahlreiche dänische Hausfrauen-, Jugend- und Seniorenvereine. Außerdem werden Westerland und Keitum regelmäßig vom Bus der Dansk Centralbibliotek in Flensburg angefahren.

Wenn Sie selbst einmal ein wenig dänische Atmosphäre auf Sylt schnuppern möchten, können Sie entweder einen Spaziergang am Ellenbogen unternehmen, bei dem Sie automatisch ins dänische Mobilfunknetz eingeloggt werden und dänische SMS-Benachrichtigungen bekommen, oder aber, Sie besuchen den vorweihnachtlichen Markt der dänischen Schule. Dieser findet als erster Weihnachtsmarkt auf der Insel bereits im November statt, und neben landestypischer Handwerkskunst, Dekorationsartikeln und Weihnachtsliedern wartet dort auf die Besucher auch die wohl bekannteste dänische Spezialität überhaupt – der Hotdog. Ich wünsche Ihnen velbekomme und god fornøjelse!

PS: Und wenn Sie ganz nett fragen, dann verrät man Ihnen dort sicher auch, was das heißt!

104. GRUND

Weil Tourismus hier Tradition hat

Dass Sylt eines der schönsten Urlaubsziele überhaupt ist, das muss ich Ihnen nicht erzählen. Das wissen Sie, und das wissen auch die Hunderttausenden Touristen, die die Insel jedes Jahr besuchen. Kaum vorstellbar, dass noch vor rund 80 Jahren 32.000 Gäste, die im Sommer 1938 Westerland besuchten, als neuer Rekord galten. Genauso wenig vorstellbar wie die Tatsache, dass bis 1902 Männer und Frauen auf Sylt nur getrennt voneinander baden durften. Heute nicht mehr denkbar, zu Zeiten des aufkommenden Tourismus, der damals noch »Fremdenverkehr« und auf Friesisch »Baariforkiir« hieß, völlig normal. Die Sylter, die bis dahin keinerlei Erfahrung mit Fremden auf ihrer Insel gemacht hatten, sahen dem Ganzen übrigens eher skeptisch entgegen und hatten Angst vor einer Überfremdung ihrer Kultur sowie möglichen Schäden für Natur und Umwelt. Doch der Tourismus auf Sylt ließ sich nicht aufhalten. Im Gegenteil. Er wurde, wie wir heute wissen, zu einer wahren Erfolgsgeschichte, die 1855 mit den ersten Badegästen begann. Hier eine kleine Chronik der wichtigsten Ereignisse, die Sylt zu dem gemacht haben, was es heute ist – eines der beliebtesten Reiseziele Europas:

1855 Westerland bekommt den Status eines Seebads und begrüßt im Gründungsjahr 98 Gäste

1855 Erstmals wird ein sogenannter Badekarren am Strand vor Westerland aufgestellt. Die hölzernen Umkleidekabinen auf Rädern wurden ins Wasser geschoben oder von Pferden gezogen. Über eine

Treppe an der Rückseite können die Badenden ungestört und ungesehen in die Nordsee steigen, sich nach dem Baden umziehen und, zurück am Strand, den Karren in normaler Kleidung wieder verlassen. Um diese zu benutzen, müssen Badekarten gezogen werden. Dies markiert den Beginn des organisierten Badelebens auf Sylt.

1858 Der Arzt Gustav Ross aus Hamburg und der Westerländer Wulf Manne bauen das erste Hotel in Westerland. Vor dem Bau der ersten katholischen Kirche auf Sylt finden die Gottesdienste im Speisesaal statt.

1859 Das Seebad Wenningstedt wird gegründet und begrüßt im ersten Jahr 20 Gäste. Erst 30 Jahre später wird dort das erste Hotel gebaut.

1860 König Friedrich VII. von Dänemark und seine Gemahlin besuchen Westerland.

1865 Erstmals steigt die Gästezahl auf rund 1.000.

1866 Als Vorläufer der späteren Schwimmbäder wird in Westerland das erste Warmbadehaus errichtet.

1888 Die Inselbahn »Sylter Dünenexpress« verbindet den Hafen Munkmarsch, in dem die Touristen ankommen, mit Westerland. Später wird die Trasse ausgebaut.

1894 In Kampen wird ein Kurhaus gebaut, den Status eines Seebads erhält die Gemeinde jedoch nicht, da Westerland aus Angst vor Konkurrenz die Entwicklung des Nachbarortes stört. Zu dieser Zeit entdecken Maler, Schriftsteller und andere Intellektuelle das stille Kampen abseits des Badetrubels für sich. Kampen wird zum Künstlertreff.

1902 In Westerland entsteht das erste Familienbad. Frauen und Männer müssen fortan nicht mehr getrennt baden, allerdings gibt es im Familienbad strenge Vorschriften: Badekleidung muss hochgeschlossen, möglichst dunkel und nicht durchsichtig sein, Einzelpersonen haben keinen Zutritt, und Fotoapparate sind verboten.

1905 Westerland erhält Stadtrechte.

1913 Für die Unterhaltung der zumeist vermögenden Gäste sorgen Strandburgenwettbewerbe, Hunderennen, Modeschauen am Strand und Tanzveranstaltungen.

1914 Erstmals werden über 30.000 Gäste im Jahr gezählt. Im August wird der Badebetrieb völlig unvermittelt eingestellt, die Gäste verlassen überstürzt die Insel, ihre Quartiere werden von Soldaten bezogen, die bis Ende des Ersten Weltkriegs auf der Insel bleiben.

1919 Die Deutsche Luftreederei nimmt die ersten Linienverbindungen zwischen Berlin, Hamburg und Sylt auf.

1923 Die Städtische Badeverwaltung erklärt die Saison aufgrund der Inflation für beendet. Zwar darf weiterhin gebadet werden, allerdings »auf eigene Gefahr«, da keine Verträge mehr zwischen der Kurverwaltung und den Gästen bestehen.

1927 Der Bau des Hindenburgdamms bringt dem Tourismus einen neuen Aufschwung.

1930 Aufgrund eines sehr schlechten Sommers steht das Seebad Westerland kurz vor dem Ruin.

1938 Erstmals nach dem Ersten Weltkrieg wird mit rund 32.000 Gästen der Höchststand von vor dem Krieg erreicht. Allerdings kommen nun statt Promis und Unternehmer zumeist Arbeiter und Angestellte. Grund dafür ist die nationalsozialistische Ideologie, jedem preisgünstige Urlaubsreisen zu ermöglichen. Die Übernachtungspreise diktiert der Staat, was zur Folge hat, dass die Vermieter keine Gewinne mehr einfahren.

1939 Das Militär besetzt den Großteil der Unterkünfte und sperrt die Insel für den Tourismus.

1947 Viele Hotels und Pensionen werden von der britischen Besatzungsmacht wieder freigegeben.

1948 Westerland wird als Nordseeheilbad anerkannt, und der Fremdenverkehr bekommt mit der Währungsreform neuen Aufschwung.

1950er-Jahre Neue Einrichtungen wie eine Kurliegehalle, eine Schlickbadeanstalt und ein Meerwasserwellenbad entstehen.

1960er-Jahre Kampen boomt und wird dank Gunter Sachs & Co. zum »St. Tropez des Nordens«.

1969 Das Kurzentrum Westerland wird gebaut.

1970er-Jahre Ein Strukturgutachten legt eine äußerste Belastungsgrenze von 100.000 Inselgästen fest. Mehr Gäste könne die Insel und ihre Infrastruktur nicht verkraften.

1976 Die Friedrichstraße wird zur Fußgängerzone erklärt.

Seit den **1980er-Jahren** steigen die Gästezahlen immer weiter an. Und steigen … Und steigen … Und steigen … Der Rest ist Geschichte – und zwar Erfolgsgeschichte!

Weil Sylt auch Amerika sein kann

Dass Sylt einer der schönsten Plätze der Welt ist, scheint sich bis nach Hollywood herumgesprochen zu haben. Und scheinbar finden die Amis auch, dass Sylt ihrer Ostküsten-Insel Martha's Vineyard ähnlich sieht – zumindest mit ein bisschen optischer Nachhilfe. Und genau die bekam Sylt im März 2009 von keinem Geringeren als Hollywood-Regisseur Roman Polanski, der auf der Insel Teile seines Thrillers Der Ghostwriter drehte, im Gepäck neben jeder Menge amerikanischer Straßenschilder, Briefkästen und Autos und auch Star Wars-Schauspieler Ewan McGregor. Dieser erzählte nach den Dreharbeiten in Interviews, dass er die Insel trotz Kälte und Regen sehr schön fand, sich während seines Aufenthalts allerdings ein wenig gelangweilt habe. Gelangweilt? Auf Sylt? Selbst schuld! Alles andere als langweilig war es sicherlich für die Sylter Komparsen, die im Polanski-Film mitspielen durften und die in der ein oder anderen Szene ihre Insel sicher kaum wiedererkannt haben. So fuhr die Fähre im Film unter amerikanischer Flagge und hieß »Bay Line Ferry«, der sonst so ruhige Ellenbogen verwandelte sich dank Holzhütten im amerikanischen Stil und oberirdischen Telefonleitungen in eine Ostküstenlandschaft, und der Hauptdarsteller wohnt im Fährhaus Munkmarsch, das im Film »Fishermans Cove« heißt.

Der Grund, weshalb Polanski seinen Film nicht auf Martha's Vineyard, sondern auf Sylt gedreht hat (und auch auf Amrum und Pellworm, wo ein paar Szenen mit Ex-James-Bond Pierce Brosnan aufgenommen wurden), ist übrigens nicht etwa dessen Faible für deutsche Nordseeinseln. Vielmehr blieb ihm gar nichts anderes übrig. Denn seit er 1977 sexuellen Kontakt zu einer 13-Jährigen gestanden hatte und vor der Urteilsverkündung aus Amerika geflüchtet war, kann er nicht mehr dorthin zurück, da er ansonsten bei seiner Wiedereinreise festgenommen würde. Daher lebt und arbeitet Polanski seitdem ausschließlich in Europa.

Sylt war aber schon viel früher von Hollywood als Filmkulisse entdeckt worden. 1966 wollte der Regisseur Nicholas Ray, der unter anderem den Kultfilm *Denn sie wissen nicht, was sie tun* mit James Dean gedreht hat, einen Thriller auf der Insel drehen. In den Hauptrollen Jane Fonda und Paul Newman, in den Nebenrollen 2.000 Sylter Komparsen. Der Film wurde nie gedreht, dafür fand Ray in Sylt einen Zweitwohnsitz, an dem er zurückgezogen lebte und sich vom Hollywood-Trubel erholte. Scheinbar langweilte er sich gerne auf der Insel – ganz im Gegensatz zu Ewan McGregor.

PS: Sylt kann übrigens nicht nur Martha's Vineyard, sondern auch Amrum sein. Der Krimi *Tod auf der Insel*, der 2015 im ZDF lief, wurde nämlich auf Sylt gedreht, spielte aber auf Amrum. Anscheinend hat es den Machern auf Sylt besser gefallen als auf der kleineren Nachbarinsel. Einen guten Geschmack scheinen sie ja zu haben, diese Filmleute ...

106. GRUND

Weil auf Sylt sogar FKK-Strände Kultstatus haben

Auf Sylt gibt es mehr Kult-Locations als im Rest der Republik zusammen: Pony, Gogärtchen, Sansibar und last but not least der wohl bekannteste FFK-Strand der Welt: die »Buhne 16« in Kampen. Ihren Namen verdankt der Party-Hotspot, der in den 50er- und 60er-Jahren durch Promis wie Gunter Sachs, Bubi Scholz, Curd Jürgens, Brigitte Bardot und Axel C. Springer berüchtigte Berühmtheit erlangte, den Küstenschutz-Bauwerken, auch »Buhnen« genannt. Gebaut aus Stein, Holz oder Stahl, ragen sie rund 100 Meter rechtwinklig zum Strand ins Meer und haben die Aufgabe, die Küste vor Sandverlusten zu schützen. Der Kampener Kultstrand liegt an der 16. von damals insgesamt 100 Sylter Buhnen und war in seinen Anfangszeiten der angesagteste Platz für legendäre nächtliche Strandpartys, die seitenweise Illustrierte zierten. Und zwar zu Recht, denn für Paparazzi gab es einiges zu sehen: So schreibt Playboy Gunter Sachs in seinen Memoiren, dass er mit Hosen bekleidet am Sylter FKK-Strand lag und sich auch von seinen Fans nicht beirren ließ, die Transparente mit dem Spruch »Badehose runter – Gunter« hochhielten.

Außerdem, so erzählt man sich, liefen dort Bankvorstände nackt durch die Dünen, sonnte sich RAF-Terroristin Ulrike Meinhof, und der Jetset gönnte sich im Strandkorb Austern mit Champagner – wohlgemerkt nur mit Norwegerpullovern bekleidet. Die legendären Partys an der Buhne 16 legten in den 1960er-Jahren den Grundstein für den berühmten Sylt-Mythos, der dort auch nach über 60 Jahren zu spüren ist. Allerdings geht es dort heute weniger wild, dafür umso lässiger zu. Dafür sorgen die Behrens-Brüder, die in zweiter Generation das berühmte Strand-Bistro führen, das ihre Cousins Uwe, Conrad und Dieter 1981 in den Kampener Dünen eröffnet haben. Seinen Erfolg verdankt das Kultbistro der zwanglosen Barfuß-Atmosphäre, die jeden begeistert: vom Manager im Nadelstreifenanzug bis zum Surfer im Neoprenanzug, vom B-Promi bis zur Großfamilie. Sie alle nehmen ohne zu murren den zehnminütigen Fußmarsch vom Parkplatz durch die Dünen auf sich und stehen brav Schlange vorm Schalter des Selbstbedienungsrestaurants. Am liebsten für die berühmten fangfrischen Makrelen der Behrens-Brüder. Gegessen wird auf der urigen Holzterrasse, auf der es teilweise ganz schön windig werden kann. Aber auch das nimmt man in Kauf, denn die Buhne 16 ist auch heute, Jahrzehnte nach ihrer »Entdeckung«, immer noch Kult.

Und auch die Partys, allen voran die Sommernachtsfeten mit Livemusik am Strand, sind nach wie vor legendär, auch wenn es auf diesen heute ein wenig gesitteter zugeht als zu den Zeiten von Gunter Sachs und seiner Strand-Clique. Zumindest meistens. Denn Ausnahmen bestätigen ja bekanntermaßen die Regel …

Weil alle auf Sylt fliegen

Dieser Grund ist ausnahmsweise wörtlich gemeint. Obwohl ...
Nicht ganz. Denn dann müsste es heißen »Weil nach Sylt alle fliegen«. Sie ahnen es, in diesem Grund geht es um den Sylter Flughafen. Schätzen Sie einmal, wie lange es den schon gibt und wann
die ersten Linienflugzeuge dort landeten. Ich wette, Sie liegen
genauso daneben wie ich, denn der Flughafen wurde schon unmittelbar nach dem Ersten Weltkrieg errichtet, und bereits 1919
nahm die Deutsche Luftreederei die erste Linienflugverbindung
Berlin–Hamburg–Sylt in Betrieb – die übrigens die zweite deutsche Linienverbindung Deutschlands überhaupt war. Obwohl Sylt
zu dieser Zeit ausschließlich im Sommer angeflogen wurde und die
Maschinen lediglich Platz für drei bis fünf Passagiere boten, zählte
der Flughafen 1925 bereits 2.560 Fluggäste.

Heute landen und starten vom Sylter Flughafen jährlich rund
220.000 Passagiere aus aller Welt, denn neben den innerdeutschen
Direktflügen gibt es weitere Verbindungen unter anderem nach Abu
Dhabi, Boston, Kopenhagen, New York, Palma de Mallorca, Rimini
oder Stockholm. Parallel können an drei Flugsteigen und zwei Ge-
päckbändern bis zu drei Maschinen mit insgesamt 500 Fluggästen
abgefertigt werden. Dabei geht alles sehr gemütlich und fast schon
familiär zu. Die Wartehalle hat die Größe eines Wohnzimmers, zum
Flugfeld geht es nicht per Bus, sondern zu Fuß, und anstelle von
Shops und Hotels findet man am Sylter Flughafen Strohballen und
ganz viel Natur. Und man kommt den Flugzeugen, die auf dem Mi-
niaturflughafen etwas überdimensioniert wirken, sehr nahe: Zum
Beispiel auf dem Radweg, der zum Marine Golf Club führt, über
den die riesigen Flugzeuge so tief Richtung Landebahn fliegen, dass
man automatisch den Kopf einzieht. Fährt man mit dem Rad am
Flughafengelände entlang in die andere Richtung, nach Tinnum,

kommt man zum privaten Teil, auf dem Learjets im Wert mehrerer Einfamilienhäuser geparkt sind.

Irgendwo in der Nähe der Learjets soll es übrigens einen mobilen Imbiss mit der angeblich besten Currywurst der Insel geben, den wir dort schon oft gesucht, aber noch nie gefunden haben. Falls Sie hier einen Tipp für mich haben – immer her damit! Apropos Tipp: Falls Sie zufällig einen Learjet im Wert mehrerer Einzelhäuser, aber noch keinen Flugschein besitzen – kein Problem! Bei der »Flugschule Sylt« können Sie den Praxisteil schon in vier Wochen absolvieren. Allerdings brauchen Sie danach noch mindestens 30 Flugstunden (und rund 10.000 Euro), um dann auch tatsächlich selbst ein Motorflugzeug fliegen zu dürfen. Sollten Sie keine vier Wochen Zeit – oder keine 10.000 Euro – haben, fliegen Sie doch einfach weiter mit dem Linienflugzeug auf die Insel. Und zwar am besten im Sommer, denn im Winter wird das etwas schwierig. Dann landet täglich nur eine einzige Maschine, und die kommt aus Düsseldorf. Für mich als Wahl-Kölnerin keine Option. Dann fahre ich doch lieber mit dem Auto, auch wenn das fast zehnmal so lange dauert und ich keinen Tomatensaft serviert bekomme.

108. GRUND

Weil das Sylter Nachtleben einst legendär war

Wenn Sie »Sylter Nachtleben« hören, dann denken Sie sicher an die Whiskymeile in Kampen, den »Club Rotes Kliff« oder vielleicht auch an einige andere »Clubs«, die sich in den letzten Jahren vor allem in Westerland angesiedelt haben und die nicht seriös genug sind, als dass sie im Reiseführer stehen. Es gab allerdings eine Zeit, in der es auf der Insel noch ein wenig unseriöser zuging – die Zeit des Kampener »Ziegenstalls«, des wohl legendärsten Nachtklubs Sylts. Eröffnet wurde er 1951 von der nicht minder legendären und skandalumwitterten Valeska Gert, ihres Zeichens Tänzerin, Kabarettistin, Pantomimin und Darstellerin in zahlreichen Stummfilmen. Als sie sich in den 1930er-Jahren ein Haus in Kampen bauen ließ, wurde sie von den Insulanern mehr als skeptisch beäugt, denn sie fiel auf und war – kalkweiß geschminkt und mit einem schwarzen Lederanzug bekleidet – eine wahre Exotin auf der Insel. Auch ihr »Ziegenstall« in der Heide und das ausschweifende, schillernde Nachtleben, das sie nach Kampen brachte, waren den Einheimischen nicht ganz geheuer. Den Gästen der Nachtbar umso mehr. Die amüsierten sich. Und wie! Unterhalten wurden sie dabei zwar nicht von Valeska Gert selbst, dafür aber von ihren Kellnern, die nicht nur Champagner ausschenkten, sondern in bunten Kostümen auch als Tänzer, Sänger und Rezitatoren auftraten – und zwar in einem Ambiente, das viele als unordentlich bezeichnen würden. Nicht so Valeska Gert, die einst behauptete, diese Unordnung mit viel Mühe Tag für Tag herzustellen.

Schnell erlangte ihr skurriles Lokal über die Inselgrenzen hinaus Kultstatus. Sicher auch dank der gewöhnungsbedürftigen Dekoration, die aus Strohballen, Holzbänken, Melkschemeln und Kartoffelsäcken bestand. Mitten an der Wand stand der Satz »Die Gäste sind wie Ziegen – sie werden gemolken und meckern«. Und auch der Service war eher unkonventionell: Wer bei Valeska ein Bier bestellen wollte, der brauchte nicht nur das nötige Kleingeld (10 DM kostete ein Glas, was für damalige Verhältnisse recht teuer war), sondern auch etwas Glück. Denn laut der handgeschriebenen Getränkekarte war Bier »nur selten vorhanden«. Kein Wunder, wollte Valeska Gert doch am liebsten überhaupt keine Biertrinker, sondern ausschließlich Champagner schlürfende Intellektuelle in ihrer Bar haben.

Wenn Sie sich diese gerne einmal anschauen möchten, muss ich sie leider enttäuschen. Das Haus, in dem sich der »Ziegenstall« befand, wurde recht schnell nach dem Tod seiner Besitzerin im Jahr 1981 abgerissen. Und noch ein legendärer Nachtklub wurde vor einigen Jahren dem Erdboden gleichgemacht – und mit ihm ein Stück Sylter Geschichte: Das »Trocadero« in der Westerländer Strandstraße. 1920 eröffnet, galt es als das »Lido« von Sylt – und das nicht nur, weil dort dreimal wöchentlich Smoking-Zwang bestand, sondern vor allem, weil sich dort Größen wie Marlene Dietrich, Josephine Baker, Hans Albers, Caterina Valente und Max Schmeling auf der schummrigen Tanzfläche amüsierten. Die passende Musik dazu lieferte unter anderem die Kapelle von Barnabás von Géczy, einem der bekanntesten Orchesterleiter der 1920er- und 1930er-Jahre. Nicht ganz so gediegen ging es ein paar Meter weiter in der Paulstraße zu. Dort traf sich in der »Baumannshöhle« der »Club der Matratzenschoner«, deren Mitglieder, wie der Name schon sagt, nachts anderes vorhatten, als selig auf ihren Matratzen zu schlummern.

Und wenn Sie beim Lesen jetzt Lust bekommen haben, auf Sylt auch einmal die Nacht zum Tag zu machen, dann haben Sie ja zum Glück mehr als genug Möglichkeiten dazu – auch ohne Ziegenstall und plüschiges Tanzlokal.

109. GRUND

Weil man sich ganz einfach ein wenig Sylt-Feeling in den Alltag holen kann

Was machen Sie, wenn Sie Sehnsucht nach Sylt haben und der nächste Insel-Urlaub noch viel zu lange auf sich warten lässt? Urlaubsfotos anschauen? Einen Sylt-Krimi lesen? Sich in Ihren Strandkorb im Garten setzen und Rote Grütze essen? Ich persönlich fahre in solchen Fällen an den Kölner Hauptbahnhof. Allerdings steige ich dort (leider) nicht in den nächsten Zug Richtung Westerland, sondern steuere die Bahnhofshalle an. Denn hier wartet ein kleines Stück Sylt in Form einer Gosch-Dependance auf mich – mit Dom- statt Dünenblick. Die Mitarbeiter, die hier kölsch statt friesisch sprechen, tragen die vertrauten weiß/roten Uniformen, und es gibt die typischen Gosch-Gerichte, die zwar nicht ganz so lecker wie in meinem Lieblings-Gosch in List schmecken, aber für einen kleinen kulinarischen Kurzurlaub eignen sich die Festland-Filialen des Fisch-Giganten trotzdem ganz gut. Und bei mittlerweile 24 Dependancen außerhalb Sylts, von Stuttgart über München bis Berlin und Hannover, ist garantiert auch eine in Ihrer Nähe! Wenn Sie wie ich in Köln wohnen, dann haben Sie sogar die Qual der Wahl, wenn es darum geht, sich ein wenig Sylt in den Alltag zu holen. Denn neben der Gosch-Filiale im Hauptbahnhof gibt es in meiner Stadt gleich zwei »Sylter Eiscafés« – eines davon praktischerweise in meinem Veedel (für die Nicht-Kölner unter den Lesern: »Veedel« nennt man in Köln die einzelnen Stadtteile).

Das Sylter Eiscafé in meinem Veedel Rodenkirchen gibt es seit 2014, und dort kann man nicht nur leckeres Bio-Eis (Tipp: Buttermilcheis mit Roter Grütze) genießen, das völlig ohne künstliche Aromen, Farbstoffe und Geschmacksverstärker auskommt, sondern auch ganz gemütlich im Strandkorb sitzen, einen Tee trinken und lesen. Und zwar nicht irgendetwas, sondern die *Sylter Rundschau* und andere Zeitungen von der Insel – allerdings die von gestern (oder vorgestern), aber wen stört das schon. Hauptsache, ein paar News von der Insel. Wenn sich dann noch eine Möwe vom nahe gelegenen Rhein auf den Rodenkirchener Marktplatz verirrt, dann fühlt man sich fast wie im Urlaub. Wem das nicht reicht, der kann im Sylter Eiscafé, dessen Inneneinrichtung übrigens von einem Sylter Architekturbüro entworfen wurde, auch typische Produkte von der Insel kaufen: Rote Grütze, Bücher und Produkte von der Sansibar, Gewürze, Sylter Wodka und und und. Wenn ich genug gegessen, getrunken, gelesen und ab und zu auch geshoppt habe, setze ich mich auf mein Rad und fahre zu einem weiteren Ort, an dem ich meine Sylt-Sehnsucht ganz wunderbar stillen kann. An den Rhein. Genauer gesagt, an den Rhein in meinem Veedel, denn dort gibt es einen kleinen Sandstrand mit Muscheln, schreienden

Möwen und Wellen, die beim Vorbeifahren eines besonders großen Schiffes fast wie die auf Sylt klingen – wie die auf Sylt an einem sehr ruhigen, windstillen Tag. Manchmal riecht die Luft an meinem kleinen Kölner Strand sogar ein wenig nach Meer. Die perfekte Insel-Illusion – zumindest, wenn man die Augen geschlossen lässt.

Und als wären eine Gosch-Filiale, zwei Sylter Eiscafés und ein Strand mit Muscheln, Möwen und Wellen noch nicht genug, um mir ein wenig Sylt-Gefühl in den Alltag zu holen, gibt es unweit meiner Heimatstadt auch noch eine Sansibar-Dependance: in Düsseldorf, wo wir Kölner ja bekanntlich nicht freiwillig hinfahren. Für das leckere Sansibar-Essen in entspannter Atmosphäre mache ich aber gerne eine Ausnahme. Auf der Karte stehen die bekannten Sansibar-Klassiker wie die legendäre Currywurst, verschiedene Steaks, das berühmte Wiener Schnitzel mit Sahnemöhren und Kaiserschmarrn mit allem Drum und Dran.

Diejenigen unter Ihnen, die weder eine Gosch- noch eine Sansibar-Filiale und auch kein Eiscafé mit *Sylter Rundschau* in der Nähe haben, müssen sich jetzt aber auch nicht ärgern. Holen Sie sich doch einfach Ihre Lieblingsinsel nach Hause und verschönern sich so ein wenig die Wartezeit bis zum nächsten Sylt-Urlaub. Besonders gut eignet sich dazu folgendes von mir erprobtes und für gut befundenes Zubehör: Friesentee aus der I-love-Sylt-Tasse, der obligatorische (dezente) Sylt-Aufkleber, der mich jeden Morgen, wenn ich verschlafen zu meinem Auto komme, an Sylt denken und lächeln lässt, die wunderschönen Inselbilder von Ole West, die in unserer Wohnung hängen, Seife aus der Sylter Seifenmanufaktur, die kuscheligen Sylt-Editions-Pullis von Adenauer & Co., das Sansibar-Kochbuch in der Küche und die Sylt-Bildbände im Bücherregal, mein knallroter Einkaufsbeutel mit Sylt-Silhouette, der mich in jeden Supermarkt begleitet, Deko aus selbst gesammelten Muscheln und Nordseesand (riecht lecker nach Meer und Sylt) und und und.

Also: Wenn Sie das nächste Mal auf Sylt sind, shoppen Sie, was das Zeug hält, und decken Sie sich mit allem ein, was Ihnen ein wenig Inselfeeling nach Hause bringt. Oder fahren Sie doch übers Wochenende mal nach Köln, um Fisch bei Gosch in Köln und Currywurst in der Düsseldorfer Sansibar zu essen, oder um eine Sylter Zeitung im Eiscafé zu lesen. Oder um den Dom zu besichtigen. Der ist nämlich auch ganz hübsch, und von ganz oben sieht man sogar den Rhein – inklusive kleinem Sandstrand mit Möwen und Muscheln.

Weil man in Sylts Museen nicht nur etwas lernen, sondern auch heiraten kann

An dieser Stelle muss ich mich als Nicht-Museumsgänger und somit als kleiner Kulturbanause outen. Der Grund dafür ist, dass ich Museen immer mit langweiligen Schulausflügen, alten angestaubten Münzen und moderner Kunst, bei der man nicht weiß, wo oben und wo unten ist, verbinde. Deshalb mag ich Museen nicht besonders … Außer natürlich die auf meiner Lieblingsinsel. Zugegeben, die Museumsdichte auf Sylt ist nicht gerade hoch, aber eine Handvoll gibt es schon, und die lohnen immer einen Besuch – auch wenn man wie ich ein bekennender Museumsmuffel ist.

Das wohl romantischste Museum ist das Sylter Heimatmuseum (Am Kliff 19, Keitum), denn dort erfährt man nicht nur, wie die Insulaner früher gelebt haben, sondern kann sich auch standesamtlich trauen lassen. Das Gebäude aus dem 18. Jahrhundert steht oberhalb des Keitumer Kliffs und ist dank der riesigen Kieferknochen eines Finnwals, die zum Torbogen umfunktioniert wurden, nicht zu übersehen. Dass der Walfang, von dem viele Sylter früher gelebt haben, im Heimatmuseum eine große Rolle spielt, zeigen auch das imposante Walskelett im Garten und verschiedene Ausstellungen zu maritimen Themen. Wenn Sie zudem immer schon einmal wissen wollten, was man vor Hunderten von Jahren auf der Insel gegessen und wie man sich gekleidet hat, wie die Sylter Alltagskultur aussah und wie die Insulaner gelebt haben, dann sind Sie in diesem Museum genau richtig. Außerdem gibt es in den modernen Galerieräumen im Anbau und im Außenbereich wechselnde Kunstausstellungen.

Wenn Sie eher auf Enten als auf Exponate stehen, dann kommen Sie an einem Besuch in der Kampener Vogelkoje (Lister Straße 100) nicht vorbei. Dort wurden von 1767 bis 1921 etwa 25.000 Wildenten pro Jahr gefangen und als Delikatesse verkauft. Vogelkojen waren weit verbreitet und bestanden aus einem künstlich angelegten Teich, über den Fangnetze, sogenannte Reusen, gespannt waren. Wildenten auf der Suche nach Futter wurden von gezähmten Enten angelockt und in den Netzen gefangen, wo ihnen dann brutal der Hals umgedreht wurde. Die Kampener Vogelkoje steht mittlerweile unter Naturschutz und hat sich von einem Ort mit recht grausamer Atmosphäre in einen der idyllischsten Plätze auf der ganzen Insel verwandelt. Im pittoresken Vogelkoje-Häuschen wartet auf die Besucher eine naturkundlich-kulturhistorische Ausstellung zum Thema »Entenfang«, außerdem gibt es einen Lehrpfad mit Blick aufs Wattenmeer, ein artenreiches Pflanzenbiotop und geführte Wanderungen durchs Naturschutzgebiet – das perfekte Museum für Naturfreunde also!

Keine Natur, dafür aber ganz viel Technik aus dem vergangenen Jahrhundert gibt es im dritten Museum, das ich Ihnen vorstellen möchte – dem Keitumer Feuerwehrmuseum (C.-P.-Hansen-Allee 9). Das Museum ist zwar nur rund 60 Quadratmeter groß, aber ein Muss für alle großen und kleine Feuerwehrfans, die dort eine kleine Reise in die Vergangenheit der Sylter Feuerwehrgeschichte machen können. Im ehemaligen Spritzenhaus der Freiwilligen Feuerwehr Keitum gibt es historische und moderne Feuerwehrautos, Uniformen und Gerätschaften zu sehen. Das Highlight sind allerdings die altgedienten Feuerwehrmänner, die sehr persönlich und individuell durch die Ausstellung führen und die Besucher mit Anekdoten und spannenden Geschichten unterhalten. So erzählen sie von vergangenen Zeiten, in denen die Löschkarren noch von Hand gezogen wurden und in denen es auf der Insel noch keine Telefone gab, sodass die Feuerwehr bei einem Brand durch Hornisten, die laut blasend durch die Straßen liefen, alarmiert werden musste. Außerdem bekommen die Besucher praktische Tipps rund ums Thema »Brandschutz« – und das alles bei freiem Eintritt, wobei sich die Freiwillige Feuerwehr Keitum natürlich sehr über eine kleine (oder große) Spende für ihre ehrenamtliche Arbeit freut!

Apropos freuen: Ich würde mich freuen, wenn sich der ein oder andere Museums-Muffel unter Ihnen nach der Lektüre dieses Grundes entschließt, eines der vorgestellten Museen zu besuchen. Oder am besten alle drei. Es lohnt sich!

KAPITEL 9

VIEL MEHR
ALS 111 GRÜNDE

Leuchtturm List-Ost am Ellenbogen

Weil es noch sehr viel mehr als 111 Gründe gibt, Sylt zu lieben

111 Gründe, Sylt zu lieben – das sind viele, aber längst nicht genug. Denn es gibt noch sehr viel mehr Gründe, warum man gar nicht anders kann, als die Insel zu lieben. Welche das sind, das haben mir bekannte und weniger bekannte Sylt-Fans verraten. Hier kommen 68 ganz persönliche Liebeserklärungen an die schönste Insel der Welt:

»Ich liebe Sylt, weil mir die See auch bei ruhigem Wetter Respekt einflößt, weil mir der Wind den Kopf freibläst, und weil das klare Licht die Farben so viel deutlicher werden lässt als im Binnenland. Der Menschenschlag übt mit seiner ruhigen und geraden Art eine Gastfreundschaft aus, die mir liegt. Hier fühle ich mich wohl, hier kann ich mich erholen. Hier finde ich Zeit zum Lesen und zum Nachdenken.« *(Wolfgang Schäuble, Bundesfinanzminister)*

»Ich liebe Sylt, weil das auf Gegenseitigkeit beruht!«
(Mike Krüger, Entertainer)

»Weil ich schon mit 15 Jahren meinen ersten World-Cup hier mitgesurft habe und bis heute nur ein Jahr nicht auf der Insel war. Insgesamt war ich 30-mal auf Sylt, und ich liebe die langen Strände, den guten Wind und die Wellen und das Publikum, das immer wieder dabei ist. Ich liebe es, im Miramar den Sonnenuntergang zu genießen, gut zu essen – auch immer wieder gerne in der Sansibar. Ich werde auch dieses Jahr wieder zum Windsurf-World-Cup kommen, um dabei zu sein und Sylt zu genießen – und das hoffentlich noch ganz oft!«
(Björn Dunkerbeck, 41-facher Windsurf-Weltmeister)

»Weil das Weit-gucken-Können mich sehr frei, aber auch klein wie ein Sandkorn fühlen lässt. Und das rückt verrutschte Maßstäbe wieder zurecht.« *(Beate Zoellner, Fotografin)*

»Weil hier jeder eine Chance bekommt, wenn er ein ehrliches Produkt präsentiert.« *(Detlef Fügeisen, Inhaber Sylter Eismanufaktur)*

»Weil unsere Kinder seit Jahren bei der Auf- und Abfahrt mit dem Shuttle jedem Rind und jedem Schaf einzeln »Hallo« und »Tschüss« zurufen.« *(Familie Schön, Bonn)*

»Weil ich auf Sylt als Trauzeuge meines ältesten Freundes einer traumhaften Hochzeit beiwohnen durfte.« *(Nils, Hamburg)*

»Weil wir dort unseren ersten gemeinsamen Urlaub verbracht haben und seitdem jedes Jahr wieder gemeinsam dort waren.« *(Magdalena, Hamburg)*

»Weil ich auf Sylt mit meiner geliebten Ehefrau die schönsten Tage des Jahres verbringen kann und sie mir nun zu jedem Ort auf der Insel einen passenden Grund persönlich vorliest ;-).« *(Philip Welkisch, Köln)*

»Weil Sylt das Gefühl der Leichtigkeit ist.« *(Susanne Steinert und Uli Leber, »EBIKE Sturmflotte«)*

»Weil es dort so meisterhaft erbaute Friesenwälle zu bestaunen gibt.« *(Ute Schuldt)*

»Ich liebe Sylt, weil für mich der Urlaub schon vor dem Urlaub beginnt: Ich liebe die Überfahrt auf dem Hindenburgdamm und sehe jedes Mal mit Vorfreude und Spannung dem Ankommen auf der Insel entgegen.« *(Schwiegermutti Angelika Welkisch, Neustadt)*

»Ich liebe Sylt, weil es auf der Insel nie langweilig werden kann, zumal es jetzt auch noch 111 zusätzliche Gründe gibt.«

(Ingrid Raphael, Hamburg)

»Warum ich Sylt liebe, habe ich in folgendem Gedicht ausge-drückt: Wo Dünengras im Wind sich wiegt, sich über sand'ge Hügel schmiegt, wo Flut sich bricht in schaum'ger Gischt, wo Wellensaum im Sande zischt, wo Heckenrosen sich an Mauern schmiegen, als würden sie auf Lauer liegen, wo schlüpfig Watt als schön empfun-den – hab' ich mein Paradies gefunden: Sylt.«

(Gert Veitel-Montana, Karlsruhe)

»Weil Sylt nicht alles im Leben ist, die Insel dir aber hilft, wenn nicht alles nach Plan läuft.« *(Monya Behrens)*

»Sylt … … eine Herzensangelegenheit
Eine Liebe für ein ganzes Leben
ja, so was soll es wirklich geben!
Ich habe der Insel Sylt ewige Treue geschworen,
von Anfang an mein Herz an sie verloren.
Schon beim Verlassen des Bahnhofes halte ich an,
atme die reine Luft ein, so tief ich kann.
Mein Herz beginnt zu springen, macht keine Pause,
ich bin glücklich und endlich wieder »zu Hause«.
Endlose Weiten beim Spaziergang am Strand,
rauschende Wellen küssen den Sand.
Möwen begrüßen mich mit ihrem Geschrei,
ich steh da und genieße … bin live dabei!
Die Dünenlandschaft einfach ein Traum,
lange Spaziergänge am Wellensaum!
Ich erkunde die Insel, es geht von einem Ort zum andern,
hoch oben der Lister Hafen, im Süden die Odde umwandern.
Im Sommer im Strandkorb relaxen,

wenns mich nach dem Schwimmen kurz friert,
im Winter, im Sturmgebrause sehen,
dass man den Halt nicht verliert.
Die Strandsauna für mich ein »Muss«!!!
Danach der Sprung in die Wellen, ein Hochgenuss!!
Lecker Fisch bei Gosch und Pharisäer im Waldidyll,
ich kann nicht alles nennen, es gibt noch sooooo viel!!
Kupferkanne, Watt und durch die Heide wandern,
so schwebt man von einem Glücksgefühl zum andern.
So intensiv, wie ich die endlose Ruhe fühle,
stürze ich mich in der Friedrichstraße auch gern ins Gewühle.
Und muss ich auch mit einer Träne im Auge wieder fort,
einen Teil meines Herzens lasse ich immer dort!!«

(Ein Gedicht von Birgit Werner)

»Weil Sylt Balsam für die Augen und die Seele ist.«

(Frauke Echterhagen)

»Weil ich dort gelebt und gearbeitet, fantastische Künstler kennengelernt, Freunde fürs Leben getroffen habe und der Liebe meines
Lebens begegnet bin. Ich habe großen Respekt für die Naturgewalten und Liebe zu den Schönheiten der Insel entwickelt. Hier
habe ich die schönsten und wichtigsten Erlebnisse gehabt über vier
Jahrzehnte, und die Natur macht mich immer wieder sprachlos.
Ich kann mit Worten nicht wirklich beschreiben, was Sylt für mich
bedeutet.«
(Martina Kempf)

»Weil Sylt für mich ein Stück Ursprung ist, Verwurzelung mit meinem Sein und absolute Kraftquelle.«   (Friederike Hansen)

»Weil ich mich zu Hause fühle, wenn ich vom Sylt Shuttle fahre.
Seit meiner frühesten Kindheit fahre ich jährlich auf diese wunderschöne Insel! Neulich fragte mich jemand, was an Sylt so besonders

ist … ganz einfach: alles!!!!! Für jeden sticht etwas anderes hervor, der Strand, die Dünen, diese unglaubliche Atmosphäre … Vor bereits über zwölf Jahren wurde mein Vater auf Sylt seebestattet, denn er liebte Sylt so sehr, genau wie ich.« *(Nadine Machura)*

»Dieser Moment, wenn ich nach Ankunft auf meiner geliebten Insel den Dünenweg Richtung Weststrand gehe … Der Wind, der unverwechselbare Geruch … der Blick aufs Meer …. dieses Gefühl, angekommen zu sein … unbezahlbar.« *(Monika Zeuge)*

»Weil Sylt meine ganz eigene Therapie ist, da die Insel einem so viel Energie geben kann und zumindest bei mir immer für eine wohltuende, innere Ausgeglichenheit sorgt. Ich würde Stunden fahren, nur um für einen Augenblick am Meer oder an meinen Lieblingsorten zu sitzen, um die geliebten Holzwege durch die Dünen entlangzugehen und um die Heide riechen zu können. Ein so vertrautes Gefühl, das ich nie mehr missen möchte!«

(Inka H., Hannover)

»Ein ganz besonderer Moment war, mit meinen Kindern oben auf den Autozug zu fahren und zu wissen, ein großer Schritt im Kampf gegen den Krebs ist geschafft. Mein Sohn Paul ist elf Jahre alt. Letztes Jahr wurde bei ihm Knochenkrebs entdeckt. Im August war die letzte Chemotherapie. Im September ging es für vier Wochen nach Wenningstedt in die Syltklinik zur familienorientierten Reha. Endlich wieder durchatmen, den Rollstuhl immer weniger brauchen, beim therapeutischen Wellenreiten die eigenen Grenzen neu definieren.« *(Susanne H.)*

»Weil die Menschen auf Sylt so lieb und nett sind und die Luft dort einfach nur gesund. Wenn das Leben dort nicht so teuer wäre, ich würde sofort hinziehen. Sylt ist die beste Insel der Welt.«

(Nina Smid)

»Weil Sylt wie »nach Hause kommen« ist – die Weite – das Meer –
die Schweinswale – einfach alles. Einfach nur dort sein mit der Familie und genießen – Urlaub für die Seele – und wenn wir wieder
fahren müssen, stehen den Kindern und uns die Tränen in den
Augen und wir fiebern dem nächsten »nach Hause kommen« entgegen.« *(Michaela Jander, Zwingenberg)*

»Weil ich vor fast 30 Jahren von Sylt weggezogen bin und immer
noch Heimweh habe. Sylt ist nicht nur eine Insel, sondern hat so
viel Charakter, dass die Sehnsucht einen immer begleitet. Einmal
Sylt, immer Sylt.« *(Ulrike Stumm)*

»Weil ich dort ›Ja‹ zu meinem Mann gesagt habe und mindestens
einmal im Jahr ›Ja‹ zu dieser Insel sage. Beides wird sich ein Leben
lang nicht ändern.« *(Bianca S., Haan)*

»Weil es ein Gefühl von Ankommen ist. Ich würde niemals wirklich
Worte dafür finden. Alles fällt ab. Meer ist nicht gleich Meer. Dieses
Meer dort ist für mich Glück. Wieso auch immer. Es ist so.«
(Kerstin Schönen)

»Weil mich die Insel schon fast mein ganzes Leben begleitet und
ich hoffe, dass dies auch noch viele Jahre so bleiben wird. In 50 Jahren Sylt habe ich dort viel erlebt und gefühlt. Die ersten Male bin
ich als Kind, Jugendliche und Verliebte auf Sylt gewesen, dann als
Mutter und nun als Oma. Ich verbinde die Insel mit vielen schönen
Momenten meines Lebens.« *(Ilona Landsiedel)*

»Weil Sylt unsere Seelenheimat ist. Diese Insel ist immer toll, egal
wie das Wetter ist, egal welche Jahreszeit. Sie bietet jedem etwas: von
Ruhe und Abgeschiedenheit bis Jubel und Trubel, ganz wie man es
möchte. Wenn wir in der Nord-Ostsee-Bahn sitzen, fängt es schon
an: Der Blutdruck sinkt, das Herz hüpft. Dann das Aussteigen in

Westerland, die Luft duftet nach Meer, Salz und Diesel. Der Wind streichelt die Wangen. Dann sehen wir die grünen Figuren und Yes! Wir sind zu Hause. Jedes Mal berühren uns die Ankunft und die Abreise. Unser Traum ist es, irgendwann auf der Insel oder zumindest auf dem Festland in Inselnähe zu leben. Es wird geschehen. Die Menschen, die Insulaner, die Einheimischen, egal wie man sie nennt, sind ganz liebe, humorvolle, tolerante Menschen. Mein Reim: Der Tom sitzt aufm Sofa und brüllt. Er will sofort nach Sylt. Doch sitzt er in der NOB, ist alles wieder top.« *(Claudia Thomas)*

»Weil Sylt ganz einfach unsere Insel ist. Ich bin vor vielen Jahren gemeinsam mit meinen Eltern das erste Mal nach Sylt gekommen und seitdem jedes Jahr erneut, bis heute immer wieder. Diese Insel hat für uns alle drei etwas Magisches, eine Anziehungskraft, die man einfach nicht beschreiben kann. Einer unserer Lieblingsorte ist die Brücke am Dorfteich mit unserem Familienschloss. Es ist jedes Mal wie nach Hause kommen, und es vereint jedes Mal meine Familie so sehr, dass wir um die Wette strahlen. Und sollte der Tag kommen, an dem es leider einen von uns nicht mehr geben wird, werde ich weiter nach Sylt fahren und an die traumhaften Erlebnisse auf dieser einen Insel zurückdenken, weil wir uns dort so wohl- und »gemeinsam« fühlen wie an keinem anderen Ort auf dieser Welt.«
(Britta B., Gelsenkirchen)

»Weil ich auf Sylt geboren bin und nicht anders kann, als diese Insel zu lieben. Die Weite und der endlose Himmel sind für mich nirgendwo anders so schön wie dort.« *(Mona Wegner)*

»Weil Sylt glücklich und gesund macht und den Kopf frei pustet. Jedes Mal.« *(Christoph Harenberg, Pfalz)*

»Weil es mittlerweile wie nach Hause kommen ist. Ich gehe durch die Dünen, der Wind wird immer stärker, und plötzlich kann ich es sehen, das Meer. Der Wind bläst alle Gedanken aus dem Kopf. Sylt ist einfach ›Die Insel‹«. *(Sabine Schreiber, Nettesheim)*

»Dieser Moment, wenn du an den Strand trittst, die Augen schließt und endlose Freiheit riechst. Das ist Sylt.«
(Eileen Telle, Bottmersdorf)

»Weil nur da meine Seele heilt und mein Körper sich erholt vom ersten Moment an, wenn meine Füße den Inselboden berühren.«
(Marina Reff, Dortmund)

»Weil man am Ellenbogen Ruhe, herrliche Dünen und eine scheinbar endlose Weite findet, selbst wenn die Insel sonst proppenvoll ist.« *(Jürgen Kind, Köln)*

»Weil Sylt meine Seelenheimat ist. Am Tag der Anreise an den Strand, dem Meer entgegenlaufen, die Füße nass, einen tiefen Atemzug nehmen. Ich bin daheim. Bis zum Tag der Abreise ist Sylt mein Paradies.« *(Isabelle, Schwarzwald)*

»Weil Sylt ein Lebensgefühl ist: dieses Glück, durch die Stille der Dünen zu laufen, den Wind zu spüren und das Meer zu riechen.«
(Claudia Steffen, Willich)

»Weil der Augenblick, in dem ich durch die Dünen gehe und sich Himmel und Meer vereinen, ein magischer Moment ist.«
(Gabriele De Cruz)

»Weil ich auf Sylt sofort abschalten und entspannen kann, besonders beim Strandspaziergang zur Buhne 16.«
(Svenja Carolina, Hamburg)

»Wie Sylt Leben ist. Mir geht es dort gesundheitlich sehr gut, und ich liebe die Ruhe und das Meer. Es ist ein Paradies.«

(Tom Pro)

»Weil Sylt nicht nur im Sommer schön ist. Ich mag genauso die dunkle Jahreszeit auf Sylt. Der Strand mit Schnee bedeckt, dicke Eiszapfen an den Reetdächern, die Stille in den Fußgängerzonen. Nach einem Spaziergang irgendwo einkehren und einen heißen Tee genießen.« *(Andrea Waldmin, Viersen)*

»Weil man alles um sich herum vergisst und einfach »angekommen« ist, sobald man barfuß am Strand steht, das Meer die Füße berührt, der Wind um die Nase bläst, man tief einatmet und die Freiheit riecht.« *(Katharina Weithäuser)*

»Weil Sylt für mich Ruhe und Entspannung ist. Ich liebe die Leuchttürme, kann am Strand den Kopf frei bekommen und dem Meeresrauschen zuhören. Ich fühle mich sofort wie daheim.«

(Claudi Staudinger)

»Weil Sylt sooo viel Mee(h)r ist.«

(Carsten Allendorf, Westerland)

»Weil der Himmel über Sylt ein ganz besonderer ist. Ich liebe es, den Wolkenspielen zuzuschauen und meinen Gedanken nachzugehen. Und oft ziehen meine Sorgen mit den Wolken einfach weiter.« *(Frauke Echterhage, Sauerland)*

»Weil ich auf dieser wunderbaren Insel einem ebenso wunderbaren Mann einst das Jawort gegeben habe.« *(Rosi Schulte-Wilde)*

»Weil es wie nach Hause kommen ist, sobald wir in Niebüll auf den Sylt-Shuttle fahren und in unserer Wahlheimat Sylt wieder runterfahren. Wenn wir dann an die Promenade gehen und uns der Wind um die Nase weht, fühlen wir uns wie im Paradies.«

(Simone und Jens Großmann, Grefrath)

»Weil die Glückgefühle anfangen, sobald sich der Autozug in Bewegung setzt. Es ist immer »wie nach Hause« kommen«. Ich liebe die Insel zu jeder Jahreszeit und verbinde so viele schöne Momente mit ihr. Meine Tochter hat dort geheiratet, meine Enkel sind dort getauft worden, und mehrmals im Jahr findet sich die ganze Familie dort ein.« *(Heike Amtage)*

»Weil man mit zwei Gläsern, einer Flasche Wein und Käse und Brot so schön am Ellenbogen sitzen und die Seele baumeln lassen kann.« *(Peter J. aus Rheine)*

»Sylt ist …

Brise riechen, Kopf frei pusten,
schon ist er weg, der doofe Husten.

Wellen lauschen, Füße im Watt,
im Sand rumlaufen, abends platt.

Ein Flens mir gönnen, die Nase im Wind,
die Möwen kreisen, ich freu mich wie ein Kind.

Kulinarisch fein speisen, oder der Matjes auffer Hand,
alles geht, nix muss – oder Krabben am Stand.

Ich liebe die Insel, mein SYLT – keine ist wie du,
bei dir bin ich im Einklang und finde die Ruh!«

(Ein Gedicht von Martina Karsch, Essen)

»Weil die Insel zwei Gesichter hat – und das meine ich durchaus positiv. Das Klischee der »Schickimicki-Insel« hatte ich zunächst auch. Anfangs konnte ich mich dessen sicher auch nicht erwehren. Doch dann habe ich Sylt anders kennengelernt, habe die Insel auf eigene Art lieb gewonnen und mich verliebt. Pralles Leben, sportliche Aktivitäten und Wettkämpfe. Buntes Strandleben, Baden, Surfen, die Brandung, lange Strandspaziergänge … all das findet man auf der Westseite an diesem kilometerlangen weißen Sandstrand. Mag man es eher etwas beschaulicher, dann bietet sich die ruhige Ostseite an. Sylt-Ost – mein Geheimtipp! Die Dörfer mit ihrem besonderen Charme, allen voran Keitum mit seinen alten, reetgedeckten Kapitänshäusern, die liebevoll »Häuser mit Pudelmütze« genannt werden. Die Rad- und Spazierwege direkt am Watt entlang, die ruhigen Plätze entlang dieser Wege, auf denen man gerne mal auf einer Bank ausruhen und entspannen und vielleicht ein Buch lesen kann. Und dann die Stille, nur unterbrochen durch den Wind, der durch das Schilf weht und eine besondere Melodie singt. Die Seevögel, die man in großen Scharen dort beobachten kann und die mit ihren Rufen die Melodie des Windes unterstützen. Dann das Morsum Kliff, eine Formation aus der Urzeit … und über allem der weite weite Blick über das Watt. Kurzum, diese Insel bietet für jeden etwas, da bin ich mir sicher. Für mich ist und bleibt sie eine Dauerliebe, ich bin immer wieder gerne dort.«

(Elisabeth Rüskamp, Münster)

»Ich mag den weiten Blick über die See und den feinen Sand zwischen meinen Füßen, Sonnenuntergang am Strand und mein Hund sitzt neben mir. Heimat.« *(Nicole, Köln)*

»Mehrmals im Jahr zu allen Jahreszeiten: Mitternacht um 0 Uhr geht's los über die leere Autobahn, 4 Uhr hinter Hamburg, 5 Uhr runter von der A7, übers platte Land, 6 Uhr mit dem ersten Shuttle rüber, direkt nach Kampen ans Kliff. Und um 7 Uhr dann an der

Brandung entlanglaufen, zwei Stunden den Kopf freibekommen, das Salz riechen, den Wind genießen. Um 10 Uhr ein ausgiebiges Frühstück in der Kupferkanne. Nachmittags am Watt ausruhen, auf der Lieblingsbank sitzen mit Blick auf Leuchtturm und Watt, die Seele baumeln lassen, Ebbe oder Flut betrachten, den Blick bis nach Dänemark schweifen lassen. 15 Uhr mit Kaffee und Kuchen stärken, und um 17 Uhr wieder heimfahren voller Eindrücke, Bilder, Filmschnipselchen im Kopf, 0 Uhr wieder zu Haus. Das sind 24 Stunden Urlaub eines Selbstständigen.«   *(Knut Laumen)*

»Ich liebe Sylt besonders in den stillen Zeiten. Dann habe ich das Gefühl, ich habe die Insel ganz für mich!«   *(Karen Schöler, Köln)*

»Weil der Sonnenuntergang an der Musikmuschel am Weststrand einmalig ist. Der magische Moment, wenn die Sonne an der Kimm steht und untergeht. Wenn alle Leute verharren, innehalten und zur Ruhe kommen. Alles im letzten Licht. Was für ein Anblick, das Leben ist schön! Dann setzt sich alles in der gleichen Sekunde wieder in Bewegung, das Licht wird blass.«   *(Klaus Krupp)*

»Weil Sylt vor allem in der ruhigeren Jahreszeit meine Lieblingsinsel ist. Ich fahre seit nunmehr 27 Jahren Anfang Dezember nach Sylt und liebe lange Spaziergänge am Strand von Westerland zur Sansibar oder am Weststrand. Allerdings stelle ich fest, dass diese ruhigere Jahreszeit von immer mehr Leuten als interessant erkannt wird. So wie früher allein am Strand zu wandern ist kaum noch möglich, man darf halt nicht so schwärmen … Wenn der Wind die Gedanken ordentlich durchpustet und man sich neu finden kann, hat der Aufenthalt auf meiner Lieblingsinsel seinen Zweck mal wieder erfüllt.«   *(Christine Hölscher, Bad Lauterberg)*

»Weil Sylt glücklich und süchtig macht! Für mich der schönste Platz auf der Welt!«   *(Sabine Leidl)*

»Weil Sylt die beste Medizin ist! Seit über 30 Jahren »brauche« ich Sylt – ganz einfach für mein Wohlbefinden, psychisch und physisch. Der Wind pustet den Kopf frei, die echten Insulaner sind soooo nett und herzlich (von wegen »sture Friesen«! Hast du ihr Vertrauen, hast du echte Freunde!), und der Weg übers Rote Kliff entführt in eine faszinierende Welt. Dort ist man glücklicherweise fast immer allein. Ich staune hier über kleinste Blümchen, die sich hier oben ihr Dasein erkämpft haben, und über die »Windmalerei« des Strandhafers im Sand. Sylt hat was – und das zu jeder Jahreszeit.«

(Jutta Opiela)

»Weil der schönste Platz auf der Welt für mich die Kupferkanne in Kampen ist. Dort im Sommer morgens am Watt zu sitzen, die einzigartige Luft zu genießen, diese Mischung aus Heidekrautduft und Salz, verbunden mit dieser einzigartigen Ruhe, das ist sensationell. Man hat den Eindruck, die Ruhe hören zu können, was für mich ein einzigartiges Erlebnis darstellt. Leider ist ein weiteres Erlebnis, welches ich seit meiner Kindheit kenne, nicht mehr so ausgedehnt möglich: der Fußmarsch um die Südspitze. Als Kind, wenn Vater und Großvater diesen Marsch angedacht hatten, habe ich das gehasst. Vier Stunden war man unterwegs, dafür bot sich ein einzigartiges Naturschauspiel: das Aufeinandertreffen von Watt und offener See, gepaart mit einer steifen Brise. Mehrere Naturgewalten auf einmal. Später gehörte der Marsch zu jedem Sylt-Urlaub, leider ist er aufgrund des Landverlustes immer kürzer geworden.«

(Martin Heinze, Dortmund)

»Weil Sylt für jeden etwas hat! Ich freue mich immer wieder auf schöne Fahrradtouren und darauf, Fotos zu machen. Sylt ist Natur pur.« *(Helga Nissen, Westerland)*

»Weil man die Insel einfach lieb haben muss. Einmal Sylt – immer Sylt!« *(Anne Best)*

»Weil Sylt meine Seelenheimat ist.« *(Alena Lange)*

»Weil wir die Natur und die Häuser so toll finden. Wir waren zum ersten Mal da. Wir kommen aus Dänemark und waren in List Freunde besuchen.« *(Sabine Gaarsvig)*

»Weil Sylt meine Insel ist. 2008 habe ich dort geheiratet, traumhaft!« *(Sandy Joerges-Schriever)*

»Ich komme nun seit circa 40 Jahren nach Sylt, erst mit meinen Eltern und später mit meinen Kindern. Seit über 30 Jahren haben wir nun eine kleine Wohnung in Westerland, die so etwas wie mein Anker in der Heimat geworden ist. Ich bin zwar kein Sylter, aber seit ich im Ausland lebe (mehr als 20 Jahre), ist Sylt für mich immer mehr so etwas wie Heimat geworden. Dies vor allem seit meine Mutter auf Sylt beerdigt wurde und wir einen weiteren Anker dort haben. An Weihnachten kommen wir »heim«, um ein paar schöne Tage zu verbringen und neue Kraft zu schöpfen.« *(J. Schmidt, Barcelona)*

»Ich liebe den Moment, an dem ich meine Tochter Lisa in die Arme schließen kann, die es gewagt hat, vom schönen Nordhessen auf die Insel zu ziehen, um dort zu leben und zu arbeiten.« *(Thomas Eichhorst, Fritzlar)*

»Weil es jedes Mal so viel mehr als nur ein Urlaub ist – Home is where your heart is.« *(Nina Fischer, Hamburg)*

ANMERKUNGEN

1 www.sylter-spiegel.de/startseite/news-anzeigen/article/sommer-auf-sylt-deutscher-wetterdienst-zieht-bilanz-an-fuenf-tagen-waermer-als-25-grad.html

2 www.stern.de/kultur/micky-beisenherz/micky-beisenherz-ueber-sylt--hoch-sylt-ihr-leben--stille-tage-im-klischee-6532916.html

3 www.shz.de/lokales/sylter-rundschau/sylt-oder-ruegen-ard-vergleicht-aepfel-mit-birnen-id9528831.html

4 Stern, Nr. 31, erschienen am 24. Juli 2014

5 www.badische-zeitung.de/deutschland-1/inselschlussverkauf-immobilienwahn-auf-sylt--69316489.html

6 http://soelring-foriining.de/sprache/

7 www.gemeinde-sylt.de/Inselverwaltung/standesamt.html

8 www.fr-online.de/wikileaks---die-enthuellungsplattform/wikileaks-warum-die-usa-sylt-beschuetzen-wollen,4882932,4899030.html

9 www.focus.de/politik/deutschland/immobilien-das-sylter-millionen-kueken_aid_417919.html

10 www.matthias-haase-immobilien.de/de/77516-Ferienhausvermietung

11 Herbert Seckler und Inga Griese: Das große Sansibar-Buch, Collection Rolf HeyneCollection Rolf Heyne, 2010, S. 25 ff

12 www.syltsurfing.de/callesbeach/callesbeach.html

13 Frank Deppe und Volker Frenzel: Sylt prominent, Medien-Verlag Schubert, 2004, S. 20

14 Frank Deppe und Volker Frenzel: Sylt prominent, Medien-Verlag Schubert, 2004, S. 18

15 Harry Kunz und Thomas Steensen: Taschen Lexikon Sylt, Wachholtz Verlag, 2014, S. 142-146

111 GRÜNDE, SCHWEDEN ZU LIEBEN

SCHWEDEN – LAND DER SELBSTBAUREGALE, ELCHE UND DES ILLEGALEN SCHNAPSES.
HELLE NÄCHTE, NEUTRALITÄT UND UNENDLICHE WÄLDER. VERLIEBEN SIE SICH 111 MAL.

111 GRÜNDE, SCHWEDEN ZU LIEBEN
EINE LIEBESERKLÄRUNG AN DAS SCHÖNSTE LAND DER WELT
Von Stefanie Andersson
240 Seiten, plus zwei Farbteile auf Bilderdruckpapier | Taschenbuch
Mit separatem Farbteil
ISBN 978-3-86265-615-8 | Preis 12,99 €

Hier oben im Norden, wo die Welt noch in Ordnung ist, wo die Sonne im Sommer rund um die Uhr scheint, wo die Menschen in Postkartenhäusern wohnen und der Schnaps vom Staat verkauft wird, lebt es sich in einem ganz eigenen Takt.

Hier, an der Außenkante Europas, sind die Wälder noch intakt und das Gesundheitssystem nicht mehr so ganz. Die Menschen lieben und pflegen ihre eigene Kultur und schauen eher im Vorbeigehen auf das Europa jenseits der Ostsee.

In Schweden lebt man mit den Jahreszeiten, feiert Feste, die noch aus der Wikingerzeit stammen, und pflegt Bräuche, an deren Ursprung sich niemand mehr so richtig erinnern kann. Es ist ein Land, nach dem sich viele sehnen, aber das nur wenige wirklich verstehen. Es gibt viele Gründe, Schweden zu lieben. 111 davon stehen in diesem Buch.

111 GRÜNDE, NORWEGEN ZU LIEBEN

DER CHARMANTE REISEFÜHRER IN DAS LAND DER FJORDE UND GEBIRGE
MIT VIELEN INSIDER-TIPPS UND SEPARATEM FARBTEIL

111 GRÜNDE, NORWEGEN ZU LIEBEN
EINE LIEBESERKLÄRUNG AN DAS SCHÖNSTE LAND DER WELT
Von Gabriele Haefs
ca. 288 Seiten | Taschenbuch
Mit separatem Farbteil
ISBN 978-3-86265-613-4 | Preis 12,99 €

Norwegen bietet eine unglaubliche landschaftliche Vielfalt: Gletscher, große Berge, idyllische Fjorde, Wasserfälle, ursprüngliche Wälder, saubere Seen und unzählige Inseln. Aber es gibt nicht nur Natur, sondern auch wunderschöne Holzhäuser und märchenhafte Stabkirchen.

Es ist ein Land, in dem die Geschichte überall zum Greifen nahe liegt, in dem es wunderbare Musik, kuriose und köstliche Gerichte gibt, in dem Trolle, Wichtelmännchen und listige Waldfeen wohnen, und wo es zudem eine Königsfamilie gibt, die für wunderbare Skandale sorgt, von denen man hierzulande viel zu wenig hört. Norwegen ist nicht nur eine Reise wert, sondern zehn, zwanzig und endlos viele mehr.

Die renommierte Übersetzerin und Norwegen-Kennerin GABRIELE HAEFS verrät uns ihre persönlichen Geheimtipps.

CLAUDIA WELKISCH (*1978), gebürtige Pfälzerin, Wahl-Kölnerin, passionierte Sylt-Kennerin. Persönliches Insel-Highlight: Ihre Leuchtturm-Hochzeit in 50 Metern Höhe. Nach ihrem Germanistik- und Politikstudium arbeitete sie als Redakteurin beim Fernsehen und in der Unternehmens-kommunikation. Momentan befindet sie sich in Elternzeit und schreibt nebenbei auf ihrem Blog *www.lieblingsplaetze-blog.de* über ihre Liebe zu Sylt.

Claudia Welkisch
111 GRÜNDE, SYLT ZU LIEBEN
Eine Liebeserklärung an die schönste Insel der Welt

ISBN 978-3-86265-649-3
© Schwarzkopf & Schwarzkopf Verlag GmbH, Berlin 2016
Zweite Auflage April 2017

DER VERLAG
Schwarzkopf & Schwarzkopf Verlag GmbH
Kastanienallee 32, 10435 Berlin
Telefon: 030 – 44 33 63 00
Fax: 030 – 44 33 63 044

INTERNET | E-MAIL
www.schwarzkopf-schwarzkopf.de
www.facebook.com/schwarzkopfverlag
info@schwarzkopf-schwarzkopf.de